T0118759

# L'ESPRIT DU CHRISTIANISME ET SON DESTIN

précédé de

# L'ESPRIT DU JUDAÏSME

**BIBLIOTHÈQUE DES TEXTES PHILOSOPHIQUES**

Fondateur : Henri GOUHIER Directeur : Jean-François COURTINE

**G. W. F. HEGEL**

# L'ESPRIT DU CHRISTIANISME ET SON DESTIN

précédé de

# L'ESPRIT DU JUDAÏSME

Textes réunis, introduits, traduits et annotés
par
**Olivier DEPRÉ**

PARIS
LIBRAIRIE PHILOSOPHIQUE J. VRIN
6, Place de la Sorbonne, V$^{e}$
2003

ISBN 2-7116-1494-8
*Imprimé en France*

# AVERTISSEMENT[1]

S'il fallait donner une seule raison de publier sous forme séparée le texte qu'on va lire, on rappellerait volontiers le mot célèbre de Wilhelm Dilthey, cher à Otto Pöggeler et si souvent répété après lui : Hegel n'a jamais « rien écrit de plus beau » que *L'esprit du christianisme et son destin*, et tout le génie du philosophe s'y manifeste « dans sa première fraîcheur et libre encore des entraves du système »[2]. Ce texte que Hegel n'a jamais publié de son vivant est néanmoins resté à l'état de brouillon et est donc d'une lecture difficile. Ajoutons qu'il a fait l'objet d'une révision telle qu'il convient de distinguer entre la « première version » (1798-1799) et la « seconde version » (1799) du texte (quand il n'y en a pas de troisième), tâche presque impossible aussi longtemps qu'on n'en aura pas l'édition critique dans les prestigieuses *Gesammelte Werke*[3] de Hegel : on aura ainsi une idée des énormes difficultés inhérentes à ce travail de jeunesse.

1. Les textes de Hegel qui suivent sont extraits de notre édition complète des textes de Francfort : G. W. F. Hegel, *Premiers écrits (Francfort 1797-1800)*, Paris, Vrin, 1997. Nous les faisons précéder de cet avertissement et d'une introduction rédigés pour la circonstance.

2. Wilhelm Dilthey, *Gesammelte Schriften* IV. *Die Jugendgeschichte Hegels*, Berlin, 1905, Stuttgart, Teubner, 1959, p. 68.

3. Cf. G. W. F. Hegel, *Gesammelte Werke* (in Verbindung mit der deutschen Forschungsgemeinschaft hrsg. v. der Rheinisch-Westfälischen Akademie der Wissenschaften), Hambourg, Meiner, 1968 *sq*.

Et pourtant. On ne peut oublier l'enthousiasme de Dilthey… Et si ce texte est si beau, n'est-ce pas aussi parce qu'on voit se former en lui, comme pas à pas, des concepts qui deviendront majeurs, s'articuler, parfois avec maladresse, une pensée qui deviendra la dialectique et s'épanouir, balbutiante et inchoative, une philosophie de l'unification vivante qui deviendra un système de la totalité conceptuelle ?

C'est un élève de Dilthey précisément, Hermann Nohl, qui l'édita pour la première fois en 1905 dans un recueil de manuscrits du jeune Hegel[1]. Près d'un siècle plus tard, en l'absence du volume 2 des *Gesammelte Werke* qui contiendra les textes de Francfort[2], le livre de Nohl reste toujours l'édition de référence. Hélas, force est de reconnaître néanmoins que cette vénérable édition ne peut plus du tout satisfaire à nos exigences philologiques d'aujourd'hui, tant du point de vue de la *chronologie* des textes que du point de vue de leur *contenu*.

En effet, soucieux de recomposer un texte éparpillé en plusieurs fragments et dont la rédaction s'était étalée sur différentes périodes, Nohl fut amené à offrir au lecteur un texte qui, s'il n'est pas à proprement parler artificiel, ne permet cependant pas au chercheur de prendre la mesure de l'évolution – parfois considérable – de la pensée de Hegel dans ces manuscrits. C'est pour permettre au chercheur de suivre cette *évolution* que nous avons autrefois publié, en traduction française, les textes de Francfort dans l'ordre chronologique de leur rédaction[3].

1. *Hegels theologische Jugendschriften*, herausgegeben von Hermann Nohl, Tübingen, Mohr, 1905. Désormais cité *Nohl*.

2. On se fera une idée de ce que pourrait donner le volume 2 en consultant l'édition critique de deux passages majeurs qu'ont proposée H. Schneider et Chr. Jamme : voir *Der Weg zum System. Materialen zum jungen Hegel*, hrsg. v. Christoph Jamme u. Helmut Schneider, « Suhrkamp Taschenbuch Wissenschaft, 763 », Francfort, Suhrkamp, 1990, p. 53-57.

3. Voir *supra*, p. 7, n. 1.

Quant à l'ordre des *matières* que Hegel se proposait d'aborder, l'état de rédaction et d'édition de *L'esprit du christianisme* est tel qu'on ne peut le rétablir de façon indiscutable. Mais on peut penser que le jeune philosophe projetait d'étudier cinq thèmes successifs : la foi positive ou le légalisme – la foi ou la moralité rationnelle – l'amour et la religion du pardon – la religion – le destin de l'Eglise[1]. On notera que le premier de ces thèmes fait l'objet de « L'esprit du judaïsme », que Hegel rédigea en automne 1798, dont Nohl faisait la première section de *L'esprit du christianisme*, et que nous publions ci-dessous à titre de texte préparatoire[2]. Selon cette interprétation, la structure de *L'esprit du christianisme* dans sa première version devait alors être la suivante : (Positivité) – Moralité – Amour – Religion, avec peut-être, en guise de conclusion, un chapitre sur le destin de la religion chrétienne. Cette œuvre de jeunesse était donc conçue selon le modèle d'une structure ternaire dans laquelle les limites de la moralité (opposition de la nature et de la liberté) étaient surmontées dans l'amour et les limites de celui-ci (« l'amour peut être heureux ou malheureux », dira Hegel) dans la religion (accomplissement de l'amour).

*

La présente publication reproduit sans modification une part centrale de notre édition de 1997[3]. En l'occurrence, elle reprend, outre *L'esprit du christianisme*, tous les textes préparatoires ou apparentés à celui-ci et datant de la même époque. Soit d'abord les textes sur « l'esprit du judaïsme » (ci-dessous,

1. Henry Stilton Harris, *Le développement de Hegel* I. *Vers le soleil 1780* [sic !]-*1801*, « Raison dialectique », s. l. [Lausanne], L'Âge d'Homme, 1981, p. 257. Plus récemment, voir l'interprétation de Yoichi Kubo, *Der Weg zur Metaphysik. Entstehung und Entwicklung der Vereinigungsphilosophie beim frühen Hegel*, « jena-sophia II, 5 », Munich, Fink Verlag, 2000, p. 87.

2. Cf. *Nohl*, p. 245-260 ; *infra*, p. 71-93.

3. Cf. *supra*, p. 7, n. 1.

p. 33-93); un texte préparatoire à *L'esprit du christianisme* proprement dit (ci-dessous, p. 95-117); et enfin un commentaire du Sermon sur la montagne (ci-dessous, p. 243-250). Tous ces textes, lacunaires et inachevés, sont présentés suivant l'ordre chronologique de leur rédaction et identifiés par un numéro entre crochets ([]) précédant leur titre conformément au système d'ordonnance suivant.

Les textes de jeunesse de Hegel (on entend par là, sous réserve de ce dont l'histoire n'a transmis aucun témoignage, les textes que le philosophe rédigea entre 1785 et 1800) sont tous affectés, tels les *opus* d'un compositeur, d'un numéro d'ordre correspondant au relevé de ces textes qu'a établi autrefois Gisela Schüler[1] : de 1 à 102. Le premier de ces textes à dater de la période de Francfort est le texte portant le numéro 63, et tous ceux qui précèdent dans la liste de G. Schüler, à l'exception du n° 56[2], et qui sont donc antérieurs à cette période, se retrouvent en principe dans le volume 1 de l'édition critique[3].

Aussi les pages qui suivent regroupent-elles les trois types de textes suivants. 1) Le texte «canonique» de *L'esprit du christianisme* tel qu'il fut édité par Hermann Nohl (*G.S.*[4] 83/89,

1. Gisela Schüler, «Zur Chronologie von Hegels Jugendschriften», in *Hegel-Studien*, 2 (1963), p. 111-159.

2. Ce numéro est celui dont est affecté le fameux «plus vieux programme de système de l'idéalisme allemand». Ce texte très important pour la reconstruction de l'histoire de la formation de l'idéalisme allemand est auréolé de mystère : on ignore qui en est l'auteur, quelle est la date de sa rédaction ainsi que les circonstances de celles-ci. En 1965, O. Pöggeler a émis l'idée que ce texte pouvait être de Hegel lui-même et dater du début de la période de Francfort. Depuis lors, cette thèse, quoique contestée, n'a jamais été réfutée. Sur cette question, cf. l'introduction à notre édition de 1997, p. 50-52; pour plus de détails, cf. notre étude critique : «Éclairages nouveaux sur "Le plus vieux programme de système de l'idéalisme allemand"», in *Revue philosophique de Louvain*, 77 (1990), p. 79-98.

3. G. W. F. Hegel, *Gesammelte Werke*. Bd 1. *Frühe Schriften* I, hrsg. v. Fr. Nicolin, Hambourg, Meiner, 1989.

4. L'abréviation *G.S.* renvoie à l'article de Gisela Schüler, «Zur Chronologie von Hegels Jugendschriften», *op. cit.*

ci-dessous p. 119-241). 2) En préalable sont reproduites les études de Francfort préparatoires à ce grand manuscrit, à savoir les essais sur l'esprit du judaïsme (soit *G.S.* 63-66, 70-72, 76-79 et 82, ci-dessous p. 33-93) et le « projet originel » pour *L'esprit du christianisme* (*G.S.* 80, ci-dessous p. 95-117). 3) Enfin, l'ouvrage se conclut sur le texte relatif au Sermon sur la montagne (*G.S.* 81), dont des analyses philologiques récentes ont montré de façon convaincante qu'il devait être postérieur à la seconde version de *L'esprit du* christianisme (*G.S.* 89)[1]; voilà pourquoi le numéro 81 vient après les numéros 83 et 89. Cette édition de poche offre ainsi pour la première fois en traduction française tous les textes hégéliens de Francfort sur le judaïsme et le christianisme.

*

La présente édition est commandée par un objectif pédagogique davantage que scientifique. Si la traduction est, pour l'essentiel, inchangée par rapport à l'édition de 1997, l'appareil de notes, en revanche, a été sensiblement allégé ; il s'agissait d'abord de mettre à disposition du plus grand nombre des textes fondateurs de la philosophie hegelienne dans un petit format. Néanmoins, un minimum de notes s'imposait. C'est ainsi que nous avons jugé utile de distinguer en note *Wesen* et *Sein*, tous deux traduits par « être ». Semblablement, nous mentionnons en notes le mot allemand traduit quand cela est significatif, par exemple dans le cas de jeux de mots qui ne peuvent être rendus en français ou dans le cas de distinctions sémantiques idiomatiques (cf. *Urteilen – Gericht halten*, « juger »). Le lecteur ne trouvera aucune note philologique, ni aucune note interprétative. Nous n'avons reproduit de citation biblique en note que lorsque Hegel se contente de

1. Sur les problèmes de datation attachés à ce texte, cf. notre introduction à G. W. F. Hegel, *Premiers écrits (Francfort 1797-1800)*, *op. cit.*, p. 65 *sq.*

mentionner une référence sans l'agrémenter d'une citation. Dans les cas d'allusions littéraires, nous renvoyons à la source, sans autre commentaire. Lorsque la difficulté du texte le justifie, nous reproduisons les deux autres traductions françaises si elles existent, afin que le lecteur puisse juger. Les seules notes infrapaginales du traducteur qu'on trouvera ci-dessous ont donc un contenu exclusivement objectif et une fonction explicative, dans les cas où des allusions implicites de Hegel rendent le texte difficilement compréhensible. Quant aux notes appelées par une lettre, elles sont de Hegel lui-même. Enfin, le texte grec a été tanslittéré en caractères latins ; le texte entre crochets obliques (<>) désigne des passages de la première version supprimés par Hegel dans la seconde ; le texte entre crochets ([]) est ajouté soit par le traducteur soit par l'éditeur lorsque le sens l'exige, et l'abréviation *N.* entre crochets ([]) renvoie à la pagination de l'édition *Nohl*.

Le lecteur soucieux de plus de détails philologiques, bibliographiques ou philosophiques se reportera utilement à l'appareil de notes et à l'introduction de l'édition de 1997.

## LISTE DES ABRÉVIATIONS

– *Nohl* : *Hegels theologische Jugendschriften nach den Handschriften der Kgl. Bibliothek in Berlin*, herausgegeben von Hermann Nohl, Tübingen, Mohr, 1907.

– *Hamacher* : G.W.F. Hegel, *« Der Geist des Christentums und sein Schicksal », Schriften 1796-1800*, mit bislang unveröffentlichten Texten, herausgegeben von Werner Hamacher, « Ullstein Buch, 3360 », Francfort-Berlin-Vienne, Ullstein, 1978.

– *Der Weg...* : *Der Weg zum System. Materialien zum jungen Hegel*, herausgegeben von Christoph Jamme und Helmut Schneider, « Suhrkamp Taschenbuch Wissenschaft, 763 », Francfort, Suhrkamp, 1990.

– *Martin* : G. W. F. Hegel, *L'esprit du christianisme et son destin*, traduction de Jacques Martin, introduction de Jean Hyppolite, « Bibliothèque des textes philosophiques », Paris, Vrin, 1948.

– *Fischbach* : Hegel, *L'esprit du christianisme et son destin*, texte traduit, présenté et annoté par Franck Fischbach, « Agora, Les classiques, 121 », Paris, Presses Pocket, 1992.

# INTRODUCTION

En ce 20 novembre 1796, Hölderlin vit à Francfort, Hegel à Berne. Au terme de patientes tractations, le poète annonce enfin au philosophe qu'il a trouvé pour lui une place de précepteur et que les deux amis pourront donc se revoir bientôt, après une séparation de trois ans. « Tout est arrangé. Tu recevras, je le sais d'avance, 400 fl., plus le blanchissage et le service gratuits à domicile, et M. Gogel te remboursera les frais de voyage à ton arrivée ou t'enverra une lettre de change à Berne, si tu le juges utile. Je te transmets ses propres paroles, telles que je viens de les recueillir à l'instant. [...] M. Gogel supporte plus patiemment que moi l'idée de te voir arriver à la mi-janvier seulement ; je voudrais que ce fût aujourd'hui le Jour de l'An »[1].

Quelques semaines plus tard, en janvier 1797, Hegel rejoint donc à Francfort le poète qu'il avait connu huit ans plus tôt. En automne 1788 en effet, au terme d'une formation scolaire dans sa ville natale, Hegel s'était tout naturellement inscrit à l'université de Tübingen pour y étudier la théologie, comme il convenait à un brillant ancien du lycée de Stuttgart ; par ailleurs titulaire d'une bourse du duc de Wurtemberg, il était entré au prestigieux séminaire protestant de Tübingen où,

1. Hölderlin, lettre du 20 novembre 1796 à Hegel, *in* Hölderlin, *Œuvres*, édition publiée sous la direction de Philippe Jaccottet, « Bibliothèque de la Pléiade », Paris, Gallimard, 1967, p. 397.

entouré de répétiteurs sévères et baignant dans une atmosphère propice à l'étude, on se préparait au métier de pasteur ou à celui de professeur de lycée[1]. C'est dans ce fameux *Stift*, où régnaient un « pédantisme » et une « claustration »[2] qui contribueront à lui valoir une bien méchante réputation, qu'entra au même moment le poète Hölderlin, et c'est encore là que Schelling deviendra pensionnaire deux ans plus tard, en 1790. Hegel y étudia la philosophie pendant deux ans, avant de se consacrer trois années durant à la théologie, mais en réservant toujours sa passion à l'esprit de l'*Aufklärung* qui soufflait jusqu'en ces lieux et en s'enthousiasmant tout autant pour les événements de la Révolution[3].

Au terme de cette formation, Hegel avait opté pour une activité de précepteur, dont il savait qu'elle serait pénible, mais qui était aussi la seule à pouvoir l'arracher aux obligations cléricales qui l'attendaient autrement. C'est ainsi qu'il arriva à Berne, où il allait prendre en charge l'éducation de deux enfants de huit et six ans.

On a longtemps voulu faire accroire que Hegel supportait mal la vie à Berne et les conditions dans lesquelles il y tra-

1. Pour une description en français de la vie au *Stift*, du cycle des études poursuivies par Hegel et de leur contenu, on consultera encore avec intérêt Paul Asveld, *La pensée religieuse du jeune Hegel. Liberté et aliénation*, « Bibliothèque philosophique de Louvain, 11 », Louvain-Paris, Publications Universitaires de Louvain-Desclée De Brouwer, 1953, p. 28-35.

2. L'expression est du premier biographe de Hegel : K. Rosenkranz, *Georg Wilhelm Friedrich Hegels Leben*. Mit einer Nachbemerkung zum Nachdruck 1977 von O. Pöggeler, Darmstadt, Wissenschaftliche Buchgesellschaft, 1977, p. 26.

3. Voir la lettre de Hegel à Schelling du 24 décembre 1794 : « Vous savez sans doute que Carrier a été guillotiné. Lisez-vous encore des journaux français ? – Si j'ai bonne mémoire, on m'a dit qu'ils étaient interdits en Wurtemberg. Ce procès est très important et il a dévoilé toute l'ignominie des robespierristes » (Hegel, *Correspondance* I. 1785-1812, traduit de l'allemand par Jacques Carrère, texte établi par Johannes Hoffmeister, Paris, Gallimard, 1962, lettre n° 6, p. 18).

vaillait[1]. Certes un précepteur était mal payé à cette époque, et sa condition sociale n'avait rien d'enviable; au point qu'une relation étroite a pu être établie entre la «vilenie» de la fonction qu'exerçait alors Hegel et la célèbre figure «maîtrise et servitude» de la *Phénoménologie de* l'esprit[2]... On peut imaginer aussi que sa sympathie pour les idéaux de la Révolution n'étaient pas de nature à faciliter ses relations avec son employeur, le capitaine von Steiger, issu d'une vieille famille aristocratique bernoise, et ayant participé à un régime politique réactionnaire et dictatorial que le philosophe dénoncera en 1797, dans sa toute première publication – encore qu'anonyme[3]. Certes Weimar et Iéna étaient alors les deux centres intellectuels les plus brillants d'Allemagne, et on comprend que le jeune précepteur ait pu se sentir isolé à Berne. Mais enfin, il pouvait y profiter de l'excellente bibliothèque municipale, et pendant les mois d'été, il avait accès à la remarquable bibliothèque familiale des Steiger à Tschugg, en bordure du lac de Bienne. Tout autant peut-on faire valoir que par rapport au climat carcéral du *Stift*, Hegel fit à Berne pour la première fois l'expérience de la liberté d'esprit: libre de toute influence intellectuelle et de toute contrainte disciplinaire, il pouvait, en dehors de ses heures de prestation, allègrement se consacrer à son programme de travail, à ses lectures et envisager des plans de recherche. À cet égard, la forme de jalousie à l'endroit de

1. Pour une mise au point par rapport à cette longue tradition non critique et ce qui suit, cf. Helmut Schneider/Norbert Waszeck, «Einleitung der Herausgeber: Hegel in der Schweiz», in *Hegel in der Schweiz (1793-1796)*, hrsg. v. H. Schneider u. N. Waszeck, «Hegeliana, 8», Francfort, Peter Lang, 1997, p. 3-58, en particulier p. 3-12.

2. Cf. Jacques D'Hondt, *Hegel. Biographie*, «Les vies des philosophes», Paris, Calmann-Lévy, 1998, p. 76 *sq.*

3. Voir les «Lettres confidentielles sur l'ancien rapport juridique du pays de Vaud à la ville de Berne», *in* G. W. F. Hegel, *Premiers écrits (Francfort 1797-1800)*, *op. cit.*, p. 144-165.

Schelling que l'on peut croire déceler dans telle lettre à son ami[1] trahit bien cette préoccupation qui était la sienne.

En tout état de cause, s'il était dans une phase d'« indécision » comme le lui disait Schelling, s'il souffrait de l'absence de dialogue avec ses pairs et si les livres de philosophie les plus récents lui manquaient assurément, nul doute alors que Hegel ne pût que se réjouir à la perspective de déménager à Francfort, y revoir son ami Hölderlin et trouver en lui l'interlocuteur dont il avait un besoin proportionnel au temps qu'il consacrait aux deux petits Steiger. Après un bref séjour à Iéna, où il s'était enflammé pour les leçons de Fichte, Hölderlin séjournait en effet à Francfort, exerçant depuis janvier 1996 les fonctions de précepteur chez le banquier Gontard, dont la femme Suzette devait allumer au cœur du poète le seul amour passionné de sa vie; – c'est elle qui lui fournira le modèle de Diotima dans son roman *Hypérion*. Comme son ami et grâce à lui donc, Hegel sera désormais précepteur à Francfort, où il demeurera de 1797 à 1800. C'est là qu'il rédigera *L'esprit du christianisme et son destin*.

*

*L'esprit du christianisme et son destin* n'est pas un titre de Hegel lui-même puisqu'on le doit à Nohl; – « c'est moins un titre hegelien qu'herderien » puisque l'auteur des *Idées pour une philosophie de l'histoire de l'humanité* avait donné pour titre au quatrième recueil de ses *Christliche Schriften*: « Vom

1. À une lettre de Schelling, Hegel répond: « Quant à mes travaux, il ne vaut pas la peine d'en parler; peut-être t'enverrai-je dans quelque temps le plan d'une chose que je pense rédiger, et pour laquelle je ferai appel à ton aide amicale – entre autres, dans le domaine de l'histoire ecclésiastique, où je suis très faible et où je ne puis mieux faire que te demander conseil. » (Hegel, lettre du 30 août 1795 à Schelling, *in* Hegel, *Correspondance* I. 1785-1812, *op. cit*, p. 36).

Geist des Christentums »[1]. Mais on doit reconnaître que ce titre n'est pas mal choisi, dans la mesure où il condense deux concepts majeurs omniprésents dans ces textes de jeunesse, et qui sont même à l'origine du chef-d'œuvre que Hegel publiera quelque dix ans plus tard, en 1807 : la *Phénoménologie de l'esprit.*

Le *destin* dont parle Hegel, c'est au fond la multitude des formes sous lesquelles se manifeste, se révèle et s'exprime l'esprit d'un peuple. « Avec Abraham, le vrai patriarche des Juifs, commence l'histoire de ce peuple, c'est-à-dire que son esprit est l'unité, l'âme qui a régi tous les destins de sa postérité ; il apparaît sous une figure variable : – selon qu'il combattait diverses forces, ou qu'il perdait sa pureté en adoptant un être étranger quand il succombait à la violence ou à la tentation. [Il apparaît donc] sous la forme variable de l'armement et de la lutte ou de la manière dont il supporte le joug du plus fort ; – cette forme, on l'appelle le destin »[2].

Quant à l'*esprit* d'un peuple (en l'occurrence du peuple juif), il faut l'entendre au sens de son caractère général, « au sens de Montesquieu, comme l'*esprit général* ou le caractère d'une nation »[3]. L'esprit d'un peuple ou d'une religion est

1. Otto Pöggeler, « Der junge Hegel und Herder », in *Hegels Denkentwicklung in der Berner und Frankfurter Zeit*, hrsg. v. M. Bondeli u. H. Linneweber-Lammerskitten, « jena-sophia, II. 3 », Munich, Fink, 1999, p. 76.

2. G. W. F. Hegel, *Premiers écrits (Francfort 1797-1800), op. cit.*, p. 176; *infra*, p. 63-64.

3. Dominique Janicaud, *Hegel et le destin de la Grèce*, Paris, Vrin, 1975, p. 64. Pour R. Legros, qui débusque une nouvelle signification romantique de la notion d'esprit dans *Le fragment de Tübingen*, « l'esprit d'un peuple désigne [...] sa sensibilité » (Robert Legros, *Le jeune Hegel et la naissance de la pensée romantique*, Bruxelles, Ousia, 1980, p. 299, n. 6). Quant à O. Pöggeler, il assure que « le mot allemand *Volk*, "peuple", traduisait pour Hegel le grec *polis* » et que ce qui intéresse Hegel n'est pas la reconstruction intellectuelle de l'histoire juive mais la manière dont les données de cette histoire sont vécues dans l'imagination et le souvenir des Juifs : voilà ce qu'est l'« esprit » du judaïsme; ou encore : « Hegel veut [...] comprendre l'esprit des Juifs – la manière dont ils se

donc la particularité de ceux-ci. Mais cet esprit ne va pas sans la résistance face à laquelle il se manifeste : le destin. Mêlant exégèse, anthropologie culturelle et théologie, Hegel élabore en fait, sous forme d'ébauches, d'esquisses ou de notes de lectures diverses, les prémisses de sa philosophie de la maturité en étudiant la manière dont un esprit se donne à lui-même à travers de multiples manifestations qui sont elles-mêmes son propre destin. Loin d'être un obstacle à la pure manifestation de l'esprit, le destin est proprement immanent à celui-ci, au sens où il n'y aurait pas d'esprit sans sa contrainte. On peut dire dès lors que tout ce qui se joue dans cette tension entre l'esprit et le destin, c'est l'histoire de la liberté d'un peuple.

Le destin d'un peuple est donc la forme historique sous laquelle apparaît l'esprit de ce peuple ; – ainsi l'esprit des Juifs apparaîtra-t-il tantôt sous la forme de la lutte contre l'oppresseur, tantôt sous la forme de la soumission au plus fort[1]. Avec le concept de destin, c'est donc aussi la philosophie de l'histoire de Hegel qui est ici en formation[2]. Aussi le titre retenu par H. Nohl pour cet ensemble de manuscrits n'est-il pas innocent : ce que Hegel cherche à penser dans l'histoire du peuple juif d'abord, dans l'histoire du christianisme ensuite, c'est l'histoire de la scission de l'*esprit* d'un peuple et de sa *phénoménalisation*, c'est-à-dire l'histoire de la séparation (*Trennung*) de l'esprit d'avec lui-même tel qu'il se donne dans les phénomènes historiques de son destin. L'histoire des phénomènes de l'esprit : voilà bien l'origine de ce qui sera dix ans plus tard une *Phénoménologie de l'esprit*[3].

comprenaient » (Otto Pöggeler, *Études hégéliennes*, Paris, Vrin, 1985, p. III. 3. 60).

1. Cf. *Nohl*, p. 243 ; *infra*, p. 64.

2. Voir à ce sujet Christophe Bouton, *Temps et esprit dans la philosophie de Hegel. De Francfort à Iéna*, « Bibliothèque d'histoire de la philosophie », Paris, Vrin, 2000, p. 27 *sq*.

3. Sur le rapport entre l'essai de Francfort et l'œuvre de 1807, cf. Otto Pöggeler, *Études hégéliennes*, *op. cit.*, p. 1-36.

On comprendra facilement, dans ces conditions, que la philosophie de Hegel à Francfort soit une philosophie de l'*unification*; et si nous avons ouvert notre introduction sur une évocation de Hölderlin, c'est que tous les spécialistes s'accordent aujourd'hui à penser que celui-ci a joué un rôle majeur dans le tournant que représente dans la carrière de son ami son arrivée à Francfort et l'adoption de cette philosophie de l'unification[1]. La tâche dévolue à la religion n'est plus, comme à l'époque de Berne (1793-1796), une tâche éthique vouée à une *moralisation du peuple*, mais elle va devenir, au-delà de celle-ci, une tâche ontologique tendant à l'*unification du tout*. Seule une patiente analyse génétique des textes de Francfort permettrait de reconstituer la longue évolution de la conception que Hegel se fait de cette unification à Francfort, ce qui est impossible ici. Qu'il suffise de dire que cette unification est tout entière orientée vers ce que Hegel, s'inspirant du message évangélique (et de façon privilégiée de l'évangile de Jean), appellera le *plèrôma* (l'accomplissement) et qu'elle se fera par le biais de la *moralité*, de l'*amour*, de la *religion*, enfin de la *vie*.

Or les Grecs nous ont précédé sur ce terrain de l'unification, et voilà pourquoi ils restent un modèle aux yeux de Hegel[2], voilà même pourquoi la nostalgie de la Grèce accompagnera toute la longue fermentation de l'idéalisme allemand[3]. C'est ainsi que les Grecs s'étaient unifiés avec leur

1. Il est impossible de détailler ici cette influence. Disons seulement que Hölderlin poursuivait le projet d'unifier dans la beauté les oppositions transmises par le kantisme. Sur ce thème, cf. Christoph Jamme, *« Ein ungelehrtes Buch ». Die philosophische Gemeinschaft zwischen Hölderlin und Hegel in Frankfurt 1797-1800*, « Hegel-Studien, Beiheft 23 », Bonn, Bouvier, 1983.

2. Voir Dominique Janicaud, *Hegel et le destin de la Grèce*, *op. cit.*

3. Cf. Jacques Taminiaux, *La nostalgie de la Grèce à l'aube de l'idéalisme allemand. Kant et les Grecs dans l'itinéraire de Schiller, de Hölderlin et de Hegel*, « Phaenomenologica », La Haye, Nijhoff, 1967.

destin dans leurs dieux[1] : dans les dieux joyeux, c'est eux-mêmes que les Grecs retrouvaient, ce qui revient proprement à dire que l'unification est la réalisation de soi-même. Cette réalisation, Hegel en parlera comme d'un développement (*Entwicklung*), un terme dont le suffixe, à l'instar de celui de l'unification (*Vereinigung*) suffit à confirmer le caractère proprement dynamique de l'ontologie hégélienne à Francfort. Cette réalisation est aussi une totalisation[2], au sens où l'unification de l'esprit et de son destin est un retour à l'unité du tout antérieure à toute division. La philosophie du Tout que développe Hegel répond au célèbre mot d'ordre *hèn kai pan*[3] et si division il y a (entre le fini et l'infini, entre les hommes et Dieu, entre le sujet et l'objet, entre nature et liberté, entre théorie et pratique), cette division est bien originaire. Elle n'est pas le fait de l'homme qui aurait fauté en quelque sorte : elle a toujours déjà été là et c'est pourquoi le tout est l'unité auto-divisée[4].

1. Cf. *Nohl*, p. 369 ; *infra*, p. 43.

2. Cf. là-dessus Otto Pöggeler, *Études hégéliennes*, *op. cit.*, p. 21-22.

3. Littéralement « l'un et le tout ». C'est le « signe de ralliement » de Hegel et de ses amis à l'époque de Tübingen (Otto Pöggeler, *Études hégéliennes*, *op. cit.*, p. 49). C'est à Jacobi que l'on doit d'avoir révélé que Lessing lui aurait confessé son spinozisme : « Les idées orthodoxes de la divinité ne sont plus pour moi ; je ne puis les goûter, *Hen kai pan* ! Je ne sais rien d'autre », rapporte-t-il dans ses *Lettres à M. Mendelssohn sur la doctrine de Spinoza* (Jacobi, *Œuvres philosophiques*, trad., intr., notes de J.-J. Anstett, Paris, Aubier, 1946, p. 108). Sur l'histoire de cette lexie grecque que Hölderlin recopie dans l'album de Hegel au *Stift*, dont Lessing, aux dire de Jacobi, se serait réclamé en professant un spinozisme radical, et qui plus largement symbolise la transmission de Spinoza à l'idéalisme allemand, cf., parmi une littérature abondante, Sylvain Zac, *Spinoza en Allemagne. Mendelssohn, Lessing et Jacobi*, « Philosophie », Paris, Méridiens Klincksieck, 1989 ; Ernst Cassirer, *La philosophie des Lumières*, Paris, Fayard, 1966, chap. IV. 3 ; Robert Legros, *Hegel et la naissance de la pensée romantique*, *op. cit.*, p. 119 *sq.*

4. Dans son *Hypérion*, Hölderlin se réclame d'Héraclite pour exprimer cette idée : « Seul un Grec pouvait inventer la grande parole d'Héraclite : *hèn diapheron héautô* – l'Un distinct en soi-même [...] » (Hölderlin, *Œuvres*, *op. cit.*, p. 203).

Au contraire du modèle grec cependant, l'unification peut s'avérer impossible – c'est le cas de l'unification du peuple juif avec son dieu dominateur. Conformément au principe de l'unité auto-divisée, deux situations peuvent alors se profiler, selon que le sujet ou que l'objet manifeste sa supériorité, selon que la liberté se dresse ou que la soumission s'exerce, soit que le non prométhéen, soit que le oui aliénant se fasse entendre. Soit l'homme supporte stoïquement cette scission et s'oppose encore au destin sans s'y soumettre, soit il transpose par faiblesse cette unification impossible dans un état futur et l'attend alors d'ailleurs, de l'hétéronomie comme aurait dit Kant, d'un objet étranger et assez fort pour pouvoir unifier à lui tout seul. Alors, il y a positivité : « Lorsque l'homme unifie ce qui n'est pas unifiable, il y a positivité »[1]. Le destin se profile alors dans toute sa dimension grecque tragique selon laquelle l'impossibilité de l'unification prend inéluctablement le pas sur la volonté des hommes.

Hegel est ainsi arrivé à penser à Francfort la notion de destin comme l'histoire de la positivité qui l'avait préoccupé à Berne et ce qu'il entreprend désormais au cours de son second préceptorat, après avoir étudié au cours du premier la positivité du christianisme, c'est de remonter aux sources de celui-ci, à savoir aux sources du destin de l'esprit juif.

*

Durant ses années de préceptorat à Berne en effet, Hegel s'était fixé la tâche de comprendre le phénomène de la positivité d'une religion – particulièrement de la religion chrétienne. D'un point de vue kantien d'abord, en s'appuyant sur l'idéal d'une religion rationnelle, puis en ajoutant au point de vue de la raison celui de l'histoire, il avait entrepris de débusquer les divers motifs capables d'expliquer comment une religion

1. G.W.F. Hegel, *Premiers écrits (Francfort 1797-1800)*, *op. cit.*, p. 117.

devient positive, c'est-à-dire sclérosée, dogmatique, figée – non vivante, non joyeuse.

Il était tout naturel que Hegel entreprît ensuite, avec le même souci de dégager les racines de la positivité, de remonter aux origines du christianisme lui-même; et du point de vue de la matière de ses recherches, il faut donc admettre que le déménagement de Berne à Francfort ne s'accompagne d'aucune rupture dans la réflexion de Hegel. « Selon ses plans, le travail de Hegel devait commencer avec l'histoire de la religiosité juive, après quoi la présentation du christianisme requérait, pour être fondée, l'opposition de celui-ci à la loi juive, et pour comprendre tout le contenu et la portée de ce point de vue, Hegel n'eut de cesse d'approndondir son étude du judaïsme »[1]. C'est ainsi que *L'esprit du christianisme et son destin* a été préparé par un plus court manuscrit que Hermann Nohl a intitulé *L'esprit du judaïsme*, et qui consiste en quelques esquisses rédigées au cours du premier semestre de l'année 1798[2]. En s'appuyant surtout sur Flavius Josèphe et sur le Pentateuque, Hegel s'emploie à remonter aux origines les plus lointaines (le Déluge) de la religion juive pour y déceler l'esprit de division qui la caractérise selon lui.

Le traitement que Hegel réserve à la religion juive dans ses textes de Francfort constitue une pomme de discorde qui divise les commentateurs et qu'il est difficile de purement et simplement ignorer ici. Car ce traitement unilatéralement négatif et réducteur de la religion du Livre ne laisse évidemment pas de faire question, au point de provoquer çà et là un procès en anti-judaïsme, voire en anti-sémitisme. Il ne s'agit pas ici de ranimer le débat ni même de faire l'état de la question; mais on ne peut introduire à ces textes du jeune Hegel sans tenter au préalable de s'expliquer sur les motifs qui

1. W. Dilthey, *Die Jugendgeschichte Hegels*, *op. cit.*, p. 69.
2. Voir *infra*, p. 71-93.

sont présents derrière cette lecture du judaïsme. Soulignons d'entrée de jeu que Hegel n'analyse pas à proprement parler la *religion* juive à Francfort, comme ce sera la cas dans ses *Leçons sur la philosophie de la religion* à Berlin. De même peut-on dire qu'il n'analyse pas la *religion* chrétienne à Berne ou dans *L'esprit du christianisme*: il n'est pas question du contenu de la foi chrétienne ou de la dogmatique de cette religion comme il en sera question dans sa philosophie de la religion. En s'interrogeant sur *l'esprit* de ces religions, ce que fait Hegel, c'est, dans la continuité de ce qu'il avait entrepris à Berne, de *rechercher l'origine de la positivité qui gangrène des religions et qui les empêche d'être un vecteur de moralisation.*

Après O. Pöggler dans son étude classique, G. Portales a récemment détaillé les mobiles possibles de l'appréciation négative de la religion juive par le jeune Hegel[1]. Parmi les diverses influences qui peuvent être à l'origine de la dépréciation grossière du judaïsme par Hegel à Francfort, il relève d'abord celle de l'*Aufklärung*. Selon l'idéal d'une religion rationnelle, la révélation de Dieu à un peuple particulier ne trouvait plus guère de crédit depuis le XVIIe siècle. Et Portales de détecter une proximité de ton entre Hegel et *Voltaire* puisque celui-ci dénonçait, dans son *Dictionnaire philosophique*, le « fanatisme religieux » et la « haine à l'égard des autres peuples » de la « nation superstitieuse » que sont les Juifs[2].

1. Pour ce qui suit, voir Gonzalo Portales, *Hegels frühe Idee der Philosophie. Zum Verhältnis von Politik, Religion, Geschichte und Philosophie in seinen Manuskripten von 1785 bis 1800*, « Spekulation und Erfahrung, II, 28 », Stuttgart-Bad Cannstatt, Frommann-Holzboog, 1994, p. 163 *sq.* Voir d'abord Otto Pöggeler, *Études hégéliennes, op. cit.*, p. 37 *sq.*

2. Cf. Voltaire, *Dictionnaire philosophique*, art. « Juif ». On trouvera aussi un rapprochement entre Hegel et Voltaire chez R. Legros, qui renvoie quant à lui à l'article « Tolérance » du *Dictionnaire* dans sa préface à G. W. F. Hegel, *Premiers écrits (Francfort 1797-1800)*, p. 32, n. 1.

*Spinoza* ensuite, que le débat sur le panthéisme avait remis à l'honneur, put aussi largement influencer la conception hegelienne du judaïsme à Francfort si l'on songe à deux traits caractérisitiques de l'interprétation de l'Ancien Testament qu'il livrait dans son *Tractatus theologico-politicus*. D'abord, relève Portales, Spinoza prive le *Pentateuque* de toute dimension religieuse par son interprétation historique de la Loi qui réduit celle-ci à une constitution populaire; ensuite, il procède à une critique radicale des miracles dans laquelle on peut voir le corollaire de son intense activité scientifique.

Si l'on se tourne vers la tradition protestante, maintenant, c'est la figure de *Semler* qui mérite de retenir l'attention, un théologien dont on peut détecter l'influence sur Hegel dans ses textes de Tübingen[1]. Soucieux d'établir le canon de la théologie historico-critique, Semler affirme en premier lieu la nécessité de purifier le véritable contenu du nouveau Testament de toutes les scories de l'ancien qu'il a traînées avec lui. À cette occasion apparaissent des différences majeures entre la religion juive et la religion chrétienne: la première est une religion particulière limitée à un peuple particulier, elle se confond avec un État et une législation et son rituel est extérieur puisque les législations cultuelles et civiles s'y confondent; la seconde, en revanche, est universelle et a un rituel intérieur, basé sur la conscience religieuse.

Enfin, c'est à *Kant* que l'on pourrait imputer la responsabilité de la critique du judaïsme que mène le jeune Hegel. À titre d'exemple, *La religion dans les limites de la simple raison* contient des affirmations relatives à la religion juive qui sont dépourvues d'ambiguïtés: les commandements prescrits par cette religion sont dénués d'intention morale, le judaïsme n'est qu'un ensemble de lois statutaires sur lesquelles repose

1. Lorsqu'il oppose l'une à l'autre la religion objective et la religion subjective.

une constitution d'État, il n'est pas à proprement parler une religion puisqu'il ne rassemble que des gens appartenant à une même souche et formant un État, et partant il ne s'agit en aucun cas d'une Église – or « l'idée d'un peuple de Dieu ne peut se réaliser que sous forme d'Église » selon le titre de la troisième partie, 1re section, § IV. D'un mot, le judaïsme « ne contient pas de foi religieuse »[1]. Et Portales de conclure, non sans raison, que « le jeune Hegel a repris à son compte et dans son intégralité cette conception de la religion et de l'histoire juive dans laquelle le judaïsme est conçu comme une simple légalité opposée à la moralité »[2] : en faisant de leur divinité un législateur, les Juifs ont perverti l'essence de la religion, à savoir servir la moralité.

On remarquera à propos de ces multiples influences possibles que les analyses de la religion que Hegel mène à Berne sont pénétrées de l'idée de « religion d'un peuple » et qu'à Francfort encore, quand il vénère la religion grecque, ce n'est pas au nom de son universalisme rationaliste. Ensuite, quant à Voltaire, Hegel, s'il stigmatise aussi le fatalisme, dénonce davantage la passivité du peuple juif, son légalisme et la division qui caractérise sa religion. Et s'il parle aussi de la haine du peuple juif à l'égard du reste du monde[3], ce n'est alors jamais tant le fanatisme que l'esprit de séparation que Hegel a en vue. Quant à Spinoza, si Hegel critique bien les miracles à Francfort, il critique aussi toute conception déterministe de la

1. Cf. Emmanuel Kant, *La religion dans les limites de la simple raison*, trad. J. Gibelin revue, introduite, annotée et indexée par M. Naar, Paris, Vrin, 1983, p. 152-153. On soulignera avec intérêt la remarque de Kant selon laquelle, si la législation juive n'est pas religieuse, il ne fait néanmoins aucun doute que « les Juifs, chacun pour soi, se soient fait une certaine foi religieuse » qu'ils ont ajoutée à cette législation (Kant, *ibid.*, p. 153). Tel est l'esprit de la distinction qu'établit Semler entre religion privée et religion publique.

2. Gonzalo Portales, *Hegels frühe Idee der Philosophie*, *op. cit.*, p. 169.

3. « *odium generis humani* » (*Nohl*, p. 257 ; *infra*, p. 89).

nature, et au cœur de la philosophie de la nature qui sourd dans ces textes résonne l'écho de la « nouvelle physique » appelée de tous ses vœux par l'auteur du *Plus vieux programme de système*. « Concevoir, c'est dominer » écrit alors Hegel; et d'ajouter : « observer un ruisseau, considérer comment il doit s'écouler dans les régions inférieures selon les lois de la pesanteur, comment il est circonscrit par le sol et les berges, et comment il subit leur pression, c'est le concevoir »[1] au lieu de l'aimer. Par ces mots, Hegel dénonçait toute forme d'emprise de la réflexion sur la nature et plaidait pour une réhabilitation de la raison qualitative dans le rapport de l'homme à celle-ci. Quant à Kant, l'esprit de sa critique nous semble rejoindre celui de la critique du jeune Hegel ; – à ceci près, toutefois, que ce dernier conçoit la religion comme l'accomplissement de la moralité ! C'est dire que beaucoup, sans doute, pensaient à la même époque en des termes similaires à ceux que l'on trouve dans les esquisses hegeliennes de 1797, mais que Hegel ne peut se réduire à aucun d'eux.

*

Le tout premier texte que Hegel va consacrer à l'esprit du christianisme explique pourquoi il a entamé ses réflexions en se penchant sur l'esprit du judaïsme : « À l'époque où Jésus apparut au sein de la nation juive, elle se trouvait dans cet état qui conditionne, tôt ou tard, l'éclatement d'une révolution, et qui a toujours les mêmes traits de caractère universels »[2]. Le peuple juif est au bord du déchirement, c'est-à-dire aux antipodes de l'unification. Dans l'état de totalité perdue qui est le sien, le peuple juif attend donc, passivement, un étranger muni de la puissance requise pour rétablir cette unité après avoir déjà cherché « dans les idées », c'est-à-dire en cherchant

1. G. W. F. Hegel, *Premiers écrits (Francfort 1797-1800)*, *op. cit.*, p. 115.
2. *Nohl*, p. 385 ; *infra*, p. 95.

la consolation dans les sectes des pharisiens, des sadducéens ou des esséniens par exemple. Or quelle autre solution Jésus représente-t-il par rapport à ces sectes ? Contrairement à la figure qu'il avait encore à Berne, Jésus ne prend plus ici les traits du champion de la morale kantienne, et il n'est plus l'antidote d'une religion positive. Hegel entreprend désormais une mise en cause de Kant à l'occasion de laquelle il va interpréter le rôle de Jésus à la lumière d'une sévère critique du moralisme déontologique. À vrai dire, Hegel applique en fait au moralisme kantien la leçon qu'il a tirée de ses analyses du judaïsme : *l'oppression peut être objective ou subjective*. Fort de cette thèse, Hegel s'emploie à montrer que la morale de l'impératif catégorique est une morale de l'oppression au même titre que n'importe quelle morale dogmatique : la loi de la raison qui s'exprime dans le commandement moral est bien un commandement subjectif, c'est-à-dire une loi issue de l'homme plutôt qu'imposée de haut, mais une loi qui fait violence à d'autres réalités de l'homme ; à ce titre, cette loi fait violence à l'homme et donc le domine. Autrement dit, la morale kantienne n'est plus, aux yeux de Hegel, cette morale des Lumières par excellence qui abrite le principe d'autonomie, mais une morale de l'ombre qui recèle l'esprit de domination ; – domination du *sujet* lui-même, certes, plutôt que d'un Objet Très-Haut, mais *domination* quand même. On mesurera sans peine l'importance de ce moment dans l'évolution du jeune Hegel si l'on songe que cette critique de la morale kantienne aboutit, de manière très conséquente, à une assimilation de l'universalité et de l'exclusion : autant la volonté législatrice est dominatrice comme on l'a vu, autant l'universalité exclut parce qu'elle provoque une désunion au cœur de l'homme. « La raison pratique de Kant, dit ainsi Hegel, est la faculté de l'universalité, c'est-à-dire la faculté d'exclure ; les mobiles [sont exclus] par le respect; cet exclu est assujetti dans la crainte – une désorganisation, l'exclusion de quelque chose d'encore unifié »[1].

Quelle est donc la nouvelle figure de Jésus à Francfort? Comment s'oppose-t-il au commandement juif et kantien, et quelle est son originalité par rapport aux messies et aux sectes qui lui font concurrence? Par rapport à ces derniers, Jésus ne se réfugiera pas dans le règne des « idées », et par rapport au commandement, il prônera la spontanéité. Ce que Jésus apporte de neuf, c'est le sentiment, l'inclination morale (*Gesinnung*). Il « ne dit pas : observez de tels commandements parce qu'ils sont les commandements de votre esprit – non pas parce qu'ils ont été donnés à vos ancêtres mais parce que vous vous les donnez à vous-mêmes »[2]. Plutôt que de tenir ce langage kantien, Jésus semble encourager ses contemporains à vivre dans un état de disposition à l'action morale. À la morale du commandement, Hegel va substituer la morale de l'amour : « le principe de la moralité est l'amour »[3], ce qui a fait dire à un commentateur que si « à Berne Hegel a rationalisé Jésus à l'aide de Kant, à Francfort il vient à bout de Kant par un nouveau Jésus »[4].

*

*L'esprit du christianisme et son destin* est le laboratoire dans lequel Hegel à lentement forgé une ontologie articulée autour de quelques concepts majeurs. Cette ontologie est celle de l'unification de l'Un-Tout et ses concepts majeurs sont la moralité, l'amour, la religion et la vie. La philosophie de l'unification qu'il s'emploie à élaborer dans ce texte suppose une

1. *Nohl*, p. 388; *infra*, p. 100.
2. *Nohl*, p. 388; *infra*, p. 101.
3. *Ibid.*
4. A. Peperzak, *Le jeune Hegel et la vision morale de monde*, La Haye, Nijhoff, 1969, p. 145.

attention soutenue portée à l'origine ainsi que la résistance à toute tentation d'y revenir. Jamais il ne s'agit de revenir à l'origine, car ce retour est impossible. L'idée de destin n'est ni plus ni moins que la préfiguration de la philosophie de l'histoire de Hegel. Le but de la moralité, de l'amour, de la religion est de réunifier la vie – l'être – qui est dès l'origine auto-différenciée et dont l'homme a à assumer la division. Le regret n'est pas de mise face au destin. Le retour en arrière serait faire violence à celui-ci – et toute violence est déchirure. La seule issue est d'avancer – on ne triche pas avec l'histoire. Cette avancée de l'homme vers l'unification de lui-même, de sa morale et des ses sentiments, de lui-même avec Dieu, Hegel croit, à Francfort, pouvoir la garantir par la religion. À la fin de son séjour dans cette ville, en 1800, il concevra la vie, à laquelle élève la religion, comme « la liaison de la liaison et de la non-liaison »[1]; un an plus tard, il attribuera à la philosophie la tâche de penser «l'identité de l'identité et de la non-identité»[2]. Alors Hegel aura renoncé au rôle majeur de la religion pour lui substituer celui de la philosophie, et il confessera, peut-être avec la résignation de l'adulte qui se souvient de son enfance mais sait qu'elle doit passer: «je devais nécessairement être poussé vers la science, et l'idéal de ma jeunesse devait nécessairement devenir une forme de réflexion, se transformer en un système»[3].

1. G. W. F. Hegel, *Premiers écrits (Francfort 1797-1800)*, *op. cit.*, p. 372.

2. Dans l'écrit sur la *Différence* : G. W. F. Hegel, *Premières publications. Différence des systèmes philosophiques de Fichte et de Schelling. Foi et savoir*, traduction, introduction et notes par M. Méry, Gap, Ophrys, 1964, p. 140.

3. Lettre à Schelling du 2 novembre 1800, *in* G. W. F. Hegel, *Correspondance* I, *op. cit.*, p. 60.

# L'ESPRIT DU JUDAÏSME

## [G.S. 63] L'HISTOIRE DES JUIFS ENSEIGNE... *

*[Projets sur « L'esprit du judaïsme » 3]*

L'histoire des Juifs enseigne que ce peuple ne s'est pas formé indépendamment de nations étrangères, que la forme de son État ne s'est pas développée spontanément, sans arrachement violent à un caractère déjà acquis ; le passage de la vie pastorale à l'État ne se fit pas en douceur et de soi-même, mais sous l'effet d'une influence étrangère, et cette phase fut violente, accompagnée d'un sentiment de manque. Mais ce sentiment n'était pas général, il ne s'étendait pas à tous les aspects de la situation; l'habitude avait conclu avec certains d'entre eux une paix qui ne laissait surgir aucun idéal complet et limpide pour s'opposer à cet état. Ce n'est que dans l'âme d'un homme qui avait acquis de nombreuses connaissances et

* *Entwürfe zum Geist des Judentums* III, in *Nohl*, p. 370-371.

connu de nombreuses satisfactions à l'école des prêtres et à la cour, et qui ensuite, séparé d'eux, avait appris dans la solitude à ne pas les regretter et était parvenu à une unité de son être[1], que pouvait naître le plan de libérer son peuple. Au début, il ne put tout d'abord puiser qu'en lui-même le sentiment de son oppression ainsi que le sombre souvenir assez impuissant d'une situation différente que leurs aïeux avaient connue, pour en faire un désir d'indépendance. Et la foi en sa mission divine inspira leur foi, bien que passive, en la possibilité d'une libération. Lors de la libération elle-même, ils se comportèrent cependant de manière presque totalement passive; et les efforts que Moïse entreprit, en adoptant un nouveau mode de vie qui se prolongea 40 années durant, pour les libérer de l'esclavage de leurs habitudes, de leurs coutumes et de leurs modes de pensée, pour fixer son idéal dans leur imagination et susciter de l'enthousiasme pour cet idéal [n'eurent aucun succès]. Une quantité de ses lois relatives au culte, et particulièrement les peines prévues pour leur violation prouvent aussi qu'il y avait dans l'esprit de son peuple beaucoup de choses opposées au tout qu'il fallait maîtriser par la force et transformer en d'autres mœurs. Mais leur caractère restait toujours la versatilité, ils multipliaient les infidélités à leur État, et ce n'est que l'état de nécessité qui les y ramenait à chaque fois. L'individu était totalement exclu de l'intérêt actif pour l'État; leur égalité politique en tant que citoyens était le contraire de l'égalité républicaine, elle n'était que l'égalité de l'insignifiance. C'est sous les rois que se développa pour la première fois, en même temps que l'inégalité qui devait s'instaurer avec eux, une relation entre l'État et nombre de sujets : beaucoup acquirent de l'importance par rapport aux inférieurs, et la majorité eut au moins la possibilité d'en désirer autant.

1. *Wesen*.

Ce n'est qu'aux époques tardives, lorsque ses maîtres ou ses ennemis ne manifestèrent plus d'indifférence à l'égard de sa foi qu'il abandonnait si volontiers tant qu'on n'y opposait pas de résistance, qu'une petite partie du peuple se jeta dans le fanatisme obstiné qui le caractérisa par la suite. Cependant, cette partie du peuple ne put jamais plus devenir un tout; le temps de l'imagination, des théophanies et des prophètes était depuis longtemps révolu, et la nation se situait à différents niveaux de la réflexion. À certains moments, on exerça encore une activité à l'extérieur pour maintenir l'existence indépendante de l'État, mais lorsque celle-ci fut complètement anéantie, la force s'exerça à l'intérieur, sur soi-même, et l'on vit surgir des sectes, des opinions et des partis pour ou contre ceci ou cela. Cette activité intérieure à l'homme lui-même, et portant sur lui-même, cette vie intérieure qui, contrairement à l'intérêt d'un grand citoyen, n'a pas son objet hors de soi et ne peut en même temps le montrer et le présenter, ne s'extériorise que par des signes; et parvenir au vivant au moyen de ceux-ci, créer le vivant sous leur direction, voilà qui échoue dans la plupart des cas. Et ce qui est mort provoque le plus souvent l'indignation parce qu'il renvoie immédiatement à la vie et qu'il en est cependant le contraire. Dans une telle période où celui qui a soif de vie intérieure (il ne peut pas s'unir aux objets qui l'entourent, il devrait être leur esclave et vivre en contradiction avec ce qu'il y a de meilleur en lui, il n'est traité par eux qu'avec hostilité et il les traite de même), [dans une période donc] où celui qui cherche quelque chose de meilleur où pouvoir vivre se voit offrir [une réalité] morte privilégiée et froide et qu'on lui dit: « ceci est la vie », c'est dans une telle période que les esséniens, un Jean, un Jésus créèrent la vie en eux et entrèrent en lutte contre l'éternellement mort.

[G.S. 64]

# JOSÈPHE, ANTIQUITÉS JUIVES...*

## [Projets sur « L'esprit du judaïsme » 1]

Josèphe, *Antiquités juives*, 1er livre, chapitre 4[1].

Cet outrage et ce mépris de Dieu (il a déjà été question plus haut du fait que les hommes n'avaient pas obéi au commandement divin de ne pas se détruire[2]), c'est Nabrod (Nemrod), petit-fils de Cham, qui les y incita – un homme téméraire et confiant en son bras puissant. Il leur fit savoir qu'ils ne devaient pas être si candides et croire que leur bonheur et leur bien-être ne venaient purement et simplement que de la main de Dieu, mais qu'au contraire, ils avaient acquis eux-mêmes

* *Joseph. jüd. Alterth....*, in *Hamacher*, p. 346-348.

1. Joseph ben Matthias (37-~100), historien juif, sera fait citoyen romain après la défaite de Jérusalem en 70 et portera désormais le nom de Titus Flavius Josephus. On a notamment conservé de son œuvre des *Antiquités juives* en vingt livres (histoire du peuple juif de la création jusqu'à 66 p. C. n.); elles constituent une source majeure des écrits théologiques de Francfort.

2. Concerne le chapitre du livre I des *Antiquités* où Josèphe rapporte l'interdiction divine faite à Noé après le déluge de commettre des homicides : « [...] Je vous exhorte à ne plus verser le sang humain, et à vous tenir purs de tout meurtre en punissant ceux qui commettraient un tel crime » (Fl. Josèphe, *Les Antiquités juives*. Livres I à III. Texte, traduction et notes par É. Nodet, avec la collaboration de G. Berceville et É. Warschawski, Paris, Cerf, 1992, § 102, p. 32).

tous leurs biens grâce à leur bravoure et à leur vertu ; c'est ainsi qu'il transforma rapidement tout et qu'il instaura un régime tyrannique ; il pensait en effet qu'il lui serait de cette manière très facile de bannir du cœur des hommes toute vénération de Dieu et de se les rendre favorables moyennant un comportement puissant et audacieux. Il se fit aussi menaçant pour le cas où il prendrait à Dieu l'envie de noyer encore une fois le monde sous un déluge ; il ne voulait pas manquer du pouvoir et des moyens d'y opposer une résistance suffisante : c'est ainsi qu'il aurait décidé de bâtir une tour qui devait s'élever bien plus haut que la hauteur à laquelle les flots et les vagues pourraient jamais déferler, et ainsi de venger la ruine de ses[a] ancêtres[1]. (Rem. : Eupolème[2] dit dans la *Praeparatio evangelica* d'Eusèbe[3] que cette tour aurait d'abord été construite par les survivants du déluge).

Suite à ce déluge, il semble que les hommes aient perdu foi en la nature[a] et qu'ils se la soient alors opposée comme un <homme> être[4] hostile, contre lequel ils déployèrent désormais leurs forces. Et cette division avec la nature, quelle que

a. Nemrod d'une part, Noé d'autre part, qui abattait désormais les animaux et qui les recevait de Dieu en propriété, n'épargnaient que le sang parce qu'il contient la vie.

1. Tout ce paragraphe est une citation de Fl. Josèphe : cf. *Antiquités juives* I, § 113-114, p. 34-35.

2. Historien judéo-hellénistique, Eupolème vécut vers le milieu du 2e siècle a. C. n., vraisemblablement à Alexandrie. Il rédigea une histoire des Juifs agrémentée de légendes destinées à les présenter sous un jour favorable.

3. Le récit de la tour de Babel (Gn 11, 1-9) a été repris par divers historiens de la basse antiquité tels que Eusèbe de Césarée (265-339), père de l'histoire ecclésiastique. Sa *Praeparatio evangelica* compte quinze livres émaillés de citations d'auteurs profanes. Au livre IX, chap. 16, il cite longuement A. Polyhistor qui, relatant l'histoire d'Abraham dans son traité *Des Juifs*, écrit : « Dans son livre sur les Juifs d'Assyrie, Eupolème dit que la ville de Babylone fut fondée au début par les rescapés du déluge ; c'étaient des géants, et ils bâtirent la fameuse tour » (Eusèbe de Césarée, *La préparation évangélique*, « Sources chrétiennes, 369 », Paris, Cerf, 1991, p. 235-236).

4. *Wesen*.

soit la façon dont elle se produise (dans le cas des vieux Allemands, ce fut en prenant connaissance des produits d'un climat doux) entraîne nécessairement l'apparition de l'État, etc.

Le fait qu'Isaac ne put reprendre la bénédiction qu'il avait donnée à Jacob, même après avoir vu qu'il avait été trompé, montre la considération, la hauteur [de ce qui est] simplement subjectif; <une bénédiction> un rêve, une vision peuvent être considérés comme quelque chose qui est donné de l'extérieur; mais une bénédiction s'accompagne quand même toujours nécessairement de la conscience d'être produite de soi-même, et quand un père donne une bénédiction à son enfant qui réclame son amour, il peut assurément penser qu'elle est accompagnée de bonheur et de bien-être – de même qu'une malédiction est accompagnée du contraire; encore que ce ne soit pas comme son effet propre; mais combien devait être sainte une bénédiction qu'on ne pouvait même pas reprendre après avoir constaté son erreur, et comme elle devait être profonde la foi en une domination sur la nature par un tel subjectif, dont la dignité paraît ici aussi sublime que la dignité d'une sentence ou d'une action divine dans la foi d'un peuple, et tout aussi irrévocable!

Lorsque Moïse fit connaître au Pharaon son intention de faire sortir les Juifs d'Égypte, et que de ce fait les Juifs furent encore plus sous pression, ce commandement eut sur eux l'effet suivant: ils se plaignirent de Moïse en qui ils voyaient l'auteur de cet accroissement de leurs peines, tant était superficiel le besoin de se libérer de leur situation; aussi ne firent-ils aucune tentative pour se libérer, mais ils laissèrent Moïse seul pour inquiéter le Pharaon, et ils ne montrèrent en rien qu'ils devaient leur libération à leurs propres forces; c'est ce que montra aussi leur pusillanimité au bord de la mer rouge, lorsque le Pharaon les poursuivit à la tête d'une armée.

Josèphe, *Antiquités juives*, 4e livre, chapitre 4[1].

La cause de l'émeute après la mort de Coré[2], etc. : bien que les gens crussent que rien ne pouvait se faire sans la volonté et l'arbitraire de la fatalité divine, ils se persuadèrent que c'est pour plaire à Moïse que Dieu faisait tout ce qu'il entreprenait selon les cas contre eux, et ils reportèrent toute la faute sur Moïse, comme si elle n'offensait pas Dieu pour lui-même et qu'ils n'avaient pas mérité sa colère à cause de leur péché, mais à cause de Moïse, qui sans cesse l'irritait contre eux.

L'esprit des Grecs est la beauté ; l'esprit des orientaux, le sublime et la grandeur.

Abraham était un riche berger, un souverain indépendant. Le sol sur lequel il se trouvait : une plaine démesurée ; le ciel au-dessus de lui : une voûte démesurée ; il ne cultivait pas le sol, son troupeau y paissait, il n'était pas tenu de s'en occuper, de flatter la terre pour qu'elle lui fournît des fruits, de s'attacher à des parcelles singulières [du sol] et de les prendre en affection, de les tenir comme des parties de son petit monde et d'établir avec [sa terre] une relation amicale ; il abandonna bientôt les puits auxquels il s'abreuvait avec son bétail et les bois dont l'ombre le rafraîchissait.

1. Le contenu de ce chapitre va de la sédition du peuple contre le privilège sacerdotal d'Aaron jusqu'à la mort de celui-ci.

2. Lorsque Moïse fit à Aaron l'onction sainte pour exercer le sacerdoce,

> « des étrangers se dressèrent contre lui
> et le jalousèrent au désert
> et les hommes de Datân et d'Abirâm
> et la bande de Coré, dans une furieuse colère » (Si 45, 18).

[G.S. 65]

# ABRAHAM, NÉ EN CHALDÉE... *

*[Projets sur « L'esprit du judaïsme » 2]*

Abraham, né en Chaldée, quitta sa patrie avec son père et sa famille et habita un certain temps dans les plaines de Mésopotamie; puis il émigra de celles-ci aussi et, sans avoir d'habitation fixe, séjourna en Canaan. Il avait supprimé la relation dans laquelle sa jeunesse l'avait mis avec la nature qui l'entourait, et il avait renoncé à cette relation animée par l'imagination, c'est-à-dire aux dieux qu'il avait servis [jusqu'alors] (Jos 24, 2)[1]; il ne cultivait pas le sol sur lequel il reposait, son troupeau y paissait, il ne s'en occupait pas, il ne flattait pas la terre pour qu'elle lui fournît des fruits; il ne s'attacha plus à des parcelles singulières [du sol], il ne les prenait pas en affection, et ne les tenait pas pour des parties de son petit monde; l'eau dont lui et son bétail se servaient reposait dans des puits profonds, il n'y avait pas de mouvement vivant en elle, on la puisait avec peine et il fallait l'acheter au prix fort ou la conquérir de haute lutte; bientôt, il abandonna à nouveau les

* *Entwürfe zum Geist des Judentums* II, in *Nohl*, p. 368-370.

1. « C'est de l'autre côté du fleuve qu'ont habité autrefois vos pères, Tèrah père d'Abraham et père de Nahor, et ils servaient d'autres dieux » (Jos 24, 2).

buissons qui lui avaient donné de l'ombre ; il était un étranger sur terre ; comment se serait-il alors créé des dieux, comment se serait-il unifié avec la nature singulière, comment se serait-il fait des dieux ? [Il était] un homme indépendant, sans lien avec un État ou avec un autre but, son existence était pour lui ce qu'il y avait de suprême, dont il se souciait souvent, et s'il devait s'en soucier, c'est simplement parce que le mode de cette existence lui était réservé, il n'existait que pour lui-même et devait aussi avoir un dieu pour lui, qui le dirigeât et le conduisît. Non pas un dieu grec, un jeu avec la nature qu'il remercie pour chaque chose, mais un dieu qui lui garantisse la sécurité de son existence incertaine contre cette nature, qui le protège, qui soit le seigneur de sa vie entière. Ce regard porté au-delà du présent, cette réflexion sur un tout de l'existence auquel sa postérité appartenait aussi, voilà ce qui caractérise la vie d'Abraham, et sa divinité est son image en reflet, elle conduit ses pas et ses actions, elle lui fait des promesses pour l'avenir, elle lui présente son tout réalisé, c'est elle qu'il voit en pensant l'avenir dans les buissons sacrés, c'est à elle qu'il sacrifie toute singularité dans la foi au tout, il s'arrache à cette singularité, et la condition de ce tout, son fils unique, lui apparaît même à certains moments comme quelque chose d'hétérogène qui altère l'unité pure, infidèle à cette unité dans l'amour pour son fils, et il peut même se trouver en mesure de déchirer ce lien[1].

Le sol sur lequel évoluait Abraham était une plaine incommensurable, le ciel au-dessus de lui une voûte infinie, la réception qu'il en avait, sa réaction à leur égard devaient être aussi grandes et infinies ; le multiple qui s'offrait à lui devait être soit trop petit pour qu'il y réagisse, soit, lorsque le multiple le saisissait passivement, il devait, pour le maîtriser, réagir aussi

1. Allusion au sacrifice d'Isaac (cf. Gn 22, 1-19).

avec un tout et lui opposer sa divinité qui est alors une Providence.

[Après qu'Abraham eut été] arraché à sa famille et à son mode de vie, son instinct de conservation passa alors dans l'indéterminé; la tendance à la sécurité de son existence, l'objet de cette tendance étaient sa conservation. Nous ne voyons nulle part dans sa vie un objet plus haut, plus grand; la foi solide en cette unité au sein de tout changement de la multiplicité du donné était sa foi en la divinité. Comment Abraham en vint-il à l'idée de ce tout, de cette unité? Pourquoi ne se réserva-t-il pas à lui-même la tâche de sauver son unité? Qu'il ait dû projeter cette unité hors de soi s'explique de soi-même dès que l'on répond à la première question.

Son unité était la sécurité; sa multiplicité était constituée par les circonstances qui contrariaient celle-ci et ce qu'il y avait de supérieur, c'était l'unification des deux. La séparation n'avait pas encore eu lieu si complètement en lui qu'il se fût opposé au destin, [tandis que] les unifications singulières que les Grecs avaient eu le courage de faire avec le destin étaient leurs dieux. Abraham avait grandi dans une jouissance uniforme qui ne le poussait pas à combattre la nature rebelle, à la dominer, à la contraindre, qui n'exigeait pas qu'il gagnât son pain avec peine, et qui ne l'entraînait pas à s'enthousiasmer pour une multiplicité de la distraction. La séparation d'avec sa patrie et sa maison paternelle le poussa à réfléchir, mais pas à réfléchir en soi-même, pas à chercher en soi une force avec laquelle il pût résister aux objets; il était sorti de l'unité; ce n'est que le mode de vie qui se modifiait, mais il ne s'était pas séparé de la jouissance; elle était encore toujours son objet, mais elle était en danger, et c'est pourquoi il y réfléchit; maintenant, le tout de sa vie se trouvait devant lui.

[G.S. 66]

# ABRAHAM, NÉ EN CHALDÉE... *

*[Projets sur « L'esprit du judaïsme » 4]*

Abraham, né en Chaldée, quitta sa patrie avec son père et sa famille et habita un certain temps dans les plaines de Mésopotamie. Il avait grandi dans une jouissance uniforme, il ignorait tout de la lutte des besoins, des privations ou des refus; sa jouissance n'était pas telle qu'elle l'aurait dissipé dans une variation de distractions, ni telle qu'elle l'aurait appelé à combattre la nature résistante, à la dominer, à lui extorquer la nourriture. Ce dont il jouissait, il le recevait à nouveau, les deux ne faisaient qu'un. Il intuitionnait comme un tout, comme un grand objet l'unification de tout ce qu'il faisait, qu'il était et dont il jouissait. Lorsqu'il abandonna la Mésopotamie et sa famille, il abandonna les relations dans lesquelles il s'était trouvé avec des parties de la nature, il abandonna ces liens, ces totalités, les dieux qu'il avait servis jusque là (Jos 24, [2]) et ce grand tout lui vint alors à la conscience : c'était le Dieu unique qui le menait et le conduisait désormais. De même que le ciel formait au-dessus de lui une voûte immense, de même le sol sur lequel il évoluait formait une plaine incom-

* *Abraham, in Chaldäa geboren...*, in *Hamacher*, p. 351-353.

mensurable; il ne s'attachait pas à des parcelles singulières [du sol] qu'il aurait cultivées, embellies, dont il se serait occupé, qu'il aurait donc prises en affection et adoptées comme parties de *son* monde; seul son bétail paissait sur le sol. L'eau dont lui et son bétail s'abreuvaient reposait dans des puits profonds, sans mouvement vivant, on la puisait avec peine et il fallait l'acheter au prix fort ou la conquérir de haute lutte, c'était une propriété acquise par la force, <avec laquelle on ne pouvait jouer>, un besoin nécessaire à lui et à son bétail. Bientôt, il abandonna à nouveau les buissons qui lui donnaient souvent de l'ombre et de la fraîcheur; il y assistait bien à des théophanies, mais ce n'étaient que les apparitions de son Objet, du Très-Haut. Il était un étranger sur terre et il retournait toujours à son Objet, [revenant] du singulier au tout, du multiple à l'unité qui le contient. Ce qui était le plus élevé pour Abraham, c'était une grande unité qui englobait et contenait tout multiple; mais cette unité elle-même n'était que la sécurité de son existence, de sa vie, étendue à sa postérité; tout le servait dans sa divinité; en la suivant, il suivait son tout, en se sacrifiant, il sacrifiait à lui-même. Le regard constamment posé sur cet objet, l'image de son être en reflet, la foi solide, la confiance en ce même objet, la stricte unité de ce tout qu'il voit dans des buissons sacrés en pensant l'avenir, auquel il sacrifie toute individualité, ne s'attachant à rien d'individuel par quoi il serait détruit: [tout cela] peut aller jusqu'à représenter pour lui l'amour qu'il porte à son fils unique – la condition de l'accomplissement des promesses de son Dieu – comme quelque chose d'hétérogène, altérant l'unité pure. Infidèle à cet amour par amour pour l'unité, [il le ressent] comme contraire à la solidité, à la nécessité, à l'éternité et à la certitude de son tout, dont la réalité n'est pas liée à quelque chose d'individuel, quelque chose de contingent, de fragile, comme [l'est] un homme; et [tout cela peut] à certains moments exiger le sacrifice de ce fils.

C'est ainsi qu'était conçue la divinité d'Abraham, et la foi en celle-ci se transmit à sa postérité jusqu'aux dernières générations. Un objet infini, que servait ce peuple, et qui le servait en retour; cependant seulement comme un tout, comme une unité qui ne se dispersait pas dans la poursuite des caprices individuels. Après Abraham, plusieurs conçurent encore de temps en temps cette grande unité, mais comme sa postérité s'étendit [jusqu'à former] un peuple, l'objet de la divinité ne fut plus un singulier, mais le peuple tout entier, l'État; chaque Juif pris individuellement servait encore l'Objet infini, mais ce dernier ne servait que le tout ou ceux qui exerçaient le pouvoir dans ce tout, les grands prêtres, et non plus l'individu. Josèphe, *Histoire juive*, 4e livre, chap. 4[1].

Moïse avait à nouveau envisagé cette unité infinie, et il avait tout fait pour y élever son peuple, mais il ne put que l'amener à trembler devant elle par moments sans pouvoir lui-même la concevoir; ce n'est que plus tard, lorsqu'il se trouva libéré de toutes les puissances auxquelles il était tenu, et surtout lorsqu'il se trouva libéré de lui-même, que [ce peuple] se tourna à nouveau vers elle. L'unité à laquelle s'étaient élevés un Moïse, un Abraham, n'en était pas une pour les contemporains de Moïse, celui-ci la leur donna comme un Seigneur, et les lois qu'il leur imposa furent un joug. M. Mendelssohn affirme bien que la loi juive n'offre aucune vérité éternelle, que toutes les lois ne concernent que des institutions étatiques, destinées seulement à limiter l'arbitraire, et que la religion juive n'est donc pas une religion positive. Toute la constitution de l'État des Juifs est un service du dieu, et c'est la foi imposée en ce dieu, cette unité imposée qui a pu transformer la religion juive en une religion positive; mais pour celui qui s'élevait à cette unité, elle ne l'était assurément pas. Les sectes, les esséniens, les sadducéens surgirent du fait que cette unité ne

1. Cf. *supra* : *Josèphe,* Antiquités juives... (*G.S.* 64), p. 40, n. 1.

suffisait jamais, lorsque la force des hommes fut refoulée en elle-même, lorsqu'ils réfléchirent à eux-mêmes et qu'ils voulurent créer en eux-mêmes l'unité de l'être. Les pharisiens cherchèrent à relier les deux : l'unité interne et l'unité donnée ; les sadducéens et les esséniens laissèrent plutôt [cette unité] hors de tout lien, les derniers parce qu'ils voyaient les objets soit sous un jour hostile, soit avec indifférence. Lorsque les Romains dominaient le monde, l'indépendance extérieure et la dépendance à l'égard des lois patriarcales allaient de pair. Les Juifs se battirent pour pouvoir servir l'Objet infini qui aurait cessé de les servir, qui les aurait abandonnés s'ils avaient renoncé à être à son service. Lorsqu'une partie de la Judée devint province romaine, la forme de gouvernement fut l'aristocratie, [c'était le] Sanhédrin, qui était cependant limité par la loi ; cette loi vivante dans le peuple, l'opinion publique, gouvernait maintenant véritablement, puisque à l'époque de Moïse, et sous les Juges et jusqu'à l'époque des rois, sous un régime théocratique, ce sont les grands prêtres qui dominaient effectivement en tant que puissance en exercice, et l'Objet infini les servait en fait très souvent contre le peuple. Un peuple qui sert un objet doit nécessairement accepter que celui-ci le serve en retour, s'élever à l'unité avec lui, en exiger la justice ou en espérer la grâce.

Comme le culte de Jéhovah était devenu au fil du temps la propriété du peuple juif, ils se battirent en héros, comme tous les hommes deviennent des héros et se battent comme tels dès que leur propriété la plus intime est attaquée.

## [G.S. 70] À L'ÉPOQUE D'ABRAHAM...*

À l'époque d'Abraham [surgirent] des villes, et les nomades [n'eurent] plus de place les uns à côté des autres. Abraham se sépara de ses parents, simplement à cause d'un penchant pour l'indépendance, sans être insulté, sans être chassé, sans qu'il ait dû chercher une nouvelle patrie. Il sortit des liens de l'amitié et de la vie commune : premier acte par lequel il se rendit indépendant comme patriarche de son peuple, et qui provoqua une séparation – il avait abandonné l'amour –; [mais] un expulsé (comme les colons grecs) n'abandonne pas [l'amour], celui-ci apparut dans l'état de nécessité, [les colons] fuirent pour le sauver et pour pouvoir le conserver, ils emmenèrent avec eux tous leurs dieux[a] et tentèrent de le retrouver ailleurs – [tandis qu'] Abraham partit pour être libre ; sa divinité avait bien cette caractéristique, mais lui-même était et restait partout étranger ; il n'était pas indépendant au point qu'il ne serait entré en relation avec autrui, mais il entretint des relations d'hostilité, et il devait se débrouiller de tous côtés en agissant de manière ambiguë, en Égypte et chez Abimélech à Guérar – ou encore il devait mener la guerre contre les rois ; il vivait parmi des hommes qui lui restaient toujours étrangers,

* *Zu Abr. Zeiten...*, in *Hamacher*, p. 529-531.

a. Aucune trace de disposition polémique – circoncision d'Abraham.

plus ou moins hostiles, et il devait toujours réagir contre eux pour conserver sa liberté – il devait souvent se battre –; c'est ainsi que son dieu fut l'idéal de l'opposition.

Il ne voulut absolument pas laisser son fils épouser une Cananéenne; il ne laissa pas le bienveillant Ephrôn lui offrir une sépulture pour Sarah – et pourtant il avait besoin de blé, et dépendait donc des cités; Isaac cultiva du blé.

Le dieu d'Abraham différait en ceci des Lares, qui sont des dieux propres à une famille: une famille a bien les Lares pour soi, mais en partageant l'incommensurable, elle s'en est isolée; mais en même temps, elle en laisse ainsi [subsister] des parties, c'est-à-dire qu'elle accorde les mêmes droits aux autres; si bien que sans être en relation avec eux, elle est quand même dans un rapport juridique avec eux. Mais Abraham quant à lui se distinguait de tous les hommes et il gardait tout l'incommensurable pour lui, alors que les familles admettent que d'autres aient des Lares semblables aux leurs. Le dieu d'Abraham n'est pas un dieu familial ou national au sens des dieux des autres peuples; il ne l'est que dans la mesure où il est le dieu de la nation juive, la seule qui aurait dû exister. Abraham est tout à fait séparé du monde entier et de la nature entière; il voulait tout dominer dans sa famille; mais sa pensée était contraire à la réalité, car il était limité en celle-ci, et il se tournait toujours vers elle poussé par la nécessité; c'est donc la domination qui était son idéal, idéal dans lequel tout était unifié par l'oppression. Abraham était un tyran en pensée; son idéal réalisé était Dieu, auquel rien dans le monde n'avait plus part, mais qui dominait tout. Là où ses descendants avaient le pouvoir, lorsqu'ils pouvaient réaliser quelque chose dans la réalité, ils exerçaient alors leur domination avec la tyrannie la plus dure et la plus révoltante; ainsi en fut-il des atrocités diaboliques dont ont été victimes les habitants de Sichem; car lorsque l'infini est insulté, il faut [le] venger infiniment, c'est-à-dire exterminer; car en dehors de l'infini[a], tout n'est que matière, substance sans droit et sans amour, tout est damné et ne doit son salut qu'à son repos, ou au fait qu'on n'a pas prise dessus; et à l'occasion de cet acte satanique[1], le sentiment de Jacob est le suivant: les Cananéens et les Perizzites vont le détester, et lui et les siens ne constituant qu'une poignée, ils seront en danger[2]; son dieu lui dit alors de quitter ce pays; ce n'est qu'au moment de mourir qu'il osera s'adresser [aux siens] avec fermeté à propos [de ces événements]. Gn 49, 5-6[3].

La rigueur dans la propriété des biens; tous les exemples d'Isaac chez Laban[4], l'exclusion des bâtards d'Abraham. Jacob et Esaü – [l'exemple] le plus frappant en 38, 28[5].

Voir aussi comment Joseph prit le pouvoir, soumit tous les Égyptiens à l'esclavage et introduisit la hiérarchie politique. Gn 47, 19-23[6]. Comme tout existait par rapport à Dieu, il introduisit les Égyptiens dans le même rapport au roi, il réalisa sa divinité, אלשדי[7], le <tout-puissant> dévastateur.

1. Le massacre de Sichem.

2. « Jacob dit à Siméon et à Lévi: "Vous m'avez porté malheur en me rendant odieux aux habitants du pays, Cananéens et Perizzites. Nous ne sommes qu'un petit nombre, ils vont s'unir contre moi et m'abattre, je serai exterminé, moi et ma maison" » (Gn 34, 30).

3. Dans la formulation de ses dernières volontés, Jacob maudit la violence de ses fils Siméon et Lévi (cf. Gn 49, 5-7).

4. Petit-neveu d'Abraham, Laban est l'oncle et le beau-père de Jacob, qui travailla vingt années durant chez lui, « quatorze ans pour [ses] deux filles et six ans pour [son] bétail » (Gn 31, 41). Il quitta alors la maison de son oncle pour rejoindre le pays de Canaan (cf. Gn 28-31).

5. Hegel fait ici vraisemblablement allusion aux divers procédés cauteleux destinés à s'assurer un droit d'aînesse : supercherie de Jacob (cf. Gn 27) et lutte à la naissance entre Pèrèç et Zérah, fils de Juda (cf. Gn 38, 28-30).

6. Allusion à la réduction des Égyptiens à la servitude par Joseph en période de famine : « Aujourd'hui donc, je vous ai acquis au profit de Pharaon, vous et votre terre. Vous aurez de la semence et vous pourrez ensemencer la terre » (Gn 47, 23).

7. *Él Shaddaï*. Le plus souvent associé à des promesses de fécondité, *Él Shaddaï*, dont l'étymologie est contestée, est un des nombreux noms divins dans la Bible. Ses traductions grecque et latine les plus fréquentes sont *pantokratôr* et *omnipotens*. Par ailleurs, la racine *shadad*, « détruire », pourrait être à l'origine d'une association de ce vocable avec l'idée d'un désastre. Hegel semble donc profiter des ambiguïtés de la philologie pour conforter son interprétation du dieu juif en termes d'un dieu tyrannique et dévastateur. C'est

Objectivité de Dieu. Ex 20, 19-20[1].

Après la mort de Moïse, alternance d'esclavage parmi les peuples étrangers et d'indépendance de l'État. Dans le dernier cas, ou bien désunis entre eux, ou bien heureux, culte étranger; le bonheur faisait taire la haine et provoquait la réconciliation avec d'autres peuples. Intuitionnée, cette réconciliation devenait des dieux.

<Chez Daniel>[2]

Les Juifs tiraient les peuples au sort en vue du partage des terres avant d'entrer en guerre. 24. 13[3].

Un châtiment n'est possible que pour une loi qui nous est étrangère et à laquelle nous sommes liés.

en ce sens qu'il faut comprendre la correction qu'il fait de sa propre traduction du terme hébreu dans le texte.

1. « Tout le peuple percevait les voix, les flamboiements, la voix du cor et la montagne fumante; le peuple vit, il frémit et se tint à distance. Ils dirent à Moïse : "Parle-nous toi-même et nous entendrons; mais que Dieu ne nous parle pas, ce serait notre mort!" Moïse dit au peuple: "Ne craignez pas! Car c'est pour vous éprouver que Dieu est venu, pour que sa crainte soit sur vous et que vous ne péchiez pas". Et le peuple se tint à distance, mais Moïse approcha de la nuit épaisse où Dieu était » (Ex 20, 18-21).

2. *<Unter Dan>*. On peut voir dans *Dan* l'abréviation du livre de Daniel, qui est contemporain de la captivité à Babylone, et dont Hegel envisageait peut-être d'entreprendre ici l'exégèse. On y trouve en effet un thème central qui rapproche Daniel de Joseph: l'interprétation des songes (chap. 2 et 4) ou le déchiffrement de transcriptions surnaturelles (chap. 5) se soldent pour Daniel comme pour Joseph par l'élévation aux plus hautes fonctions honorifiques.

3. Cette référence doit renvoyer au moins au *Livre de Josué* puisque Hegel évoquait dans le paragraphe précédent la mort de Moïse sur laquelle se clôt le *Pentateuque*. Et en effet, Jos 13 concerne le partage du pays entre les tribus, tandis que Jos 24 présente l'alliance conclue par Josué à Sichem; Hegel avait déjà commenté Jos 24, 2 ailleurs (cf. *Abraham né en Chaldée...*, *G.S.* 65).

[G.S. 71]

# PROGRESSION DE LA LÉGISLATION... *

*[Ébauches de « L'esprit du judaïsme » 5]*

La législation progresse avec l'élargissement de la séparation. Noé – permission de chasser les animaux, mais pas de boire le sang (Kant, interdiction de la chasse, paix perpétuelle[1]; capture de bétail vivant) – et interdiction de mettre à mort. État de nécessité suprême. Bénédiction d'Abraham : propriété et possession pour lui et sa postérité – moindre état de nécessité.

Les Dix Commandements de Moïse : adoration de Dieu et jours fériés; [ce qui est] nouveau : le respect des parents; adultère ; mensonges et convoitises.

À état de nécessité supérieure, moindre séparation, c'est-à-dire séparation moins diversifiée; – quand la séparation est plus grande, l'état de nécessité est moindre.

* *Fortschreiten der Gesetzgebung...*, in *Der Weg...*, p. 45-52.

1. Allusion au 1er supplément du *Projet de paix perpétuelle* (1795) de Kant, intitulé « De la garantie de la paix perpétuelle ». S'interrogeant sur cette garantie qu'offre la nature, Kant fait remarquer que le passage de la vie pastorale à la vie agricole conditionne la paix, la chasse et la pêche n'assurant qu'une liberté anarchique. Pour plus de détails, cf. G. W. F. Hegel, *Premiers écrits (Francfort 1797-1800)*, *op. cit.*, p. 129, n. 1.

[On se trouve] là à l'aube de la culture, parce que peu de choses étaient liées; <ici> dans une culture supérieure, la nécessité peut être moindre dans le cas d'une séparation plus multiple, parce que beaucoup [de choses] sont encore unifiées; mais la nécessité dans une culture supérieure déchire d'autant plus et rend les hommes d'autant plus effrayants; autant s'accroît la culture, autant s'accroissent les besoins, les séparations et les unifications.

[...] une divinité <invisible> qui assure à son peuple une existence animale; celle-ci est le concept le plus propre de toute vérité et de tout droit, à celui-là, il ne reste qu'une existence animale divinisée – le sujet infini contre l'infini – il ne reste rien d'autre. [Il faut toujours] affermir cette relation, s'en souvenir dans chaque action des hommes, la rattacher à toute activité. C'est pourquoi elle est invisible. Sacrifice.

La relation des Juifs en tant que citoyens ne pouvait pas en être une autre que l'égale dépendance de tous à l'égard du clergé, et c'est par là que fut écartée la condition de toutes les lois politiques, c'est-à-dire de lois conformes à la liberté.

Les Israélites se comportèrent très passivement, les actes de Moïse et d'Aaron avaient le même effet que sur les Égyptiens, ils avaient sur eux l'effet d'une puissance, ce qui occasionnait donc une plus grande rudesse plutôt que d'exciter leur indépendance d'action; ils ne réagissaient pas alors avec plus de force, mais ils souffraient seulement plus profondément; Ex 5, 21[1].

6, 9 : les Israélites ont un comportement tout à fait inactif[2]; simplement Moïse agit sur le roi et arrache à sa peur la permis-

1. Après s'être plaints de leurs conditions de travail auprès du pharaon, les contremaîtres juifs s'adressent à Moïse et Aaron : « Que le Seigneur constate et qu'il juge : à cause de vous, Pharaon et ses serviteurs ne peuvent plus nous sentir; c'est leur mettre en main l'épée pour nous tuer » (Ex 5, 21).

2. « Moïse parla ainsi aux fils d'Israël, mais ils n'écoutèrent pas Moïse, tant leur dure servitude les décourageait » (Ex 6, 9).

sion [de partir]; non pas sa peur des Israélites, car ceux-ci ne lui font pas peur, mais sa peur du dieu de Moïse – jusque dans leur libération, ils sont esclaves; c'est le seul exemple d'une contrainte exercée en vue de la liberté. Les chefs ne font toujours que de larges révérences après chaque exposé, Ex 12, 27, et sinon, ils restent droits; leur seule réaction fut de grogner suite à leur libération; sinon, c'était une obéissance passive.

Les Égyptiens les chassèrent; Ex 12, 33. 34.

Ils ne commencent pas par un acte héroïque, mais dans leur imagination, quelque chose de grand est fait pour eux; pour eux, l'Égypte souffre de ses innombrables plaies et de la misère, et les Égyptiens s'étendent en lamentations; – mais *eux* n'ont rien fait, *ils* n'ont pas combattu, ils étaient plus humains, mais par lâcheté – comme leur dieu.

La violence, contre le déchaînement de laquelle on se défend, justifie la mort et la destruction; car celui sur qui s'abat le malheur en a fait son but pour tel ou tel; cela vaut pour l'un ou l'autre; ainsi chacun a des droits égaux. Les Israélites souffrent, mais ils ne se défendent pas; les Égyptiens succombent, mais pas à leurs ennemis. L'activité que les Israélites se sont réservée, ce fut d'emmener comme des voleurs les vases de leurs voisins qu'ils leur avaient prêtés en toute confiance; à part cela, ils n'ont rien fait.

L'esprit de ces gens qui viennent de recouvrer leur liberté ([Ex] 13, 17; 14, 11-12): il vaut mieux que nous soyons esclaves plutôt que de sortir pour aller périr dans le désert.

Comparaison de l'invisibilité du dieu juif, de son ineffabilité, interdiction d'en faire des images (le visage de Moïse brillait tellement qu'ils ne pouvaient le voir), sa situation au plus profond du temple d'une part, et des mystères d'Éleusis d'autre part, où l'on enseignait par des paroles, des images, des sacrifices, mais où l'on ne pouvait pas parler [de la divinité]. Tout simplement, les lois et les cérémonies mosaïques ne procèdent pas de l'imagination du peuple, ou en tout cas on ne sait pas dans quelle mesure; il y a [là-dedans] beaucoup d'arbitraire – [qu'on songe aux] formalités, aux bagatelles qui les accompagnent toutes à la fois.

L'Exode – l'acte du peuple, on y voit son esprit, son but, son idéal, car ici il l'a réalisé.

<Avant d'avoir une tente, Moïse montrait Dieu aux Israélites dans le feu – dans les colonnes de feu et la fumée – il devait y avoir pour lui quelque chose de visible – mais indéterminé et sans forme – jusqu'à ce qu'il fixât l'invisible dans le saint des saints>. Le sang consacré en tant que le vivant, en tant que Dieu.

La condition particulière des prêtres est tout à fait égyptienne – les purifications, l'impureté de nombreux oiseaux et animaux.

La religion que les Israélites s'étaient librement donnée devait nécessairement être ou bien extrêmement simple, ou bien plus ou moins égyptienne, ou bien lui être opposée par rapport à elle. Car la religion mosaïque n'est même pas issue de l'esprit de la nation, elle n'était même pas en connexion avec lui, elle était donnée à la nation, elle lui était étrangère, elle était morte pour elle; d'où sa versatilité.

L'interdiction du sang faite à Moïse; Lv 17, 10 *sq.* [1].

a. N'être rien en tant que citoyens, [n'avoir] pas de liberté, pas de droit, parce que rien n'est encore déterminé.

Nature – ou anéantissement, c'est le dernier des deux qui était le cas des Israélites; la valeur de l'esclave n'est pas l'autonomie au nom de soi, sa fin propre, mais le service qu'il manifeste pour le Seigneur; l'État est un étranger, extérieur aux hommes; la quantité des services chez tous les hommes libres (honneur), en même temps signe de servitude, comme les serfs.

1. « Si un homme, faisant partie de la maison d'Israël ou des émigrés venus s'y installer, consomme du sang, je me retournerai contre celui-là qui aura consommé le sang, pour le retrancher du sein de son peuple; car la vie d'une créature est dans le sang; et moi je vous l'ai donné, sur l'autel, pour l'absolution de votre vie. En effet, le sang procure l'absolution parce qu'il est la vie. Voilà pourquoi j'ai dit aux fils d'Israël : "Nul d'entre vous ne doit consommer de sang, et nul émigré installé parmi vous ne doit consommer de sang" » (Lv 17, 10-12).

La religion mosaïque est une religion [issue] du malheur et [faite] pour le malheur; [ce n'est pas une religion] pour le bonheur, qui veut des jeux joyeux; le dieu [y est] trop sérieux.

Comme les Juifs n'étaient rien en tant que citoyens[a] et qu'ils ne recevaient de valeur que de leur relation à Dieu, il fallait que le maximum de leurs actions fût mis en relation avec la religion.

Quantité de purifications; il y a une pureté de la candeur qui ne sait pas qu'ils se sont rendus impurs et une pureté de la corruption; une virginité de l'imagination corrompue, qui se rend impure à travers toute chose – <une virginité du cœur> impureté de la réflexion, séparation du monde d'avec soi.

Lorsque l'objet infini est tout, l'homme n'est rien; ce qu'il est encore, il l'est par la grâce de celui-là; celui-là a extériorisé quelque chose et le quelque chose auquel l'infini accorde l'être[1] est saint pour lui; car ce qui est en lui y est grâce à celui-là. Il doit donc se conserver dans sa pureté; les saints voulaient s'anéantir et méprisaient donc tout ce qui appartenait à eux-mêmes, ils se vautraient dans la boue et se laissaient dévorer par les poux; <mais> pour que la divinité soit, celle-ci accordait aux Juifs un être[2] – ce qui était pur ou impur, cela devait <aussi bien> l'être pour eux de naissance; tout devait être en relation avec la divinité.

Toute la législation de Moïse découle de l'idée. Dieu est le Seigneur; tout faire est soit son service, soit la jouissance qu'il a autorisée, bannissement dans le réel; tout ce qui est idéal, tout ce qui est libre, tout ce qui est beau est banni car ce n'est rien de réel; pas d'immortalité puisqu'elle est l'autonomie de l'homme; conservation permanente dans ce qui fait être un dieu : le vénérer, se tenir pur, se mettre aussi peu que possible en relation avec autrui; se conserver soi-même dans une stricte unité, selon l'idéal; être en aussi peu de relations positives que possible. Une religion du malheur; car dans le malheur est

1. *Seyn.*
2. *Seyn.*

présente la séparation, nous nous y sentons comme un objet et nous devons fuir vers le déterminant. Dans le bonheur [en revanche], cette séparation a disparu, il règne l'amour, l'union, mais qu'on ne peut cependant pas élever au rang du dieu en se libérant des séparations contingentes qui sont présentes; sinon il y aurait là un dieu qui ne dominerait pas, mais qui serait un être[1] amical, une beauté, un vivant dont l'être est l'unification, tandis que le dieu des Juifs est la séparation suprême, qui exclut toute libre unification et qui ne laisse place qu'à la domination ou à la servitude.

L'acquisition de la propriété peut troubler l'égalité des citoyens, et les lois de Solon s'en sont souciées avec sagesse: maintenir l'égalité des parcelles de terre (tandis que les lois de Lycurgue, qui voulaient aussi atteindre cet objectif, n'atteignirent pas leur but: cf. Pauw[2]); chez Moïse, le même souci avait une toute autre raison; c'était l'incapacité d'acquérir une propriété. Dieu parle: vous ne pouvez rien vendre, car le sol m'appartient; vous êtes des étrangers chez moi, originaires d'une nation étrangère; Lv 25, 23 *sq.*[3], *ibid.*, v. 55[4]. Comme les serfs payaient leurs impôts au seigneur, ainsi les Israélites sacrifiaient le premier-né des hommes, du bétail et la première récolte des fruits de la terre.

La menace de châtiments (qui se fait souvent sentir) et les promesses de récompenses – il y a une grande différence selon qu'on y réfléchit dans l'action ou pas; dans une législation positive, elles sont tout à fait à leur place; car la suppression de

1. *Wesen.*

2. Cornelius de Pauw (1739-1799), né à Amsterdam, membre de l'Académie de Berlin et auteur notamment des *Recherches philosophiques sur les Grecs*, 2 vol., 1787. Pour plus de détails, voir G. W. F. Hegel, *Premiers écrits (Francfort 1797-1800)*, *op. cit.*, p. 133, n. 3.

3. « La terre du Pays ne sera pas vendue sans retour, car le pays est à moi; vous n'êtes chez moi que des émigrés et des hôtes » (Lv 25, 23).

4. « Car c'est pour moi que les fils d'Israël sont des serviteurs; ils sont mes serviteurs, eux que j'ai fait sortir du pays d'Égypte. C'est moi, le Seigneur, votre Dieu » (Lv 25, 55).

ce qui remédie à l'état de nécessité reproduit à nouveau l'ancien état de nécessité; mais dès qu'il n'est plus question d'état de nécessité, [les menaces et les promesses ne sont] plus à leur place; et la législation israélite, comme cette dernière, ne faisait que remédier à l'état de nécessité. L'état de nécessité a des fins et agit selon des fins, <et la <religion positive> <religion juive>>; mais pas la joie, ni l'humour, ni l'amour. Or la religion juive, qui ne procédait que selon l'état de nécessité, devait avoir des buts – elle ne remédiait qu'à l'état de nécessité, elle n'unifiait qu'imparfaitement, de sorte seulement que l'un puisse subsister aux côtés de l'autre, ou [elle purifiait] par l'anéantissement la nourriture.

<Coré, Datân ressentirent l'égalité du droit, ils reprochèrent à Moïse de s'arroger une priorité et une domination sur des sujets de Dieu. Nb 16, 3>[1].

Un seul mouvement autonome de Moïse attira sur lui un châtiment qui fut qu'il n'arriva pas en Canaan. Nb 27, 14[2].

Dt 4, 19: vous ne devez pas prier le soleil, la lune et les étoiles, car Dieu les a faits pour le bien commun de toutes les nations – car l'hostilité était le principe de leur religion.

Dt 30, 11 : ces lois ne sont pas au ciel, elles ont été déposées assez près de vous ; vous pouvez en parler.

Dt 7, 7-8 : réflexion sur la question de savoir pourquoi Dieu les a tant préférés à toutes les nations ; c'est à partir d'un amour particulier pour vous et parce qu'il voulait accomplir son serment qu'il avait fait à vos ancêtres – ici à nouveau, il faut des causes et des effets. 9, 5-6 : au nom d'Abraham, d'Isaac et de Jacob; les Juifs n'auraient pas mérité [leur terre à eux seuls]. L'hostilité à l'égard des dieux étrangers doit être plus forte que l'amour; ceux qui ont un culte en secret, on ne doit les épargner

1. Nb 16, 3 : allusion à la révolte de Coré, Datân et Abirâm que Hegel a déjà évoquée dans *G.S.* 64.

2. Allusion à la désobéissance de Moïse dans le désert de Cîn (cf. Nb 20, 1-13) suite à laquelle Dieu lui infligea la punition de mourir avant l'arrivée de son peuple en terre promise (cf. Nb 27, 12-14).

ni par pitié ni par amitié, mais les dénoncer – Dt 13, 6-7. Il en va tout autrement des autres nations dans lesquelles jamais le culte étranger d'un individu n'aurait présupposé son hostilité vis-à-vis de sa nation.

<Celui qui n'avait pas atteint la terre promise – ou, Dt 20, 5 *sq.*, celui qui n'avait pas encore [connu] sa femme, [exploité] sa vigne, [occupé] sa nouvelle maison, celui-là avait manqué le but de sa vie – le premier cas résultait d'une punition[1]; et ils ne s'exposèrent pas au second cas, car il serait insensé de risquer pour la réalité toute la possibilité, la condition, la vie>.

Rigueur des lois sur le mariage et importance de la naissance légitime (Dt 23, 2 : aucun enfant illégitime ni sa postérité ne peut être accepté comme membre de l'État).

Dt 32, 11 : il est revenu avec eux comme un aigle avec ses jeunes – belle métaphore, mais les jeunes ne sont pas devenus des aigles, et en ce sens elle ne convient pas ; l'image [qui conviendrait mieux, c'est celle d'un] aigle qui couve des pierres et qui aurait essayé de leur apprendre à voler, mais dont la chaleur n'a pas jailli comme flamme de la vie.

Aussi longtemps que le combat avec les nations étrangères n'était pas encore décidé, aussi longtemps que subsistait la totalité de l'État juif et l'espoir de la conserver, alors apparurent des hommes pleins de ferveur pour cette totalité – des prophètes ; mais lorsque ce tout fut désintégré [...][2].

Ce n'est que par la suite, aux époques ultérieures, lorsque les Juifs vivaient opprimés, <longtemps il n'avait pas été porté remède à leur état de nécessité> lorsqu'ils étaient asservis par des nations étrangères, lorsqu'il fut remédié à leur état de nécessité de telle sorte qu'ils pouvaient subsister physiquement, c'est alors qu'ils furent d'une part ramenés à leur dieu, puisqu'on le leur laissait, mais puisque d'autre part ils étaient attaqués, ils devaient réagir autrement, déployer d'autres forces, développer d'autres consciences.

1. Cf. Dt 32, 48-52.
2. Paragraphe inachevé.

Les Juifs ne maintenaient que l'unité objective et son culte, mais ils ne demeurèrent pas en soi, ils se dispersèrent, se déchirèrent – les meilleurs d'entre eux refusèrent l'unité qui avait régné jusque là (manger et boire tranquillement, puisque on avait déchiré tant [de liens] pour cela) ; ils se firent alors [une unité] plus stricte dont ils se séparèrent – les esséniens; ou ils maintinrent l'unité et le culte pour recouvrir ce qui leur restait déchiré et ne pas le laisser venir à la conscience – les pharisiens ; ou encore, les sadducéens [maintinrent] par une tyrannie avisée l'absence de liberté d'autant plus fortement [...][1].

1. Le texte s'interrompt ici.

[G.S. 77]

# AVEC ABRAHAM, LE VRAI PATRIARCHE… *

## *[L'esprit du christianisme et son destin]*

Avec[1] Abraham, le vrai patriarche des Juifs, commence l'histoire de ce peuple, c'est-à-dire que son esprit est l'unité, l'âme qui a régi tous les destins de sa postérité; il apparaît sous

* *Der Geist des Christentums und sein Schicksal*, in *Nohl*, p. 243-245.

1. « À la fin de son manuscrit, Hegel a lui-même indiqué que celui-ci comptait 24 feuillets; les cinq feuillets du chapitre sur le judaïsme (c'est le nombre que mentionne Hegel à la fin de ce chapitre, mais il y en a en fait six, et l'introduction sur Noé et Nemrod doit être plus tardive) ne peuvent y être comptabilisés, et c'est bien à cux que se réfère le "5" qui surmonte l'indication "24 feuillets". Comme les feuillets ne sont malheureusement pas numérotés, il est difficile de confirmer le calcul. Nous possédons certainement dans son entier le chapitre sur les Juifs – c'est ce que prouvent les projets. Le reste du manuscrit comporte 90 feuilles. Si l'on fait le calcul vraisemblable de 24×4 =96 feuilles, ce qui n'est évidemment pas certain, puisque Hegel a parfois des feuillets de 2 ou 8 feuilles, il nous manque alors 9 feuilles. En tout cas, le manuscrit comporte deux lacunes: la première p. 261, qui est manifeste, et la seconde p. 330, où le manuscrit porte un signe qui renvoie à l'interpolation correspondante, qui est perdue. Toutefois les projets nous montrent qu'il ne nous manque ici rien d'essentiel. La mise en ordre très difficile du manuscrit s'est faite tantôt en trouvant la suite d'une phrase interrompue sur une autre feuille, tantôt grâce au fait que Hegel lui-même établissait le contexte en recourant à des signes de renvoi. À cela s'ajoutent des renvois de contenu, comme le chapitre sur le châtiment et le destin qui renvoie au sermon sur la montagne; et enfin, le contexte du feuillet en papier indiquait de temps en temps lui-même la suite. Le titre est de l'éditeur. Sur les essais et la chronologie, voir l'annexe. » (Note de H. Nohl).

une figure variable : – selon qu'il combattait diverses forces, ou qu'il perdait sa pureté en adoptant un être étranger quand il succombait à la violence ou à la tentation. [Il apparaît donc] sous la forme variable de l'armement et de la lutte ou de la manière dont il supporte le joug du plus fort ; – cette forme, on l'appelle le destin.

Nous n'avons conservé que quelques traces obscures du cours que prit le développement de l'humanité avant Abraham, de cette période importante au cours de laquelle la rudesse qui avait succédé à la perte de l'état de nature tendit à revenir par diverses voies à l'unification détruite. L'impression qu'avait faite le déluge de Noé sur le cœur des hommes dut être une profonde déchirure et son effet fut la plus formidable perte de foi en la nature <dans la mesure où il n'y a rien de plus révoltant pour un homme aux dispositions pures que de voir un homme mis à mort – que ce soit à la suite d'un jugement et conformément au droit, ou que ce soit injustement – par une puissance physique contre laquelle il ne peut avoir aucun mouvement de défense> qui, autrefois amicale et tranquille, sortait maintenant de l'équilibre de ses éléments, répliquait maintenant à la foi que le genre humain avait en elle avec l'hostilité la plus irrésistible, la plus indomptable, la plus destructrice et qui, dans son déchaînement, n'épargnait rien par une distinction de l'amour mais répandait partout une dévastation sauvage. L'histoire nous a transmis quelques phénomènes, quelques réactions à l'impression produite par ce crime universel contre l'homme perpétré par des éléments hostiles. Afin que l'homme pût subsister face aux déchaînements de la nature désormais hostile, il fallut la dominer. Et comme le Tout <divisé> ne peut être divisé qu'en idée et en réalité, l'unité supérieure de la domination se trouve soit dans un pensé, soit dans un réel. Noé reconstruisit le monde déchiré dans le premier; il fit de son idéal pensé un étant[1] et lui opposa alors toute chose comme quelque chose de pensé, c'est-à-dire de dominé; [cet idéal] lui promit de retenir les éléments à son service de telle sorte que jamais plus un déluge ne viendrait perdre les hommes; parmi tous les vivants susceptibles de subir une telle domination, [l'idéal] imposa aux hommes la loi, le commandement de se limiter eux-mêmes de telle sorte qu'ils ne s'entretuent pas; quiconque franchirait ces limites tomberait sous le coup de la puissance de cet idéal et perdrait donc la vie; en échange de cette domination exercée sur l'homme, l'idéal lui offrait en retour la domination sur les animaux; mais s'il sanctionnait bien cette seule et unique déchirure du vivant, la mise à mort des végétaux et des animaux, et s'il faisait des hostilités apparues sous la contrainte de l'état de nécessité une domination légitime <que l'homme ne devrait pas réconcilier par la religion>, on vénéra quand même encore le vivant dans la mesure où la consommation du sang des animaux était interdite parce que s'y trouvait la vie, l'âme des animaux. Gn 9, 4[2]; – <de même que la vie de l'homme, le sang est réclamé [par la divinité]; c'est pour la même raison que Moïse réclama pour Dieu le sang des animaux sacrifiés. Lv 17[3]>.

De manière opposée, Nemrod – s'il est permis de mettre ici en relation avec les récits mosaïques la présentation correspondante de son histoire que donne Josèphe (*Antiquités juives*, livre I, chap. 4) – plaça l'unité dans l'homme, il l'institua en un étant qui transformât les réalités en du pensé, c'est-à-dire qui les tuât, les dominât; il chercha à dominer la nature dans une telle mesure qu'elle ne pût plus constituer un danger pour les

1. *Seienden*.

2. « (...) Vous ne mangerez pas la chair avec sa vie, c'est-à-dire son sang » (Gn 9, 4).

3. La quatrième section du *Lévitique* est consacrée à la loi de sainteté et s'ouvre sur la prescription du respect du sang : « Nul d'entre vous ne doit consommer de sang » (Lv 17, 12).

hommes ; il se mit en état de défense face à elle, tel « un homme téméraire et confiant en son bras puissant; au cas où il aurait à nouveau plu à Dieu de provoquer un déluge sur la terre, il menaça de ne pas risquer de manquer de la puissance et des moyens nécessaires pour lui opposer une résistance appropriée. En effet, il aurait décidé de bâtir une tour qui devait s'élever bien plus haut que la hauteur à laquelle les flots et les vagues pourraient jamais déferler, et ainsi de venger la ruine de ses ancêtres (selon une autre source, celle d'Eupolème rapportée par Eusèbe[1], ce sont les rescapés du déluge eux-mêmes qui auraient bâti la tour) ; il persuada les hommes qu'ils s'étaient acquis tous leurs biens eux-mêmes par leur force et leur bravoure; et c'est ainsi qu'il transforma toutes choses et instaura finalement une domination tyrannique »[2]. Il réunifia les hommes devenus méfiants, étrangers les uns aux autres et désireux maintenant de se disperser, mais non pas en une compagnie joyeuse [d'individus] confiants les uns dans les autres et en la nature : il les rassembla, certes, mais par violence. Il se défendit contre l'eau à l'aide de murs, c'était un chasseur et un roi. C'est ainsi que dans la lutte contre l'état de nécessité, les éléments, les animaux et les hommes devaient subir la loi du plus fort, mais [c'était la loi] d'un vivant.

Noé s'assura contre la puissance hostile en la soumettant, ainsi que lui-même, à un être plus puissant, et Nemrod en la

1. Cf. les notes infrapaginales de *Josèphe,* Antiquités juives… (*G.S.* 64), *supra*, p. 38.

2. Hegel reprend librement sa citation de Fl. Josèphe sur laquelle s'ouvrait le fragment *G.S.* 64 : « Celui qui les incita au mépris insolent de Dieu fut Nemrod, petit-fils de Cham, homme audacieux et d'une grande vigueur ; il les persuada de ne pas attribuer à Dieu la cause de leur prospérité, mais de considérer que seule sa valeur la leur avait value, et peu à peu, il transforma la situation en tyrannie, car il pensait que le seul moyen de détacher les hommes de la crainte de Dieu était qu'ils s'en remettent à sa propre puissance. Il promettait de se venger de Dieu s'il voulait à nouveau inonder la terre : il construirait une tour plus haute que la hauteur que pouvait atteindre l'eau, et vengerait même leurs ancêtres » (*Antiquités juives* I, § 113-114, p. 34-35).

domptant lui-même; tous deux conclurent avec l'ennemi une paix [forcée par] l'état de nécessité et éternisèrent ainsi l'hostilité; aucun des deux ne se réconcilia avec [cet ennemi] comme l'avait fait un beau couple, Deucalion et Pyrrha après leur déluge, qui invitèrent les hommes à refaire leur amitié avec le monde et à revenir à la nature, qui firent oublier l'état de nécessité et l'hostilité par la joie et la jouissance, qui conclurent une paix de l'amour, devinrent les fondateurs de belles nations et firent de leur temps la mère d'une nature régénérée conservant la fleur de sa jeunesse.

## [G.S. 78] LES BEAUX RAPPORTS... *

Les beaux rapports fondés selon leur nature sur l'amour ne s'opposent à rien d'autre qu'à la domination et à la servitude; c'est cela qui régnait chez les Juifs : tout au long de la vie de son père, le fils restait son serviteur, il ne devenait autonome, dans la mesure où la chose était possible chez les Juifs, qu'à la mort de son père, qui lui procurait une certaine parcelle de terre. Le fils qui manque de vénération pour son père et qui exerce de quelque manière une violence contre lui – et toute [relation] dénuée d'amour est violence –, celui-là mérite de subir la plus dure violence; mais se séparer de son père pour devenir un homme n'est pas un manque d'amour, ni de la violence; si le père ne concède pas cela, c'est alors plutôt lui qui fait violence à l'adulte qui s'est pleinement développé, et il le soumet à la servitude; [le fils y est soumis] plus encore s'il ne peut même pas assumer lui-même ce qu'il y a de plus libre, ce qui d'aucune manière ne peut être délégué à autrui ou ce qu'autrui prendrait en charge en son nom à cause de quelque incapacité à exercer soi-même son propre droit ou à extérioriser sa vie, comme dans le cas de la représentation des enfants par les parents ou par un tuteur : à savoir choisir une

* *Die schönen, ihrer Natur nach...*, in *Hamacher*, p. 376-377.

femme[1]; voilà la tyrannie la plus cruelle, ou comme il s'agit de mœurs, un droit légal du père qui ne peut paraître sous la forme de la tyrannie aux yeux du fils, ce qui présuppose donc un caractère du peuple auquel le libre amour et la beauté sont absolument étrangers, et qui n'a pas conscience de la domination et de la servitude. Si d'aventure l'homme choisissait lui-même sa femme, il l'achetait à ses parents, et dans les liens du mariage, elle se trouvait dans le rapport d'une [femme] achetée; si son mari venait à mourir sans enfants, elle appartenait alors à la parcelle de terre, laquelle devait rester dans la famille, et donc elle aussi; le plus proche parent devait conserver la terre, et donc aussi la prendre pour femme.

Comme la vierge était une chose, elle n'entrait en considération qu'à ce titre, comme une marchandise qu'on avait achetée, et on procédait à un examen pour vérifier si la marchandise correspondait bien à ce qui avait été vendu; de là surgirent des lois obscènes et des coutumes immondes bien connues; car [la femme] n'avait jamais été un [être] aimé [...][2].

1. Hegel fait ici allusion à Gn 24, 3-4 qu'il a déjà commenté dans *À l'époque d'Abraham...* (*G.S.* 70), où Abraham interdit que son fils Isaac épouse jamais une Cananéenne.

2. Le texte devient très difficile à interpréter et s'interrompt ici.

[G.S. 79/82]

# ABRAHAM, NÉ EN CHALDÉE... *

*[L'esprit du christianisme et son destin]*

Abraham, né en Chaldée, avait déjà quitté une patrie avec son père à l'époque de sa jeunesse; mais par la suite, il se sépara aussi totalement de sa famille dans les plaines de Mésopotamie pour devenir un homme tout à fait autonome, indépendant et même le chef; et cela sans être insulté ou repoussé, sans ressentir la douleur qui, après une injustice ou une cruauté, annonce le besoin permanent de l'amour qui, blessé peut-être, mais jamais perdu, aspire à une nouvelle patrie pour y fleurir et y être heureux de lui-même. Le premier acte par lequel Abraham devient patriarche d'une nation est une séparation qui déchire les liens de la vie en commun et de l'amour, le tout des relations dans lesquelles [*N.* 246] il avait jusqu'alors vécu avec les hommes et la nature; ces belles relations de sa jeunesse (Jos 24, [2]), il les rejeta hors de lui-même.

Cadmos, Danaos, etc. avaient aussi abandonné leur patrie, mais en combattant! Ils aspiraient à une terre où ils seraient

* *Der Geist des Christentums und sein Schicksal*, in *Nohl*, p. 245-260. Ce texte est affecté de deux numéros d'ordre parce qu'il fusionne la première version (*G.S.* 79) datant de l'automne 1798 et la seconde version (*G.S.* 82) datant de l'automne-hiver 1798-1799.

libres, pour pouvoir aimer; mais Abraham *ne* voulait *pas* aimer et, de cette façon, être libre; les premiers, pour pouvoir vivre dans de belles unifications sans taches, ce qui n'était plus permis dans leur pays, emportèrent leurs dieux avec eux; – Abraham, quant à lui, voulait être libre de ces mêmes relations-là! Les premiers s'attachèrent les rustres indigènes grâce à leurs mœurs et leurs arts tout de douceur, et se mêlèrent à eux pour former un peuple heureux et sociable. Or ce même esprit qui avait arraché Abraham à ses parents le conduisit à travers les nations étrangères avec lesquelles il allait plus tard entrer en conflit: l'esprit [qui consiste] à se maintenir fermement dans une stricte opposition à tout, le pensé étant élevé à l'unité dominant la nature hostile infinie, car l'hostile ne peut advenir que dans le rapport de domination. Abraham errait avec ses troupeaux sur une terre illimitée, sans qu'il se rapprochât d'aucune de ses parcelles en les cultivant ou en les embellissant, sans qu'il se prît d'affection pour elles ni qu'il en fît des parties de *son* monde; sur ce sol ne paissait que son troupeau. L'eau reposait en des puits profonds, sans mouvement vivant, elle était puisée avec difficulté, achetée à prix fort ou conquise de haute lutte, une propriété acquise par la force, un besoin suscité par l'état de nécessité pour lui et son troupeau, <[une propriété] qui ne peut être que dominée, mais avec quoi on ne peut pas jouer>. Il quitta aussitôt les buissons qui lui donnaient souvent de l'ombre et de la fraîcheur; il y recevait bien des théophanies, des apparitions de son objet très haut, mais il ne séjournait pas auprès d'eux avec l'amour qui les aurait rendus dignes de la divinité et les aurait fait participer de celle-ci. Il était un étranger sur terre, tant vis-à-vis du sol que vis-à-vis des hommes; parmi ceux-ci, il fut et resta toujours un étranger; mais il n'en était pas si éloigné et indépendant qu'il ne voulût rien savoir et n'eût rien à faire avec eux; le pays était déjà peuplé, si bien que dans sa migration, il rencontrait toujours des hommes qui s'étaient déjà unifiés en de petites peuplades, et il n'entra dans aucune relation de ce type; il avait aussi besoin de leur blé, mais malgré cela il se dressa contre son destin, qui lui aurait recommandé de mener une vie sédentaire avec les autres. Il tenait fermement à son isolement, et il le souligna par une particularité corporelle qu'il s'imposa ainsi qu'à sa descendance. Au contact de plus puissants que lui, comme en Égypte et à Guérar, chez les rois qui ne lui voulaient aucun mal, méfiant, il se tirait d'affaire avec ruse et par des équivoques; – mais lorsqu'il croyait être le plus fort, comme [*N.* 247] contre les cinq rois, alors il frappait de taille et d'estoc. Vis-à-vis d'autres, à l'égard desquels il ne se trouvait pas dans un état de nécessité, il se tenait soigneusement dans une relation légale. Ce dont il avait besoin, il l'achetait: il ne permit pas au bon Ephrôn de lui offrir une tombe pour Sarah, et il évita d'entrer dans une relation de sentiments de reconnaissance vis-à-vis d'un homme qui était son égal. Il ne permit même pas à son fils d'épouser une Cananéenne, mais il lui choisit une femme parmi ses parents qui habitaient bien loin de lui.

S'il ne devait pas être un néant, le monde entier qui lui était purement et simplement opposé était porté par le dieu qui était étranger à ce monde, auquel rien dans la nature ne devait participer, mais par qui tout était dominé. C'est grâce à lui aussi que se maintenait [dans l'existence] l'autre opposé au monde entier qui comme tel aurait tout aussi peu pu être: Abraham; et c'est toujours par [ce dieu] qu'il entrait dans une relation médiate avec le monde, qui était pour lui la seule manière de liaison possible avec le monde; – son Idéal lui soumettait [le monde], lui en offrait autant que ce dont il avait besoin, et pour le reste, il assurait sa sécurité. Mais il ne pouvait rien aimer; même le seul amour qu'il avait <– il fit envoyer par Sarah son fils Ismaël et sa mère dans le désert, parce que celle-ci brisait l'unité domestique –>, l'amour pour son fils, l'espoir d'une descendance, la seule manière d'étendre son être[1], la seule sorte d'immortalité qu'il connût et pût espérer, put l'oppresser et déranger son âme isolée de tout et la plonger dans une anxiété qui un jour alla si loin qu'il voulut même détruire cet amour et ne fut tranquillisé que par la certitude du sentiment que cet amour n'était aussi fort qu'il ne lui laissât la possibilité d'abattre de sa propre main son fils chéri.

Comme Abraham ne pouvait réaliser lui-même la seule relation possible pour le monde infini opposé, à savoir la domination, elle resta réservée à son Idéal; certes, lui-même se trouvait sous sa coupe, mais lui, dans l'esprit duquel se trouvait l'Idée, lui qui la servait, bénéficiait de sa faveur et comme la racine de sa divinité était son mépris du monde entier, il en était aussi le seul et unique favori. C'est pourquoi le dieu d'Abraham est essentiellement différent des Lares et des dieux nationaux; une famille qui vénère ses Lares, ou une nation ses dieux nationaux, s'est certes isolée, a divisé l'Unique et a exclu le reste de sa propre partie, mais elle autorise dans ce cas d'autres parties, et elle ne se réserve pas l'incommensurable en excluant tout de lui, mais elle concède aux autres les [*N.* 248] mêmes droits que les siens et reconnaît les Lares et les dieux des autres comme des Lares et des dieux; au contraire, dans le dieu jaloux d'Abraham et de sa descendance se trouvait l'épouvantable exigence que lui et cette nation fussent les seuls à avoir un Dieu.

Mais lorsqu'il fut accordé à ses descendants que leur réalité fût moins séparée de leur idéal, lorsqu'ils furent suffisamment puissants pour réaliser leur idée de l'unité, ils exercèrent leur domination sans ménagement, avec la tyrannie la plus révoltante, la plus dure, anéantissant toute vie; car l'unité ne plane que sur la mort. C'est ainsi que les fils de Jacob vengèrent avec une abomination satanique l'offense faite à leur sœur que les

1. *Sein.*

Sichémites cherchaient à réparer avec une bonté exemplaire[1] : de l'étranger s'était introduit dans leur famille, avait voulu entrer en relation avec eux et ainsi détruire leur isolement. En dehors de l'unité infinie à laquelle rien ne peut avoir part sinon eux, les préférés, tout est matière – la tête de la Gorgone transformait tout en pierre –, une matière dénuée d'amour et de droit, quelque chose de maudit que, dès qu'on en a la force, on traite en la remettant à sa place sitôt qu'elle veut bouger.

Lorsque le pouvoir échut à Joseph en Égypte, il introduisit une hiérarchie politique dans laquelle tous les Égyptiens se retrouvèrent avec le roi dans la même relation que celle dans laquelle, dans son idée, tout se trouvait avec son dieu – il réalisa sa divinité. À travers le blé dont ils lui avaient fait présent et dont il les nourrissait maintenant dans leur état de famine, il s'appropria tout leur argent, puis tout leur bétail, leurs chevaux, leurs moutons et leurs chèvres, leurs bœufs et leurs ânes et puis tout le pays et leurs propres personnes; pour autant qu'ils avaient une existence, il en faisait la propriété du roi. <Il ne semble pas y avoir trace, ni dans les conceptions de Joseph, ni dans ses sentiments de quelque existence que ce soit qui ne fût pas dans une dépendance physique>.

Au destin qui consiste à avoir un habitat permanent et à se rassembler en un peuple, à ce destin contre lequel avaient lutté Abraham et même Jacob, ce dernier succomba finalement, et plus il entrait dans ce rapport sous l'effet de l'état de nécessité, contre son esprit et par hasard, plus difficilement ce destin le rencontrait lui et sa descendance. L'esprit qui les fit sortir de cet esclavage et les organisa ensuite en un peuple indépendant s'exerce et se développe à partir de maintenant sous plus de rapports qu'il n'apparaissait dans les simples familles, et se caractérise de ce fait de manière encore plus déterminée et dans des conséquences plus multiples.

1. Allusion au massacre de Sichem (cf. *À l'époque d'Abraham...*, *G.S.* 70).

De même que pour ce qui précède, on ne saurait traiter ici de la question de savoir comment nous pourrions saisir avec notre entendement cet épisode de la libération des Israélites ; [*N.* 249] mais leur esprit agit lors de cet épisode à la manière dont il était présent dans l'imagination et dans la mémoire vivante des Juifs. Lorsque Moïse, passionné dans sa solitude pour la libération de son peuple, vint à la rencontre des plus anciens des Israélites, et leur parla de son projet, son inspiration divine ne trouva pas de légitimation dans une haine de leurs sentiments à l'égard de l'oppression, ni dans une nostalgie de l'air libre, mais dans quelques artifices prodigieux dont Moïse leur fit la démonstration, et qui par la suite furent tout aussi bien exécutés par les magiciens égyptiens. Les actes de Moïse et d'Aaron agissent sur les Égyptiens exactement comme ils agissent sur leurs frères : à la façon d'une puissance ; et nous voyons que les Égyptiens luttent malgré tout contre l'oppression de ce pouvoir.

L'irritation des Juifs ne s'accrut pas du fait de la plus grande sévérité qui résulta du discours que Moïse avait tenu devant le Pharaon, mais ils ne souffrirent que davantage ; leur courroux était réservé à Moïse, qu'ils maudissaient (Ex 5, 21 ; 6, 9)[1]. Seul Moïse agit, il arrache au roi sous l'emprise de la peur l'autorisation du départ ; et la foi des Juifs ne reconnaît même pas au roi l'indépendance d'oublier sa peur et de regretter son ancienne décision qu'on lui a arrachée : au contraire, ce comportement consistant à ne pas se soumettre à leur dieu est pour eux-mêmes un effet de leur dieu. De grandes choses sont faites pour les Juifs, mais ils ne commencent pas *eux-mêmes*

1. « Sortant de chez Pharaon, ils se précipitèrent sur Moïse et Aaron qui les attendaient. Ils leur dirent : Que le Seigneur constate et qu'il juge : à cause de vous, Pharaon et ses serviteurs ne peuvent plus nous sentir ; c'est leur mettre en main l'épée pour nous tuer » (Ex 5, 20-21) ; « Moïse parla ainsi aux fils d'Israël, mais ils n'écoutèrent pas Moïse, tant leur dure servitude les décourageait » (Ex 6, 9).

par des actes héroïques; l'Égypte subit pour eux ses multiples plaies et la misère, ils déménagent dans un concert de lamentations, chassés par les malheureux Égyptiens (Ex 12, 33-34), mais ils n'ont eux-mêmes que le malin plaisir du lâche, dont l'ennemi est projeté au sol, mais pas par lui-même; [ils n'ont] que la conscience du mal qu'on a fait pour eux, mais pas celle de la bravoure qui peut quand même verser une larme sur la misère qu'elle est obligée d'occasionner; *leur* réalité est sans tache, mais leur esprit ne peut que se réjouir de toute cette calamité si profitable. Les Juifs sont vainqueurs, mais ils n'ont pas combattu; les Égyptiens succombent, mais pas à leurs ennemis, ils succombent à un assaut invisible, comme [lorsqu'on est] empoisonné ou assassiné dans son sommeil; et les Israélites, avec leur signe sur leurs maisons et le profit que leur apporte toute cette misère, ressemblent à cette occasion aux voleurs de triste mémoire pendant la peste de Marseille[1]. Le seul acte que Moïse réserva aux Israélites, c'est, le soir qu'il savait être le dernier où ils parleraient à leurs voisins et amis, d'avoir conclu frauduleusement un emprunt et d'avoir répondu à la confiance par un vol.

Rien d'étonnant à ce que ce peuple dont le comportement fut le plus servile lors de sa libération, montra, par son regret d'avoir quitté l'Égypte et son souhait d'y retourner à la moindre difficulté ou lors du moindre danger qui se présentèrent par la suite, qu'il avait été, lors de sa libération, sans âme et sans besoin propre de liberté.

[*N.* 250] Le libérateur de son peuple devint aussi son législateur; – cela ne pouvait rien signifier d'autre que ceci: celui qui l'avait libéré d'un joug le soumit à un autre. Une nation passive qui se donnerait à elle-même des lois serait une contradiction.

1. Jacques D'Hondt a montré que les voleurs de Marseille sont une allusion au livre d'Antrechaux sur la peste de Toulon. Pour plus de détails, voir G. W. F. Hegel, *Premiers écrits (Francfort 1797-1800)*, *op. cit.*, p. 187, n. 2.

Le principe de toute la législation était l'esprit hérité des ancêtres – l'objet infini, le concept interne de toute la vérité et de toutes les relations, c'est-à-dire plus précisément le seul et unique sujet infini – puisqu'il ne peut être nommé objet que dans la mesure où l'homme est présupposé avec sa vie qu'il reçoit en don, et où il signifie le sujet vivant, absolu –, l'unique synthèse pour ainsi dire; les antithèses étant le peuple juif d'une part, et tout le reste du genre humain et le monde d'autre part. Ces antithèses sont les vrais, les purs objets, ce que ceux-ci sont vis-à-vis de quelque chose qui se trouve hors d'eux, vis-à-vis d'un infini, c'est-à-dire [quelque chose] sans contenu et vide, sans vie, pas même mort – un néant; elles ne sont qu'un quelque chose,[a] mais pour autant que l'objet infini en fasse quelque chose, un produit et non pas un étant, [un produit] qui n'a pour lui ni vie, ni droit, ni amour[a]. Une hostilité universelle ne laisse place qu'à une dépendance physique, une existence animale, qui ne peut donc être assurée qu'aux frais des autres, et que les Juifs tenaient en fief. Cette exception [en leur faveur], cette sécurité isolée et attendue résulte nécessairement de la séparation infinie; et ce cadeau, cette libération de l'esclavage égyptien, la possession d'un pays débordant de miel et de lait, une alimentation, une désaltération et une sexualité assurées sont les droits du divin à la vénération. Tel le titre de la vénération, telle la vénération; le premier est le remède porté à l'état de nécessité, la seconde est l'esclavage.

Le sujet infini devait nécessairement être invisible; car tout visible est un limité; avant que Moïse n'eût sa tente, il ne montrait aux Israélites que du feu et des nuages, lesquels attirent les regards dans un jeu indéterminé en perpétuel changement, mais sans fixer ce regard sous quelque forme que ce soit. Une idole n'était justement pour eux que de la pierre ou

a. Les prêtres de Cybèle, la divinité sublime qui est tout ce qui est, qui fut et qui sera, et qu'aucun mortel n'a dévoilée – ses prêtres étaient châtrés, dévirilisés dans leur corps et dans leur esprit.

du bois – quelque chose qui ne voit pas, qui n'entend pas, etc. – Avec cette litanie, ils se croient merveilleusement sages et ils méprisent [l'idole] parce qu'elle ne leur prodigue pas ses soins, et ils ne devinent rien de sa divinisation dans l'intuition de l'amour et dans la jouissance de la beauté.

Comme il n'y avait pas de figure offerte à la perception, il fallut bien donner à la méditation, à la vénération d'un objet invisible une certaine direction et des limites à l'intérieur desquelles se trouve cet objet – c'est ce que Moïse donna avec le Saint des Saints de la tente et plus tard du temple. Pompée a dû être bien surpris lorsqu'il s'approcha du cœur du temple, [*N.* 251] du centre de l'adoration : il avait espéré reconnaître en ce point central la racine de l'esprit national, voire l'âme qui tenait en vie ce peuple remarquable, et même un être [1] de vénération pour lui, quelque chose de sensé et de sensible qui imposât son respect; – quand il entra dans l'espace mystérieux, cette attente fut déçue, et il trouva cet être sous la forme d'un espace vide.

Par ailleurs, il fallait rappeler, à l'occasion de chaque jouissance, de chaque activité humaine, le néant de l'homme et le peu de choses que représentait une existence reçue par faveur. Comme signe du droit de propriété divin, et pour marquer qu'on participait de celui-ci, il fallait verser à Dieu le dixième de toute production du sol; tout premier-né lui appartenait et pouvait être négocié. Le corps humain, qui n'était que prêté, mais qui n'appartenait pas vraiment [aux hommes] devait être préservé de toute impureté, comme le serviteur doit entretenir la livrée que lui donne son maître, toute impureté devait être effacée par l'offrande de n'importe quelle chose que l'Israélite disait être sienne; il s'agissait par là de reconnaître que la transformation d'une propriété étrangère [était] une arrogance et était illégitime, et qu'il ne revenait à l'Israélite absolument

1. *Wesen.*

aucune propriété. Mais ce qui appartenait pleinement [à leur dieu], ce qui lui était pleinement consacré, il en prenait totalement possession en l'anéantissant, à l'instar des nombreuses conquêtes et rapines qu'on prend sur l'ennemi.

Le peuple israélite ne se donnait [à connaître] que sous la forme partielle d'une seule de ses tribus, et c'est du nom de celle-ci qu'il se désignait; en l'occurrence, il était la propriété totale mais servile de son dieu[a]. Aussi ces serviteurs du seigneur n'étaient exclusivement nourris que par lui, ils prenaient immédiatement soin de son bien, ils jouaient le rôle de ses percepteurs et de sa domesticité dans tout le pays, ils devaient affirmer ses droits, et ils s'élevaient à des rangs divers, depuis celui de la domesticité la plus humble jusqu'à celui du ministre le plus proche. Ce dernier lui-même n'était pas le gardien du mystère; – il n'était le gardien que des choses sacrées; de même, les autres prêtres pouvaient tout aussi peu apprendre et enseigner autre chose que le service [du culte]. Le mystère lui-même était quelque chose de totalement étranger, auquel aucun homme n'était initié et duquel il pouvait seulement dépendre; et l'arrachement du dieu à la vue des hommes dans le Saint des Saints a un tout autre [sens] que le mystère des dieux éleusiniens. À Éleusis, personne n'était exclu des images, des sentiments, de l'enthousiasme et de la dévotion, de ces révélations du dieu, et on ne pouvait en parler parce qu'elles [*N.* 252] auraient été profanées par les mots; mais les Israélites pouvaient bien bavarder au sujet de leurs affaires, de leurs actions et des lois de leur culte (Ex 30, 11)[1], car il n'y a rien de sacré à cela: le sacré était éternellement en dehors d'eux, invisible et insensible.

a. Le seigneur ne pouvait quand même pas prendre intégralement possession de ce qui devait servir – c'eût été un anéantissement –: il fallait quand même bien que subsiste une végétation.

1. Ce verset fait partie de Ex 25-31, où sont consignées les instructions divines relatives au culte.

Les apparitions qui avaient accompagné la remise solennelle des lois sur le Sinaï avaient tellement abasourdi tous les Juifs qu'ils prièrent Moïse de leur éviter de se rapprocher tellement de Dieu : qu'il voulût bien s'entretenir seul avec lui, et leur transmettre [ensuite] ses commandements !

Les trois grandes fêtes annuelles, que l'on fêtait pour la plus grande part à coup de festins et de danses, sont ce qu'il y a de plus humain dans la constitution mosaïque; mais très caractéristique est la fête de chaque septième jour ; pour des esclaves, ce congé doit évidemment être le bienvenu, c'est un jour de repos après six jours d'efforts. Mais dans le cas d'hommes par ailleurs libres, vivants, se tenir tout un jour dans une simple vacuité, dans une unité inactive de l'esprit, faire du temps qu'ils consacrent à Dieu un temps vide et répéter si souvent cette vacuité : voilà qui ne pouvait venir qu'à l'esprit du législateur d'un peuple pour lequel l'unité triste privée de sentiments est ce qu'il y a de plus élevé, et qui oppose à son dieu la vie que mène celui-ci pendant six jours dans la nouvelle vie d'un monde, qui considère cette vie comme une aliénation de soi hors de soi-même, après laquelle on le fait prendre du repos.

Dans cette passivité totale, il ne leur restait rien d'autre, en dehors du témoignage de leur servilité, que le simple et vide besoin de conserver leur existence physique et de la garantir contre cet état de nécessité. Ils reçurent [cette assurance] en même temps que leur vie, et ils ne voulaient pas plus ; ils reçurent un pays à habiter où coulait le lait et le miel ; comme peuple sédentaire et agricole, ils voulaient posséder le pays comme une propriété, et leurs pères se contentaient de le traverser en tant que bergers ; c'était un mode de vie qui leur permettait de laisser tranquilles les peuples naissants du pays qui se rassemblaient dans des villes, lesquels les laissaient à leur tour tranquillement paître leurs troupeaux sur la terre en friche et continuèrent à honorer leurs tombes après que les Juifs eurent cessé d'évoluer autour d'eux ; leurs descendants n'étaient plus de tels nomades lorsqu'ils revinrent ; ils avaient succombé au destin que leurs ancêtres nomades avaient combattu si longtemps, et par cette résistance, ils n'avaient fait qu'ulcérer davantage leur démon et le démon de leur peuple. Ils abandonnèrent bien le mode de vie de leurs ancêtres, mais comment leur génie propre s'en serait-il écarté? Celui-ci devait devenir d'autant plus puissant et épouvantable en eux, puisque la modification de leurs besoins fit tomber une barrière infranchissable entre leurs mœurs et celles des autres peuples; et contre l'unification avec eux, il n'y avait plus d'autre puissance que leur seul cœur; l'état de nécessité en faisait des ennemis, mais l'hostilité [*N.* 253] ne pouvait pas aller au-delà de celui-ci, elle ne pouvait pas dépasser la contrainte de leur établissement parmi les Cananéens; la divergence des modes de vie entre peuples pasteurs et peuples cultivateurs avait disparu; ce qui unit les hommes, c'est leur esprit pur; ce qui séparait les Juifs des Cananéens, c'était seulement leur esprit; ce démon de la haine les appela à totalement exterminer les anciens habitants; l'honneur de la nature humaine est ici partiellement sauvé par la circonstance que, même si leur esprit le plus intime s'est perverti et s'est transformé en haine, ils n'ont pas renié complètement leur essence originelle ni poursuivi intégralement et de façon parfaitement conséquente leur perversion : c'est ainsi que les Israélites laissèrent la vie sauve à une quantité d'habitants, quoique dépouillés et réduits à l'esclavage.

Ceux auxquels la mort dans le désert n'avait pas permis d'atteindre la Terre promise n'avaient pas accompli ce à quoi ils étaient déterminés, l'idée de leur existence; car leur vie était subordonnée à un but, elle n'était pas une vie subsistant pour soi-même, suffisant à elle-même; leur mort ne pouvait donc être perçue que comme un mal et – ainsi que c'est le cas lorsque tout est soumis à un maître – comme un châtiment.

Tous ceux qui n'avaient pas encore habité leur nouvelle construction, qui n'avaient pas encore mangé une grappe de leur vigne nouvellement plantée ou n'avaient pas encore épousé leur fiancée étaient exemptés de service militaire : – car ceux qui avaient leur vie devant eux auraient agi avec folie en risquant pour la réalité [de la vie] la totalité de ses possibilités, sa condition même; il est contradictoire de mettre en jeu, au nom de la propriété et de l'existence, cette propriété et cette existence elles-mêmes; on ne peut sacrifier que de l'hétérogène à de l'hétérogène; la propriété et l'existence [ne peuvent être sacrifiées] qu'au nom de l'honneur, de la liberté ou de la beauté, de quelque chose d'éternel; mais les Juifs n'avaient part à aucun éternel, <cela était loin, loin d'eux>.

Moïse marque sa législation du sceau d'une belle menace à l'orientale : perdre toute jouissance et tout bonheur; il présentait à l'esprit servile la représentation de lui-même, la crainte à l'égard de la puissance physique.

On ne trouve pas d'autres réflexions sur l'esprit humain, pas d'autres genres de conscience parmi les lois religieuses, et Mendelssohn[1] voit un grand mérite de sa foi dans le fait que celle-ci n'offre pas de vérités éternelles. L'existence de Dieu se tient au sommet des lois de l'État, et si l'on pouvait appeler vérité quelque chose qui est offert sous cette forme, alors il faudrait encore se demander quelle vérité plus profonde [*N.* 254] il y a pour des serviteurs que celle [qui consiste pour eux] à avoir un maître... Mais Mendelssohn a raison de ne pas appeler cela une vérité, car ce que nous trouvons chez eux comme vérité ne leur apparaissait pas sous forme de vérités ou d'objets de foi; la vérité est en effet quelque chose de libre que nous ne dominons pas et par quoi nous ne sommes pas non plus dominés; aussi l'existence de Dieu ne se présente pas comme une vérité, mais comme un commandement; les Juifs dépendent intégralement de Dieu, et ce dont on est dépendant ne peut

1. H. Nohl renvoie à *Jerusalem oder über religiöse Macht und Judentum* (1783), où Mendelssohn défend la thèse selon laquelle la religion naturelle, fondée sur l'entendement, n'est pas, contrairement à la religion chrétienne, une religion révélée. Pour plus de détails, voir G. W. F. Hegel, *Premiers écrits (Francfort 1797-1800)*, *op. cit.*, p. 194, n. 2.

avoir la forme d'une vérité; car la vérité est la beauté, représentée par l'entendement, et le caractère négatif de la vérité est la liberté. Mais comment auraient-ils pu pressentir la beauté, ceux-là qui ne voyaient en toute chose que de la matière? Comment auraient-ils pu exercer la raison et la liberté, ceux-là qui n'étaient que dominés ou qui dominaient; – ceux-là qui n'espéraient qu'en la médiocre immortalité dans laquelle est sauvée la conscience de l'individu? Comment auraient-ils voulu persévérer dans leur autonomie, ceux-là qui avaient renoncé à la capacité de vouloir, à l'être même dans leur existence et qui ne voulaient que voir se prolonger la possession de leur champ par un de leurs descendants, voir la continuation d'un nom dénué de mérites et d'honneur dans un de leurs descendants, qui ne jouissaient nullement d'une vie qui eût été supérieure au manger et au boire? Aussi, comment aurait-il été méritoire de ne pas souiller par des limitations ce qui n'existait pas, ou de laisser libre ce qu'on ne connaissait pas? C'est comme si les Esquimaux voulaient se prévaloir de quelque supériorité sur les Européens sous prétexte qu'on n'impose pas d'accises sur le vin chez eux ou que l'agriculture n'est pas soumise à des impôts élevés.

De la même manière qu'ici une même conséquence – à savoir le rejet de vérités – découle de [deux prémisses] opposées, il y a une ressemblance frappante entre une disposition de l'État mosaïque relative à la subordination des droits civiques aux lois de l'État et les rapports que deux célèbres législateurs fondèrent dans leurs républiques; mais la source en est fort différente. Pour écarter de leurs États le danger dont l'inégalité des richesses menace la liberté, Solon et Lycurgue avaient limité de diverses manières les droits de propriété et exclu plus d'une fois l'arbitraire qui aurait pu entraîner des inégalités de fortune. De même dans l'État mosaïque, la propriété d'une famille était définitivement attachée à celle-ci; celui qui par besoin avait vendu ses biens et sa personne devait recouvrer ses droits sur les choses dans la grande année jubilaire, et ses droits sur sa personne dans la septième[a] année; et celui qui avait hérité de champs supplémentaires devait réintégrer les anciennes limites de ses possessions terriennes. Celui qui, venu d'une autre tribu ou d'un autre peuple, épousait une jeune fille qui n'avait pas de frères et qui devenait [*N.* 255] de ce fait propriétaire des biens, faisait par là son entrée dans la tribu et dans la famille à laquelle ces biens appartenaient; appartenir à une famille dépendait donc moins de ce que cela a de spécifique, savoir le caractère indissoluble de la descendance de certains parents, que de quelque chose qu'on reçoit [de l'extérieur].

Dans les républiques grecques, la source de ces lois était qu'à cause de l'inégalité qui aurait surgi sans elles, la liberté des [citoyens] appauvris aurait pu être mise en danger, et qu'ils auraient pu être conduits à un anéantissement politique; chez les Juifs, [la source de ces lois était] qu'ils n'avaient ni liberté ni droits – ils ne possédaient toutes choses qu'à titre de prêt et non à titre de propriété[a] –, et que tous autant qu'ils fussent, ils n'étaient rien en tant que citoyens. Les Grecs devaient être égaux parce qu'ils étaient *tous* libres, indépendants; tandis que les Juifs étaient égaux parce que *tous* étaient incapables d'autosubsistance. C'est ainsi que chaque Juif appartenait à une famille parce qu'il disposait d'une partie de sa terre, mais cette terre, la famille elle-même ne pouvait pas dire qu'elle fût sienne : elle ne lui était concédée que par grâce ! L'incapacité pour tout Juif d'étendre ses terres n'était en fait qu'une fin visée par le législateur, et son peuple ne semble pas s'y être jamais conformé; si à l'origine [cette impossibilité] devait avoir correspondu dans l'esprit du législateur à l'intention de diminuer l'inégalité des richesses, alors on aurait pris de tout autres dispositions, on aurait comblé beaucoup d'autres

a. Lv 25, 33 *sq.* et 35 : « Vous ne pouvez vous défaire de rien, car le sol est à moi, vous êtes étrangers chez moi, et originaires d'une nation étrangère ».

sources d'inégalités, alors le grand but poursuivi par sa législation aurait dû être la liberté des citoyens, un idéal de constitution auquel rien ne correspondait dans l'esprit de Moïse et de son peuple. L'incapacité d'étendre ses terres ne résultait pas de l'égalité des droits sur le sol, mais de l'égalité dans l'absence de tout droit de ce genre. Le sentiment de cette égalité excita la révolte de Datân et Coré, qui trouvèrent inconséquent le privilège que s'accorda Moïse d'être le seul à pouvoir révéler quelque chose (Nb 16, 3)[1]. Cette apparence d'un rapport juridique interne disparut lorsqu'on examina le principe d'où avaient découlé ces lois; comme la relation des Juifs les uns avec les autres en tant que citoyens n'était autre que l'égalité de la dépendance de tous par rapport à leur invisible souverain et par rapport à ses serviteurs et fonctionnaires visibles, comme il n'y avait donc à proprement parler aucune citoyenneté d'État, et que dans cette dépendance disparaissait la condition de toutes les lois politiques, c'est-à-dire relatives à la liberté, il ne pouvait aussi rien se trouver chez eux qui ressemblât à un droit public interne, à un pouvoir législatif déterminant un droit public; comme c'est le cas dans tout régime despotique, la question d'un droit public interne est contradictoire. [Et pourtant], on peut et on doit trouver des tribunaux et des fonctionnaires (des scribes), ainsi qu'un genre de souverains permanents (parmi les chefs des [*N.* 256] tribus), des commandants ou des gouverneurs qui surgissent et disparaissent soit de manière arbitraire, selon le besoin du moment, soit par violence. Seule une telle forme de cohésion sociale pouvait laisser indifférente et indéterminée la question de savoir si l'on introduirait un pouvoir royal ou non; dans le cas où les Israélites auraient l'idée, comme d'autres peuples, d'être dirigés par un

1. « Ils s'ameutèrent contre Moïse et Aaron : « En voilà assez ! leur dirent-ils. Tous les membres de la communauté sont saints et le Seigneur est au milieu d'eux ; de quel droit vous élevez-vous au-dessus de l'assemblée du Seigneur ? » (Nb 16, 3).

roi, Moïse ne prescrivit que quelques commandements; pour une part, ils étaient conçus de telle sorte que le pouvoir royal pouvait librement en découler ou non, et pour une autre part, ils n'étaient nullement rapportés au fondement d'une constitution, de certains droits du peuple vis-à-vis des rois, même à titre seulement général. Quels droits un peuple pouvait-il craindre de voir menacer, qui n'en avait pas, et chez lequel il n'y avait plus rien à opprimer?

Moïse ne vécut pas l'application complète de sa législation, qui d'ailleurs n'entra pleinement en vigueur à aucun moment de l'histoire israélite; il mourut en châtiment d'un seul et unique élan du cœur: l'ébauche d'indépendance [qu'il avait manifestée] en portant le seul et unique coup qui ne lui avait pas été ordonné; en passant en revue[a] sa vie politique, il compare la manière dont leur dieu a conduit les Juifs par son entremise avec le comportement de l'aigle qui veut habituer ses jeunes à voler: sans cesse, il bat des ailes au-dessus du nid, les prend sur ses ailes et les emporte ainsi au loin. Seulement les Juifs n'accomplirent pas cette belle image, ces jeunes-là ne sont pas devenus des aigles; dans le rapport qu'ils entretiennent avec leur dieu, ils donnent plutôt l'image d'un aigle qui, par erreur, aurait couvé des pierres, leur aurait montré comment voler et les aurait emportées sur ses ailes dans les nuages; – mais leur poids ne leur permit jamais de voler, et la chaleur qu'ils reçurent ne devint jamais flamme de vie.

Tous les états consécutifs du peuple juif, jusqu'à l'état sordide, infâme, misérable dans lequel il se trouve encore de nos jours ne sont que les conséquences et les développements de son destin originel par lequel les Juifs furent maltraités – c'est-à-dire par une puissance infinie qu'ils s'opposaient à eux-mêmes de façon insurmontable; et [ce destin continuera à

a. Dt 32, 11.

les maltraiter] jusqu'à ce qu'ils se réconcilient avec lui dans l'esprit de beauté, et donc le suppriment par la réconciliation.

Une longue période au cours de laquelle alternèrent l'indépendance de l'État et la soumission à des peuples étrangers s'écoula après la mort de Moïse. Il est un destin commun à tous les peuples : perdre l'indépendance suite aux coups du sort, et retrouver le courage [de rétablir] celle-ci à travers l'oppression ; dans le cas du peuple juif, ce destin devait connaître deux modifications particulières.

[*N.* 257] a) Le passage à la faiblesse, à l'état de mauvaise fortune apparut comme le passage à un culte polythéiste, et le courage de sortir de l'oppression pour s'élever à l'indépendance comme un retour à leur dieu propre. Dans l'état de nécessité l'esprit d'hostilité et de dévastation, leur Él Shaddaï, leur dieu de la nécessité s'était éloigné des Juifs. Des sentiments plus humains s'élevèrent dans leurs cœurs, et il en résulta des relations plus amicales ; ils devinèrent de plus beaux esprits et se mirent au service de dieux étrangers. Or voilà que leur destin s'en prenait à eux jusque dans ce culte lui-même : ils ne pouvaient pas vénérer ces dieux, ils ne pouvaient en être que les esclaves, ils étaient désormais dépendants du monde, qui auparavant leur était soumis soit à eux-mêmes, soit à leur idéal ; et de ce fait leur force, qui ne reposait que sur l'hostilité, les avait abandonnés, et le lien de leur État s'était totalement relâché ; il ne put jamais avoir la consistance que l'ensemble des citoyens auraient pu lui prêter ; ils ne purent subsister dans leur unification au sein d'un État que parce que tous dépendaient de quelque chose de communautaire, mais de quelque chose de communautaire qui ne serait qu'à eux, et qui serait opposé à tous les hommes. <Dt 4, 19-20. « Ne va pas lever les yeux vers le ciel, regarder le soleil, la lune et les étoiles, toute l'armée des cieux, et te laisser entraîner à te prosterner devant eux et à les servir. Car ils sont la part que le Seigneur ton Dieu a donnée à *tous* les peuples qui sont partout sous le ciel ; mais vous, le Seigneur vous a pris [...] »>.

En étant au service d'un culte étranger, ils n'étaient pas infidèles à la moindre des lois que nous appelons des lois étatiques, mais bien au principe de leur législation tout entière et de leur État, et l'interdiction de l'idolâtrie – une de leurs premières lois et des plus impopulaires – était donc tout à fait conséquente. À travers leur mélange avec d'autres peuples, à travers les liens du mariage, de l'amitié, de chaque mode de vie commune non pas servile mais amicale se développa quelque chose de communautaire entre eux : ils profitent ensemble du soleil, ils regardent ensemble vers la lune et les étoiles ou, s'ils réfléchissent à leur propre sensation, ils trouvent alors des liens, des sensations dans lesquels ils sont unifiés; et en se représentant ces astres avec leur unification en eux, avec leur représentation de la sensation qui les unifie, en se les représentant donc comme un vivant, alors ils ont des dieux. Mais pour peu que l'âme de la nationalité juive, l'*odium generis humani*[1] se relâchât, et que des démons plus amicaux les unissent à des étrangers, et les portassent au-delà des frontières que cette haine traçait, ils étaient alors des déserteurs, ils entraient en vagabondage dans la région d'une jouissance qui ne se trouvait plus dans le même état de servitude que la précédente; [ils faisaient] l'expérience qu'en dehors de la part d'héritage qui leur était offerte, il y aurait encore de la place pour quelque chose qu'un cœur humain pût recevoir en soi; mais cette expérience était la désobéissance de serviteurs qui [*N.* 258] veulent encore connaître quelque chose en plus de ce qu'ils reçoivent du maître, et qu'ils veulent appeler leur [bien] propre. [En s'ouvrant à] l'humanité, pour peu qu'ils eussent seulement pu la ressentir dans sa pureté et qu'ils ne fussent pas redevenus les esclaves de ce qui est originairement libre, ils perdirent leur force; il y avait maintenant une contradiction en eux : comment auraient-ils pu d'un seul coup secouer tout leur destin, le vieux

1. « Haine du genre humain ».

lien de la haine, et organiser une belle unification ? Bientôt, ils furent à nouveau brutalement renvoyés à ce vieux lien ; car dans cette dissolution de leur communauté et de leur État, ils devenaient la proie de plus puissants, et leur mélange avec d'autres peuples devenait une dépendance par rapport à ceux-ci. L'oppression réveilla la haine ; et par là, leur dieu se réveilla ; poussés à l'indépendance, ils étaient en fait poussés à la dépendance vis-à-vis de quelque chose qui leur fût propre.

b) Il fallait que ces transformations, que d'autres nations ne parcourent souvent qu'au cours de millénaires, fussent si rapides dans le cas du peuple juif ; chacune des situations [qu'il vivait] était trop violente pour qu'elle pût tenir longtemps ; l'état d'indépendance, lié à une hostilité universelle, ne pouvait subsister, il est trop opposé à la nature. L'état d'indépendance des autres peuples est un état de bonheur, un état de la belle humanité ; il fallait que l'état d'indépendance des Juifs fût un état de passivité totale, de laideur totale. Leur indépendance ne leur garantissait que le manger et le boire, une existence d'indigence ; aussi, avec ce peu de chose qu'est l'indépendance, c'est tout qui était perdu ou en danger : il ne restait alors plus rien de vivant qu'ils auraient pu conserver et dont ils auraient pu se réjouir, et dont la jouissance leur eût appris à supporter plus d'un état de nécessité et à sacrifier beaucoup de choses ; sous l'oppression, l'existence mesquine fut immédiatement mise en danger, et ils prirent les armes pour la sauver. <Ils ne pouvaient pas, comme des exaltés le feront plus tard, se livrer au supplice ou se laisser mourir de faim, car ils n'étaient attachés à aucune idée, mais seulement à une existence animale ; et ils croyaient en leur dieu parce que, complètement dissociés de la nature, ils trouvaient en lui l'unification de celle-ci par la domination>. Cette existence animale ne pouvait s'accorder avec la belle forme de l'humanité que leur aurait donnée la liberté.

Lorsque les Juifs introduisirent chez eux le pouvoir royal (que Moïse, au contraire de Samuel, tenait pour compatible avec la théocratie), beaucoup d'individus reçurent une importance politique, qu'ils devaient toutefois partager avec les prêtres ou défendre contre eux; dans les États libres l'introduction de la monarchie réduit tous les citoyens au rang de personnes privées; mais au contraire, dans cet État où chacun était un néant politique, elle éleva au moins [quelques] individus à la qualité d'un quelque chose plus ou moins restreint. Après la disparition de la splendeur éphémère mais très opprimante du gouvernement de Salomon, les nouvelles [*N.* 259] puissances, qui avaient inséré l'introduction de la royauté dans le fléau du destin [juif] – une soif de pouvoir sans limite et une domination impuissante – déchirèrent complètement le peuple juif et tournèrent contre ses propres entrailles la même furieuse absence d'amour et de dieu qu'il avait auparavant orientée contre d'autres nations; elles dirigèrent son destin contre lui-même à l'aide de ses propres mains. Il apprit au moins à craindre les nations étrangères; d'un peuple dominant dans l'Idée, il devint un peuple dominé dans la réalité, et il acquit le sentiment de sa dépendance extérieure. Pendant un temps, un triste genre d'État se maintint encore à travers des humiliations, jusqu'à ce qu'à la fin il fût complètement foulé aux pieds – puisque la politique de la faiblesse rusée se termine toujours par le jour de la défaite –, sans plus avoir désormais la force de se relever. De temps en temps, des gens inspirés avaient tenté de conserver l'ancien génie et de faire revivre ce qui se mourait; cependant, l'inspiration ne peut pas invoquer rétrospectivement le génie disparu d'une nation, ni conjurer par ses charmes le destin d'un peuple; mais elle peut bien faire surgir un nouvel esprit des profondeurs de la vie si elle est pure et vivante. Or les prophètes juifs allumaient leur torche à la flamme d'un démon endormi, ils cherchaient à réveiller sa vigueur d'antan et, par la destruction des intérêts multiples du temps, à rétablir son ancienne et sublime unité de contemplation; ils ne pouvaient donc être que de froids fanatiques, des fanatiques impuissants et à l'esprit étroit quand ils s'immisçaient dans la politique et dans les buts poursuivis; ils ne pouvaient rappeler que les temps révolus, et donc jeter encore davantage la confusion dans les temps présents, mais ils ne pouvaient pas inaugurer de nouvelles époques. Le mélange des passions ne permettait plus le retour à une passivité uniforme, mais surgissant de cœurs passifs, elles devaient se déchaîner d'autant plus horriblement. Pour échapper à cette épouvantable réalité, les hommes cherchèrent la consolation dans les idées; le Juif moyen, qui voulait bien renoncer à lui-même mais pas à son objet [divin], [chercha la consolation] dans l'espoir d'un Messie à venir; les pharisiens, dans l'exercice du culte, dans l'action portant sur l'objectif-en-présence, et dans l'unification complète de la conscience avec ce dernier; (en dehors du cercle de leur action dans lequel ils étaient les maîtres et du fait de son imperfection, ils ressentaient encore des puissances étrangères à eux; aussi croyaient-ils au mélange d'un destin étranger avec la puissance de leur volonté et de leur activité); les sadducéens [cherchèrent] dans toute la diversité de leur existence et dans la dispersion d'une existence changeante qui ne serait remplie que par des déterminations, et dans laquelle l'indétermination ne serait jamais que la possibilité de passer à d'autres déterminations; les esséniens enfin [cherchèrent] dans un éternel, dans une fraternisation qui exclurait toute propriété divisante et ce qui en dépend, et qui ferait d'eux un unique vivant, dénué de multiplicité; [ils cherchaient] dans une [*N.* 260] vie commune qui serait indépendante de tout rapport à la réalité, dont la jouissance se fonderait sur l'habitude d'être ensemble, sur l'habitude d'un être-ensemble qui, grâce à la complète égalité des membres, ne serait détruite par aucune multiplicité. Plus profonde était la dépendance des Juifs par rapport à leur Loi, plus grande devait être leur obstination dans ce en quoi ils pouvaient encore avoir une volonté; c'est à cela que leur culte se réduisait lorsqu'il rencontrait une opposition. Autant ils se laissaient aller avec légèreté à manquer de fidélité à leur foi lorsque ce qui lui était étranger se rapprochait d'eux sans hostilité, lorsqu'ils n'étaient pas dans un état de nécessité et que leur jouissance mesquine était satisfaite, autant ils se battaient avec opiniâtreté pour leur culte dès qu'il était attaqué. Ils se battaient pour lui comme des désespérés, ils étaient même capables, en combattant pour lui, d'enfreindre ses commandements, par exemple la fête du Sabbat, que l'ordre d'un tiers n'aurait pourtant pu leur faire enfreindre consciemment sous aucun prétexte. Et de même que la vie était maltraitée en eux, qu'il ne restait en eux plus rien d'insoumis ou de sacré, de même leur action tourna à la fureur la plus impie, au fanatisme le plus furieux.

L'espoir entretenu par les Romains de voir le fanatisme s'apaiser sous leur domination mesurée tourna court : ce fanatisme s'enflamma encore une fois, et puis s'ensevelit sous ses propres décombres.

La grande tragédie du peuple juif n'est pas une tragédie grecque, elle ne peut éveiller ni la crainte ni la compassion, car celles-ci ne surgissent que du destin d'un faux pas nécessaire commis par un être beau; [la tragédie du peuple juif] ne peut éveiller que le dégoût. Le destin du peuple juif est le destin de Macbeth, qui sortit de la nature même, s'attacha à des êtres étrangers et, à leur service, dut ainsi nécessairement fouler aux pieds et massacrer toute la sacralité de la nature humaine, être finalement abandonné par ses dieux – car ils étaient des objets, et lui était esclave – et être foudroyé dans sa foi elle-même.

# L'ESPRIT DU CHRISTIANISME ET SON DESTIN

## [G.S. 80] À L'ÉPOQUE OÙ JÉSUS...*

*[Projet originel pour « L'esprit du christianisme et son destin »]*

À l'époque où Jésus apparut au sein de la nation juive, elle se trouvait dans cet état qui conditionne, tôt ou tard, l'éclatement d'une révolution, et qui a toujours les mêmes traits de caractère universels. Lorsque l'esprit disparaît d'une constitution ou des lois et qu'il n'est plus accordé à celles-ci du fait de sa transformation, alors se fait jour la recherche, l'aspiration à quelque chose d'autre, que chacun trouve bientôt dans quelque chose d'autre, et d'où procède en conséquence une multiplicité d'images, de modes de vie, d'exigences et de besoins qui, s'ils diffèrent progressivement au point de ne plus jamais pouvoir subsister côte à côte, finissent par causer une

* *Das Grundkonzept zum Geist des Christentums*, in *Nohl*, p. 385-398.

rupture et donner existence à une nouvelle forme universelle, à un nouveau lien entre les hommes; plus ce lien se relâche et laisse [les choses] désunies, et plus on y trouve en germe de nouvelles inégalités et de futures explosions.

C'est ainsi que le peuple juif à l'époque de Jésus ne nous donne plus l'image d'un tout; un universel rassemble encore les Juifs tant bien que mal, mais le matériau en présence est tellement étranger et divers, la vie et les idéaux en présence sont si variés, la tendance à chercher nerveusement de-ci de-là quelque chose de neuf est si insatisfaite que tout réformateur qui surgit en inspirant confiance et en étant porteur d'espoirs peut se sentir tout aussi bien assuré d'une adhésion [de sympathisants] que de [la réaction contre lui] d'un parti ennemi.

L'indépendance extérieure de l'État juif était perdue; aussi les Romains et les rois autorisés ou installés par les Romains concentrèrent contre eux-mêmes une part considérable de la haine universelle et clandestine des Juifs. Car l'exigence d'indépendance était trop profonde dans leur religion, qui accordait à peine à d'autres peuples de se tenir à leurs côtés; comment pouvait-elle alors supporter la domination d'un de ces peuples sur ses enfants? Le peuple, dont la réalité concrète restait encore [*N.* 386] inoffensée, n'en était pas encore au point de devoir vouloir sacrifier celle-ci et attendait donc un messie étranger investi d'une puissance, et qui ferait pour lui ce qu'il n'osait [faire] lui-même, ou qui exalterait son audace et le mobiliserait par ce pouvoir.

Beaucoup se distinguaient par une observation très étroite et très précise de tous les détails des [prescriptions] religieuses et le fait qu'ils se distinguaient de la sorte nous montre déjà la perte de l'ingénuité, l'effort et un combat pour atteindre quelque chose qui n'allait pas de soi. Le culte qu'ils rendaient était le service rendu à un *fatum* aveugle, non pas sous-jacent à la nature comme le *fatum* grec, et leur plus grande religiosité était une dépendance et un attachement plus permanents au multiple qui se rapportait bien à l'Un, mais en excluant toute autre conscience. Les pharisiens cherchaient avec insistance à être des Juifs parfaits, et cela prouve qu'ils connaissaient la possibilité de ne pas l'être. Les sadducéens laissaient leur judéité subsister en eux comme un caractère réel concret parce qu'elle était simplement là et qu'ils se satisfaisaient de peu de choses; mais elle ne semblait avoir dans l'immédiat aucun intérêt pour eux, sinon dans la mesure où elle était tout simplement la condition de la jouissance qu'ils avaient par ailleurs; pour le reste, eux et leur existence étaient à eux-mêmes leur loi suprême. Les esséniens non plus n'entraient pas en lutte avec [leur judéité] mais se contentaient de la laisser de côté; car pour échapper au combat, ils s'abandonnaient à leur mode de vie uniforme.

Finalement, il fallut bien que surgisse quelqu'un qui s'en prît franchement au judaïsme même; mais comme il ne trouva pas chez les Juifs ce qui l'aurait aidé à le combattre, ce qu'il aurait maintenu fermement et à l'aide de quoi il aurait pu l'abattre, il dut périr et se contenter de ne fonder qu'une secte.

La racine du judaïsme est l'objectif, c'est-à-dire le service, la servitude à l'égard d'un étranger. C'est à ceci que Jésus s'attaqua.

a) Servitude à l'égard de leur loi, de la volonté du seigneur – s'y oppose l'auto-détermination, l'autonomie. Qu'est-ce que la servitude à l'égard d'une loi ?

- a) Dans l'opposé – l'absence de volonté;
- b) en relation à d'autres hommes – l'absence de sentiments – déficit de relations belles, absence d'amour, séparation;
- c) athéisme.

b) Le seigneur, le seigneur invisible – s'y oppose l'absence de destin : soit l'innocence, soit la puissance personnelle. La première n'est pas possible, [Jésus] ne pouvait unifier en elle les deux opposés parce qu'en fait un seul des opposés dominait sans résistance; la seconde n'est pas possible non plus – c'est de l'athéisme; on a donc affaire à une maîtrise atténuée dans la paternité – la dépendance vis-à-vis d'un être aimant eu égard à l'état de nécessité.

c) Les autres sont déterminés a) ou bien par moi – à cela s'oppose la moralité; ou bien b) par un autre (mépris des hommes, égoïsme et espoir d'une aide objective) – [à cela s'opposent] le respect des autres, la correction ou l'anéantissement de cet espoir.

[*N.* 387] Autorité contre autorité – seulement dans le cas de l'autorité de la foi en la nature humaine. Jean : lui savait quelle force se trouvait en l'homme. Les miracles – il mettait aussi son espoir en leur efficacité – caractère réel et non pas polémique. L'exaltation du subjectif à maints égards – fonder une belle religion, quel en est l'idéal? Le trouve-t-on?

On ne peut faire la distinction entre des lois rituelles et des lois morales que si l'on revendique la moralité; dans la religion juive, la moralité était impossible parce qu'il n'y avait pas de liberté en elle, mais bien plutôt une domination totale.

En général, [Jésus opposait] le sujet à la loi.

Opposait-il la moralité à la loi? – La moralité est selon Kant la soumission de l'individuel à l'universel, la victoire de l'universel sur l'individuel qui lui est opposé – ou plutôt, elle est élévation de l'individuel à l'universel, unification – suppression des deux opposés par l'unification.

a) L'union dans le déterminé suppose la liberté, car un limité a un opposé. <Et l'unité elle-même [est] de cette manière une union limitée – non pas l'unité de l'entendement, qui est elle aussi une union incomplète; dans l'union de l'entendement, les séparés sont laissés comme séparés, les substances restent séparées. L'unification [quant à elle] est objective, dans l'union du vouloir, les séparés ne sont pas des substances; l'un des séparés est totalement exclu et l'autre est choisi, c'est-à-dire qu'il se fait une unification de la représentation et du représentant; le représentant et le représenté deviennent un; ceci est l'action; ce qu'il y a de moral dans l'action, c'est le choix; ce qu'il y a d'unification dans le choix, c'est que l'on

exclut ce qui sépare ; c'est que le représenté, qui dans l'action est unifié avec le représentant de l'activité, est déjà lui-même un unifié, et qu'il n'est pas moral s'il est quelque chose qui sépare. La possibilité de l'opposition est la liberté – l'acte d'opposer lui-même est un acte de liberté.

L'action morale est donc incomplète et imparfaite parce qu'elle présuppose le choix, parce qu'elle présuppose la liberté, parce qu'elle presuppose des opposés et l'exclusion d'un opposé ; plus cet exclu est lié [au sujet], plus grands sont le sacrifice et la séparation, plus malheureux est le destin ; [plus] grand est tel individu, plus déchirée est l'idée de l'homme ; [plus] sa vie est intensive, plus il y perd en extension, et il se sépare à nouveau d'autant plus. La moralité [est] la conformité, l'unification avec la loi de la vie – or si cette loi n'est pas la loi de la vie mais qu'elle est elle-même une loi étrangère, alors règne la plus haute séparation ; objectivité>.

b) Union de l'homme dans sa totalité.

c) Idéal de l'union.

L'idée de votre vouloir est le contraire du vouloir ; son but n'est pas de vouloir ; mais l'objet de l'action, la pensée, le but est toujours une pulsion, une activité, à savoir une [activité] réfléchie, mais pas de l'homme passif et donc d'un vouloir étranger ; une volonté déterminée, une pulsion est nécessaire à l'action déterminée ; mais cette volonté déterminée n'est pas réelle dans l'homme passif, elle n'est donc réelle que dans l'idée, dans la représentation. Cette volonté étrangère est une loi objective.

[*N.* 388] En leur montrant qu'ils avaient une volonté mauvaise, il leur montrait qu'ils avaient une volonté.

Dans le sermon sur la montagne, [on trouve] toujours une opposition terme à terme du commandement objectif et du devoir. Par exemple, [il ne faut pas faire de] sacrifice afin d'offrir quelque chose et d'être pardonné – mais plutôt : *vous* devez pardonner. Un serment n'est pas sacré à cause du temple – mais *vous* devez être sincères. L'action que vous commettez et votre intention doivent être unes; vous devez réaliser l'action dans toute son étendue, toute action provient d'une loi, et cette loi doit aussi être votre propre loi.

Parmi les commandements moraux, seules les interdictions sont susceptibles de devenir objectives; les commandements moraux sont des unifications exprimées sous la forme de règles, et les règles sont les relations des objets les uns avec les autres; la relation extérieure, c'est-à-dire la relation de séparés ne peut être donnée que négativement, c'est-à-dire sous forme d'interdiction; car l'unification vivante, l'union dans l'action morale n'est pas une unification extérieure, c'est-à-dire que les termes en relation ne sont plus des séparés.

La moralité est la suppression d'une séparation dans la vie; une unité théorique est une unité d'opposés – le principe de la moralité est l'amour; la relation est séparation : déterminer ou être déterminé, c'est-à-dire être immoral à l'égard des autres, ou à l'égard de soi-même – car les deux ne sont jamais que l'effet d'une union théorique. Vouloir, c'est exclure l'opposé – l'acte consiste à supprimer la séparation entre ce qui est voulu, ce qui est maintenant encore représenté, et la tendance, l'activité, [la] pulsion, celui qui veut. – Dans le cas d'une loi positive, l'action n'est pas une unification, mais une détermination; le principe [n'y est] pas l'amour; le motif est un mobile au sens propre, il se présente comme une cause, comme quelque chose qui effectue ; c'est un étranger, non pas une modification de celui qui veut. Dans le positif, l'objet de l'action n'est pas la pulsion réfléchie elle-même, ou la pulsion en tant qu'objet, mais un étranger, quelque chose de différent de la pulsion.

La raison pratique de Kant est la faculté de l'universalité, c'est-à-dire la faculté d'exclure; les mobiles [sont exclus par] le respect; cet exclu est assujetti dans la crainte – une désorganisation, l'exclusion de quelque chose d'encore unifié; l'exclu n'est pas un supprimé, mais un séparé qui subsiste encore. Certes, le commandement est subjectif, c'est bien une loi de l'homme, mais une loi qui contredit d'autres choses présentes en lui, une loi qui domine; elle commande seulement, le respect pousse à l'action, mais le respect est le contraire du principe auquel l'action se mesure : le principe est universalité – le respect ne l'est pas. Pour le respect, les commandements sont toujours un donné.

Au commandement, Jésus oppose une attitude morale, c'est-à-dire une propension à agir de telle ou telle manière; l'inclination est fondée en soi, elle a son objet idéal en elle-même, et non pas dans un étranger (dans la loi morale de la raison). Il ne dit pas : « observez de tels commandements parce qu'ils sont les commandements de votre esprit – non pas parce qu'ils ont été donnés à vos ancêtres, mais parce que vous vous les donnez à vous-mêmes »; – il ne parle pas ainsi ! Il oppose [au commandement] l'attitude morale, la propension à agir moralement. [*N.* 389] Comme une action morale est limitée, le tout dont elle provient est aussi toujours limité et ne se montre que dans cette limite; or elle n'est jamais déterminée que par son objet, par le mode particulier de la séparation qu'elle supprime; pour le reste, à l'intérieur de cette limite, son principe est l'unification complète; mais puisque cette attitude morale est conditionnée, limitée, elle reste tranquille et n'agit que si survient la condition, et alors elle unifie. D'une part, elle n'est donc visible que dans l'agir, dans ce qu'elle fait, (on ne peut pas dire à proprement parler qu'elle est parce qu'elle est inconditionnée); [mais] d'autre part, elle n'est pas totalement présentée dans l'action. Car l'action ne montre que la relation objective effectuée entre des [termes] présents dans l'action; – et non pas l'unification, qui est le vivant. Mais comme cette unification n'est que dans cette action-ci, elle est individuelle et isolée; il n'a pas été unifié plus que ce qui est apparu dans cette action.

S'il y a en même temps une tendance à multiplier ces actes, alors le principe n'est plus une attitude morale tranquillisante; ce qui est présent, c'est un besoin, le besoin d'un tout de l'unification, le besoin d'amour (l'amour universel entre les hommes); l'amour cherche à produire le tout dans une multiplicité infinie d'actions, [il cherche] à donner l'apparence du tout, de l'infini au caractère limité de l'action singulière, et ce par la quantité et la multiplication. – C'est pourquoi de belles âmes qui sont malheureuses – qu'elles soient conscientes de leur destin, ou que la complétude totale de leur amour reste insatisfaite – sont si charitables – elles connaissent de beaux moments de jouissance, mais aussi ce ne sont que des moments; et les larmes de la compassion, de l'émotion suscitées par une belle action de ce genre sont une mélancolie qu'on ressent à propos de leur limitation – ou bien c'est le refus obstiné d'accepter la reconnaissance, la générosité masquée (celle que Montesquieu manifeste pour Robert à Marseille [1]), une honte ressentie face à la déficience de [leur] état. Le bienfaiteur est toujours plus grand que le bénéficiaire.

Chez Matthieu, Marc et Luc, le Christ s'oppose davantage aux Juifs – [il y a] plus de morale. Chez Jean, il est davantage lui-même, [il a] un contenu plus religieux, [on insiste] plus sur sa relation à Dieu et à sa communauté, son unité avec le Père, et comment ses partisans doivent être unis entre eux avec lui. – Il est le centre et le chef; de même qu'il reste toujours une séparation dans l'unification la plus vivante entre plusieurs hommes, de même il en reste dans cette unification – telle est la loi de l'humanité; dans l'idéal est pleinement unifié ce qui est encore séparé, les Grecs dans les dieux nationaux, les chrétiens dans le Christ.

1. Allusion à la pièce de théâtre de L.-S. Mercier, *Montesquieu à Marseille*. « L'auteur y expose comment, un jour, Montesquieu vint au secours d'un commerçant marseillais, Robert, qui avait été capturé par des pirates, et comment il rendit ce malheureux à sa famille et à la liberté » (Jacques D'Hondt, *Hegel secret. Recherches sur les sources cachées de la pensée de Hegel*, « Épiméthée », Paris, P.U.F., 1968, p. 154-155).

a) Morale.

b) Amour.

c) Religion. – Je suis le Christ. – Règne de Dieu. – La figure de celui-ci dans telles ou telles circonstances. – Miracles.

L'attitude morale supprime la positivité, l'objectivité des commandements; l'amour supprime les limites de l'attitude morale, la religion supprime les limites de l'amour.

[*N*. 390] Dans les hommes objectifs, [l'homme] est opposé à la puissance qui le domine, et dans cette mesure, il est passif; en tant qu'il est actif, il se comporte de même, un quelque chose de passif lui est opposé; il est toujours esclave vis-à-vis d'un tyran, et en même temps un tyran pour un esclave; dans une religion positive, d'une part l'homme est déterminé, dominé, Dieu est le maître, – [mais d'autre part] il en va de même de son opposé : l'objectif n'est pas seul, solitaire; il est aussi [quelque chose] de dominé par Dieu. L'attitude morale ne supprime que la loi objective, mais pas le monde objectif; l'homme est seul et le monde [lui fait face]. – L'amour rassemble des points en des moments, mais le monde qui est en lui, l'homme et sa domination subsistent encore. – La domination des Juifs diffère de la tyrannie, parce que le tyran [est un être] réel, [tandis que] leur Jéhovah est un être invisible; le tyran réel est hostile; l'idée tyrannique est en même temps protectrice; car chacun est le chéri de son idée – l'idée dominatrice me domine, s'oppose à moi; mais en même temps, dans mon opposition au monde, elle est de mon côté. <Dans la domination, le A réel est actif, le B réel passif, et la synthèse C est le but; C est une idée en A et dans cette mesure, B est un moyen; mais A, obéissant à C, est aussi déterminé par C; par rapport à C, A est dominé, par rapport à B, il est dominant; puisque C est en même temps un but de A, C sert A et domine B>.

Avec la loi objective s'efface une partie de l'acte de dominer et de l'être-dominé, une loi est une activité en tant qu'effectuation, donc une activité déterminée, limitée, qui est une effectuation lorsque surgit une condition – ou plutôt la cohésion elle-même entre la condition et l'activité comme effectuation – et si la cohésion est nécessaire, alors il y a nécessité ; s'il est possible que l'activité ne s'extériorise pas, alors il y a devoir. Si la cohésion est nécessaire, il n'y a pas de liberté, et ceci de deux manières. Ou bien le fondement complet, c'est-à-dire la cohésion complète est dans la condition elle-même, [et il y a alors] une effectuation vivante ; ou bien [la cohésion n'est pas] dans la condition, et alors l'effectuation est morte. Entre les deux, il y a la liberté et les lois.

a) Aptitude à combattre l'objectif.

b) Déficience.

La moralité ne supprime que la domination subie par le moi et du coup, la domination de celui-ci sur des vivants ; mais par là, le vivant n'est encore qu'une masse de [singularités] simplement séparées, non liées et il reste encore une matière morte infinie – et ces singularités ont encore besoin d'un maître, d'un dieu, de même que l'être moral lui-même a besoin d'un maître, dans la mesure où il n'est pas moral (non pas : immoral). C'est un [être] tranquillisant, qui n'exerce aucune violence et n'en subit pas non plus ; et lorsqu'un être subit une violence de la part d'un tiers, il lui vient en aide ; l'universalité est une universalité morte car elle est opposée à l'individu, or la vie est unification des deux, – la moralité est la dépendance à l'égard de moi-même, la division en soi-même.

La loi morale supprime en même temps les commandements purement positifs puisqu'elle ne reconnaît pas d'autre loi que la sienne propre ; mais en cela elle est inconséquente, puisqu'elle n'est pas [*N.* 391] simplement un déterminant, mais un déterminable, et qu'elle reste donc toujours soumise à une puissance étrangère.

Avec la transformation de la loi objective, les autres aspects du comportement juif durent aussi changer. Si l'homme lui-même a une volonté, alors il entretient un tout autre rapport à Dieu que l'homme simplement passif ; il n'y a pas deux volontés indépendantes, deux substances ; Dieu et l'homme doivent donc être un – mais l'homme est le fils, et Dieu est le père; l'homme n'est pas indépendant et subsistant en lui-même, il n'existe que dans la mesure où il est opposé, dans la mesure où il est une modification, et c'est pourquoi le père est aussi en lui; en ce fils sont aussi ses disciples; eux aussi sont un avec lui, ils sont une transsubstantiation réelle, [il y a] une présence réelle du père dans le fils et du fils dans ses disciples – et tous ceux-ci ne sont pas des substances, purement et simplement séparées et unifiées seulement dans le concept universel, mais [la relation est] comme celle du cep et de ses sarments; une vie vivante de la divinité en eux. – C'est cette foi en lui que réclame Jésus, – la foi dans le fils de l'homme; [la foi] selon laquelle le père habite en lui, et selon laquelle lui et le Père habitent aussi en celui qui croit en lui. – Cette foi est immédiatement opposée à l'objectivité de la passivité – et elle se distingue de la passivité des exaltés qui veulent produire ou ressentir en eux une présence de Dieu et du Christ en se distinguant alors eux-mêmes de l'être[1] qui règne en eux; ils sont donc à nouveau dominés par un objet – et vouloir nous libérer d'un Christ historique objectif ainsi que de sa dépendance en le rendant si subjectif qu'il serait un idéal, signifie justement lui prendre la vie, en faire une pensée, une substance opposée à l'homme; – or une pensée n'est pas le Dieu vivant. En faire un simple éducateur des hommes signifie retirer la divinité du monde, de la nature et de l'homme. – Jésus se nommait le Messie; personne d'autre ne pouvait l'être qu'un fils de l'homme, et seul le manque de foi en la nature pouvait attendre un autre, un [être] surnaturel; – le surnaturel n'est présent que dans le sous-naturel; car le tout, même séparé, doit toujours être présent. – Dieu est l'amour, l'amour est Dieu, il n'y a pas d'autre divinité que l'amour – seul ce qui n'est pas divin, ce qui n'aime pas doit nécessairement placer la divinité dans la pensée, hors

1. *Wesen*.

de soi. Celui qui ne peut croire que Dieu était en Jésus et qu'il habite parmi les hommes, celui-là méprise les hommes. Si l'amour, si Dieu habite parmi les hommes, alors il peut y avoir des dieux – si ce n'est pas le cas, il faut bien alors [seulement] parler de lui, et il n'est pas possible qu'il y ait des dieux; les dieux ne sont que les idéaux des séparations singulières, si tout est séparé, alors il n'y a qu'un seul idéal.

Détruire l'objectivité des commandements ou des lois, c'est montrer que quelque chose est fondé sur un besoin de l'homme, sur la nature; pardonner les péchés (*apheinai*), remettre les péchés, communément : supprimer les peines des péchés – voilà qui est un miracle, car l'effet ne peut être séparé de la cause; mais prioritairement, le destin ne peut être anéanti; si l'on songe à une suppression de la peine, la peine est alors quelque chose de tout à fait [*N*. 392] objectif, elle est quelque chose qui provient de l'objectif, qui n'est pas en connexion avec la faute de façon totalement nécessaire – en règle générale, si l'on prend le châtiment pour quelque chose de tout à fait inséparable de la faute, il n'est cependant objectif que pour autant qu'il est la conséquence d'une loi dont on s'est détaché en la transgressant, mais dont on dépend cependant encore; dans le cas d'une loi et d'un juge objectifs, la loi est satisfaite si je subis le même mauvais traitement que j'ai infligé, si la séparation que j'ai provoquée agit pareillement en retour sur moi – [mais] dans le châtiment moral, le séparé n'est pas un extérieur auquel j'échappe ou que je puisse dompter; l'acte est le châtiment en lui-même; autant j'ai blessé par mon acte une vie apparemment étrangère, autant j'ai blessé [la mienne] propre; la vie en tant que vie ne diffère pas de la vie; la vie blessée me fait face comme destin; elle est satisfaite lorsque j'ai ressenti sa puissance – la puissance du mort, de même que dans le crime, j'ai agi purement et simplement en tant que puissance. La loi ne peut être réconciliée, car elle persiste toujours dans sa majesté effrayante et ne se laisse pas approcher par l'amour; car elle est hypothétique, et on ne peut jamais supprimer la possibilité, rendre impossible la condition sous laquelle elle fait son apparition; elle est au repos aussi longtemps que ne surgit pas cette condition, mais elle n'est pas supprimée; mais ce repos n'est pas une réconciliation, car la loi n'est certes pas quelque chose de subsistant parce qu'elle serait toujours efficace et séparerait sans cesse, mais parce qu'elle est conditionnée, parce qu'elle n'est possible qu'à la condition d'une séparation. – Le destin au contraire peut être réconcilié – car il est lui-même un des membres, un séparé qui n'est pas anéanti en tant que séparé par son contraire, mais qui peut être supprimé par unification. Le destin est la loi elle-même que j'ai édictée dans l'action (que celle-ci soit la transgression d'une autre loi ou pas), dans son action en retour sur moi; le châtiment n'est que la conséquence d'une autre loi – la conséquence nécessaire d'un événement ne peut être supprimée, à moins qu'on ne fasse en sorte que l'action n'ait pas eu lieu; lorsqu'il n'y a que des causes et des effets, des séparés, une interruption de la série n'est pas possible. Le destin en revanche, c'est-à-dire la loi réactive elle-même, peut être supprimé; car je peux aussi anéantir une loi que j'ai édictée moi-même, une séparation que j'ai provoquée moi-même. – Puisque l'action et la réaction ne font qu'un, il va de soi que la réaction ne puisse être unilatéralement supprimée. Le châtiment est la conscience d'une puissance étrangère, d'une hostilité, et s'il a été infligé sous la domination de la loi, alors cette loi est satisfaite et me voilà libéré d'une réalité étrangère qui renonce à moi et se retire à nouveau sous sa forme menaçante, mais dont je ne me suis pas fait un ami. La mauvaise conscience est la conscience d'une mauvaise action, d'un événement, d'une partie d'un tout sur lequel je n'ai aucun pouvoir; d'un événement dont on ne pourra jamais, jamais faire qu'il n'ait pas eu lieu, car il était un déterminé, un limité. Le destin est la conscience de soi-même (non de l'action), de soi-même comme d'un tout, il est cette conscience du tout réfléchie, objectivée; comme ce tout est [*N.* 393] un vivant qui s'est blessé, il peut revenir à nouveau à la vie, à l'amour; sa conscience redevient foi en soi-même, et l'intuition de soi-même est devenue une autre, et le destin est réconcilié. Mais alors, l'amour est un besoin; en lui-même, la tranquillité est perdue; c'est là la blessure qui subsiste, l'intuition de soi-même comme d'un réel; à cela s'oppose l'intuition de soi-même comme d'un être en tension qui s'éloigne de cette réalité; mais justement, comme il ne s'agit ici que d'une tension, il s'agit d'un besoin, lié à une nostalgie qui ne disparaît que dans l'amour, dans la tension satisfaite.

Le pardon des péchés n'est donc pas la suppression des châtiments (car tout châtiment est quelque chose de positif, d'objectif qui ne peut être anéanti), il n'est pas la suppression de la mauvaise conscience, car aucun acte ne peut devenir un non-acte; mais il est un destin réconcilié par l'amour. D'où la règle de Jésus : si vous pardonnez les fautes, vos propres fautes vous sont pardonnées par le Père. – Pardonner aux autres ne peut [consister qu'en] la suppression de l'hostilité, le retour de l'amour, et celui-ci est total; c'est de lui que provient le pardon des fautes; ce pardon n'est pas un fragment, une action singulière. Ne jugez pas, afin que vous ne soyez pas jugés; ne leur imposez pas de lois, car celles-ci valent aussi pour vous. Les expressions pleines de confiance de Jésus : tes péchés te sont remis, lorsqu'il rencontrait la foi et l'amour, comme chez Marie-Madeleine. Le plein pouvoir qu'il donnait à ses amis de lier et délier lorsqu'il avait trouvé en eux la foi supérieure en lui (un homme), une foi qui avait ressenti toute la profondeur de la nature humaine; cette foi inclut en soi la capacité de sonder les cœurs des autres et de percevoir l'harmonie ou la disharmonie de leur être; de reconnaître leurs limites et leur destin – de reconnaître leurs liens. Le retour à la moralité ne supprime pas les péchés et leurs pénitences, le destin; l'action reste; au contraire, elle n'est que d'autant plus pénible; plus grande est la moralité, plus profondément se ressent le caractère immoral de [cette action], le châtiment, le destin n'est pas supprimé, car la moralité s'est encore toujours opposé une puissance objective. – La suppression de l'action, la réparation des dommages est une action tout à fait objective[1].

Jn 5, 26 *sq.* Le premier est l'Unique, l'indivisé – le beau –, l'autre le modifié – *uhios anthrôpou*[2] issu de l'union. C'est pourquoi il est investi de puissance – contre [une réalité] hostile, opposée –, du jugement – une loi destinée à ceux qui le renient. – Règne de la liberté et de la réalité.

*A.* <[B] Morale dans le sermon sur la montagne (Mt 5-7)[3]>. *Cérémonies.* Commandements relatifs aux choses saintes et au culte. Contre les privilèges des Juifs (Mt 8, 10 *sq.*).

[*N.* 394] *Le jeûne* (Mt 9, 14); la vie humaine et l'amour lui sont supérieurs. Vv. 16-17; incompatibilité de l'ancien et du nouveau; danger qui menace l'autodétermination de la moralité par le positif – le jeûne doit dépendre de la disposition du cœur à la joie – ou à la souffrance.

Mt 12, 1-8; profanation du sabbat – on oppose l'exemple de leurs prêtres (l'absence de nécessité) et la législation des hommes.

Vv. 11-12 : priorité du besoin de l'homme[4].

15, 2 : se laver les mains avant de manger – on oppose aux pharisiens la transgression d'un commandement par les

1. « Ici était annexée une feuille comportant des extraits de l'*Iliade* sur le *fatum* » (note de H. Nohl). Cf. les *[Extraits de lectures]* dans G. W. F. Hegel, *Premiers écrits (Francfort 1797-1800)*, *op. cit.*, p. 454.

2. « Fils d'homme ».

3. Ce chapitre sur la morale du sermon sur la montagne fait l'objet d'un texte indépendant : *B. Morale. Sermon sur la montagne...* (*G.S.* 81); cf. *infra*, p. 243-250.

4. « Qui d'entre vous, s'il n'a qu'une brebis et qu'elle tombe dans un trou le jour du sabbat, n'ira la prendre et l'en retirer? Or, combien l'homme l'emporte sur la brebis ! Il est donc permis de faire le bien le jour du sabbat » (Mt 12, 11-12).

pharisiens eux-mêmes, par leurs commandements objectifs[1]; vv. 11-20 : au reste du peuple [revient] la conviction morale, la part subjective de l'homme, rien d'objectif n'est pur, il n'y a pas de pureté donnée.

17, 25 : les impôts; le roi ne les perçoit que des étrangers; par conséquent les fils sont libres; mais cependant, que [les percepteurs] ne se scandalisent pas (*skandalizein*)[2].

19, 1 : l'amour, la conviction morale au-dessus de la loi – à propos du mariage.

Chap. 24.

La moralité ne maintient, n'assure que la possibilité de l'amour et elle est donc seulement négative quant à son mode d'action; son principe est l'universalité, c'est-à-dire de traiter tous les hommes comme des semblables, comme égaux, la condition de l'amour; la faculté de l'universalité est la raison – un homme qui serait seulement moral est un avare qui accumule et conserve sans cesse les moyens sans jamais en profiter – l'action morale est toujours une action limitée, parce qu'elle est une action, et le sentiment est unilatéral et incomplet parce qu'il est opposé à l'action. Certes dans la moralité sans amour l'opposition à l'objet singulier est-elle supprimée dans l'universalité – une synthèse de [termes] objectifs; mais l'individu est présent comme un opposé, comme un exclu.

L'immoralité supprime la possibilité de l'amour en maltraitant les vivants. Le retour à la moralité par la réaction de la loi, à travers le destin et le châtiment, est la crainte de l'objectif, la crainte de ce qu'on a maltraité et la crainte qu'on soit donc

1. « Vous avez annulé la parole de Dieu au nom de votre tradition » (Mt 15, 6).

2. « "Quel est ton avis, Simon? Les rois de la terre, de qui perçoivent-ils taxes ou impôts? De leurs fils ou des étrangers?" Et comme il répondait : "des étrangers", Jésus lui dit : "Par conséquent, les fils sont libres. Toutefois, pour ne pas causer la chute de ces gens-là, va à la mer, jette l'hameçon, saisis le premier poisson qui mordra, et ouvre-lui la bouche : tu y trouveras un statère. Prends-le et donne-le leur, pour moi et pour toi" » (Mt 17, 25-27).

également maltraité; retour à la légalité, c'est-à-dire à la loi objective; [le retour] à la moralité [ne se fait] que par l'amour, dont on a ressenti le besoin pour soi, dont on s'est rendu la satisfaction impossible par l'immoralité, et [qui] respecte le vivant.

C. La divinité; aussi infini est l'objet, aussi infinie est la passivité; celle-ci est diminuée par la morale et l'amour, mais elle n'est pas transformée en une autonomie complète – cette [passivité] subsiste à travers le combat contre l'objectif, et de cette manière, aucune religion n'est possible. Non pas anéantir, mais réconcilier l'objet. La loi comme [élément] dominateur est supprimée par la vertu. La limitation de la vertu par l'amour – mais l'amour est lui-même sentiment, la réflexion n'est pas unifiée avec lui.

L'amour est la fleur de la vie; le Règne de Dieu est tout l'arbre avec toutes les modifications nécessaires, les degrés du développement; les modifications sont des exclusions, non pas des oppositions, c'est-à-dire qu'il n'y a pas de lois, c'est-à-dire que le [*N.* 395] pensé est égal au réel, il n'y a pas d'universel, aucune relation n'est objectivement devenue une règle, toutes les relations proviennent de manière vivante du développement de la vie, aucun objet n'est lié à un objet, rien n'est devenu fixe. Il n'y a pas de liberté de l'opposition, pas de moi libre, pas de toi libre. De l'opposition par la liberté surgissent des droits. La liberté sans opposition n'est qu'une possibilité. Les hommes sont ainsi qu'ils doivent être; seulement le devoir-être doit alors être une tendance infinie si l'objet ne doit purement et simplement pas être surmonté, si la sensibilité et la raison – ou la liberté et la nature, ou le sujet et l'objet sont purement et simplement opposés, au point qu'ils soient des *absoluta*. Par les synthèses : pas d'objet – pas de sujet – ou pas de moi – pas de non-moi, leur propriété en tant qu'*absoluta* n'est pas supprimée.

La loi est une relation pensée des objets les uns avec les autres, il ne peut y avoir dans le Royaume de Dieu de relation pensée, car il n'y a pas d'objets les uns pour les autres. Une relation pensée est fixe et permanente, dénuée d'esprit, un joug, un enchaînement, une domination et une servitude – activité et passion –, acte de déterminer et être déterminé.

Mt 4, 17 : *métanoeité : èggiken gar hè Basileia tôn ouranôn*[1]. – C'est le premier appel – et l'assurance que le royaume céleste est là; et la conséquence de son appel et de ses guérisons, c'est qu'il y eut beaucoup d'adhérents.

Mt 5, 17 : *plèrôsai*[2] : compléter, accomplir par les sentiments, en ajoutant l'intérieur à l'extérieur. V. 20 : la probité des ses disciples doit être plus que celle des pharisiens et des scribes, et il faudrait encore y ajouter ceci : que la loi qu'ils suivent soit leur propre loi[3]. [Il] oppose un autre critère : la disposition morale; et les actions passionnées, qui ne changent rien à l'existence d'autrui, sont aussi bien condamnées selon ce critère que le dérèglement de sa propre vie subsistant pour soi; et ce critère est donné comme principe de réconciliation, c'est-à-dire comme propension à supprimer la séparation.

Vv. 21-22 : à l'interdiction objective du meurtre est ajoutée la réprobation de la colère dirigée contre son frère, au sacrifice propitiatoire est ajoutée la réconciliation réelle, etc. V. 33 : à l'interdiction du parjure, à la prescription de s'acquitter de ses serments envers le Seigneur, [Jésus ajoute] qu'il ne faut pas du tout jurer, il ne faut pas jurer par quelque chose d'étranger, par le ciel, car le ciel n'est que le trône de Dieu, etc.; il ne faut pas non plus jurer par notre chevelure, qui n'est pas totalement en notre pouvoir, il ne faut jurer par rien d'étranger en général, il ne faut rien en faire dépendre, mais nous devons être nous-mêmes; mais si l'homme ne fait

1. « Convertissez-vous : le Règne des cieux s'est approché » (Mt 4, 17).

2. « Accomplir » : « N'allez pas croire que je sois venu abroger la Loi ou les Prophètes : je ne suis pas venu abroger mais accomplir » (Mt 5, 17).

3. « Car je vous le dis : si votre justice ne surpasse pas celle des scribes et des pharisiens, non, vous n'entrerez pas dans le Royaume des cieux » (Mt 5, 20).

qu'un avec lui-même, s'il dédaigne toute dépendance et tout lien avec des objets, il doit quand même faire alliance[1] avec l'état de nécessité. 6, 25 *sq.* : ne vous souciez pas de l'état de nécessité[2].

Avec [ma] propre servitude cesse aussi la domination que l'on exerce sur les autres par l'idée des commandements moraux. 7, 1 *sq.* : [ma] propre liberté accorde également la liberté à autrui ; l'obsession de se dresser en censeur est la mort – [elle] ne reconnaît rien de subsistant pour soi, elle reconnaît seulement toutes choses soumises à une loi, à une domination, [*N.* 396] elle ne reconnaît pas l'unité d'un être[3] et de la loi dans une nature. Le principe de vos rapports avec les autres est d'honorer leur liberté et donc de ne leur demander que ce que vous attendez d'eux[4].

En tant que fondateur d'une nouvelle religion au sein d'un peuple perverti, Jésus fut l'exemple du renoncement aux facilités de la vie, et il exigea la même chose de ses compagnons – de même que l'arrachement à tous les rapports possibles et aux relations sacrées de la vie.

Mt 8, 22 : la réponse qu'il donna au disciple qui voulait enterrer son père[5].

Mt 8, 10 : la première expression sur la froideur des Juifs et leur rejet[6].

1. « Lien » et « alliance » rendent le même mot *Bund*.

2. « Voilà pourquoi je vous dis : ne vous inquiétez pas pour votre vie de ce que vous mangerez, ni pour votre corps de quoi vous le vêtirez » (Mt 6, 25).

3. *Wesen*.

4. « Demandez, on vous donnera » (Mt 7, 7).

5. À un disciple qui, s'apprêtant à le suivre, lui demande de pouvoir d'abord aller enterrer son père, Jésus répond : « Suis-moi, et laisse les morts enterrer leurs morts » (Mt 8, 22).

6. Épisode du centurion de Capharnaüm : « En vérité, je vous le déclare, chez personne en Israël je n'ai trouvé une telle foi » (Mt 8, 10).

9, 15 : jeûner, non pas pour en faire un but en soi, mais selon les circonstances[1].

9, 36-10, 1 *sq.* : envoi des apôtres dans le pays, mais pas pour réconcilier les hommes et faire du genre humain des amis – (Mc 6, 7 : Jésus les envoie, 6, 30 : ils se rassemblent à nouveau auprès de lui, Lc 9, 6 et 9, 10 : ils reviennent; 10, 11 et 17, 20). L'universalité de sa réforme est abandonnée[2], – Mt 10, 21 *sq.* : un frère contre son frère, le père [livrera] son enfant à la mort; les enfants [livreront] leurs parents. V. 34 : je ne suis pas venu apporter la paix sur terre, mais le glaive; je suis venu séparer l'homme de son père, la fille de sa mère, la belle-fille de sa belle-mère; les gens de la maison seront les ennemis de son maître; celui qui aime plus son père ou sa mère, son fils ou sa fille que moi, celui-là n'est pas digne de moi. Horrible séparation de tous les liens de la nature, la destruction de toute nature.

Amertume croissante à l'égard de son époque (Mt 11, 12 *sq.*)[3]. V. 25 : tu as caché cela aux sages et aux savants, et tu l'as manifesté aux petits; telle était ta volonté.

12, 8 *sq.* : l'homme est plus grand que le sabbat[4].

V. 16 : il interdit à ceux qu'il a guéris de le répéter.

V. 31 : les péchés contre le fils de l'homme seront bien pardonnés, mais pas le péché contre l'esprit saint.

V. 48 : qui est ma mère et qui sont mes frères ? Ceci dit en se tournant vers ses adhérents.

13, 54-55 : n'est-ce pas là le fils du charpentier? Incrédulité en la nature de l'homme, mépris de tous les rapports

1. « Les invités à la noce peuvent-ils être en deuil tant que l'époux est avec eux ? Mais des jours viendront où l'époux leur aura été enlevé : c'est alors qu'ils jeûneront » (Mt 9, 15).

2. « [...] Dans quelque ville que vous entriez et où l'on ne vous accueillera pas, sortez sur les places et dites : « Même la poussière de votre ville qui s'est collée à nos pieds, nous l'essuyons pour vous la rendre » (Lc 10, 10-11).

3. « Depuis les jours de Jean le Baptiste jusqu'à présent, le Royaume des cieux est assailli avec violence » (Mt 11, 12).

4. Jésus guérit l'homme à la main paralysée le jour du sabbat.

humains – d'où son éloignement d'eux, avec l'opinion qu'ils n'étaient pas sauvés – un prophète n'arrive à rien dans son propre pays; là-dessus, cf. plus haut, 10, 36 *sq.*[1]. La pureté est souillée par toutes choses, elle ne peut être rétablie, on ne peut échapper au destin – lorsque la beauté se fut retirée de tout, il abandonna tout, simplement pour la rétablir avant tout.

15, 2 : les pharisiens lui opposent à nouveau un commandement positif, sa réponse est comme dans le sermon sur la montagne[2].

16, 16-17 : tu es le Christ, le fils du Dieu vivant – mon père te l'a révélé, et non la chair ou le sang. V. 19 : je te donne les clefs du royaume céleste – ce que tu lieras sur terre sera lié au ciel, etc.

[*N.* 397] 18 : si vous ne devenez comme des enfants; v. 20 : si deux d'entre vous s'accordent sur quelque chose, cela vous sera accordé par mon père. V. 21 *sq.* : le pardon des fautes; 18, 18 : [le pouvoir de] délier; lier et délier, donner des lois – dès que Pierre a montré sa foi en Jésus le Messie, il se montre délié de l'objectif et rempli de la grandeur de la nature humaine.

19, 8 : le mariage est supérieur à la législation civile.

19, 12 : seul peut suivre cette règle celui qui en est capable[3].

20, 20 : supplication de la femme de Zébédée en faveur de ses fils.

25, 40 : ce que vous avez fait au plus petit d'entre les miens, c'est à moi que vous l'avez fait.

1. « Oui, je suis venu séparer l'homme de son père, la fille de sa mère, la belle-fille de sa belle-mère : on aura pour ennemis les gens de sa maison » (Mt 10, 35-36).

2. « "Pourquoi tes disciples transgressent-ils la tradition des anciens ? En effet ils ne se lavent pas les mains, quand ils prennent leurs repas". Il leur répliqua : "Et vous, pourquoi transgressez-vous le commandement de Dieu au nom de votre tradition ? [...] Vous avez annulé la parole de Dieu au nom de votre tradition. Hypocrites !" » (Mt 15, 2-7).

3. « Tous ne comprennent pas ce langage, mais seulement ceux à qui c'est donné » (Mt 19, 11).

26, 7 : la femme qui versa sur lui une eau richement parfumée – ses adhérents : la moralité selon les fins, et ils réprouvaient la libre et belle effusion d'une âme aimante.

V. 10 : *kalon ergon*[1], une belle action – la seule action dans l'histoire des Juifs qui mérite l'épithète de *kalon*, et la seule belle action qui se produise (26, 24 : *kalon èn autô*[2], [il aurait mieux valu] qu'il ne fût pas né, *kalon* est plutôt une expression dénuée de signification).

Mc 16, 17 : les signes qui accompagneront les croyants; forces surnaturelles, ce dont la nature était capable était présent, était là comme phénomène, comme acte; cela s'était produit – tous les aspects de la nature humaine, les mœurs, les habitudes, le mode de vie des peuples étaient devenus objectifs; les actes qui en tant qu'actes devaient être divins devaient être des actes surnaturels – car rien de ce qui se produit n'est divin, mais seulement ce qui est. Quelque chose de divin qui se produit est plus grand que ce que font d'autres, et est donc relatif[3]. L'acte en soi est la connexion de l'objectif dans sa succession; autant il y a de passivité chez l'un, autant d'activité chez l'autre, et tout objectif est un universel, précisément parce qu'il est soumis à une loi.

Jésus commença sa prédication en annonçant que le Règne de Dieu était là; les Juifs attendaient le retour de la théocratie; ils devaient y croire, et le Règne de Dieu peut être présent dans la foi; ce qui est présent dans la foi est opposé à la réalité et à son concept. L'universel exprime un devoir-être parce qu'il

1. « Une belle œuvre ». Il s'agit du geste de Marie-Madeleine : « c'est une belle œuvre qu'elle vient d'accomplir envers moi » (Mt 26, 10).

2. « Il était beau pour lui » : « Il aurait mieux valu pour lui [qu'il ne fût pas né] » (Mt 26, 24).

3. Avant de leur être enlevé, Jésus s'adresse à ses disciples : « Et voici les signes qui accompagneront ceux qui auront cru : en mon nom, ils chasseront les démons, ils parleront des langues nouvelles, ils prendront dans leurs mains des serpents, et s'ils boivent quelque poison mortel, cela ne leur fera aucun mal » (Mc 16, 17).

est un pensé, parce qu'il n'est pas, et c'est pour la même raison que l'existence [du Règne de Dieu] ne peut être prouvée.

Le Règne de Dieu est l'état atteint lorsque la divinité domine, et donc lorsque toutes les déterminations et tous les droits sont supprimés ; c'est pourquoi il dit au disciple : vends tes biens – il est difficile à un riche d'entrer dans le Royaume de Dieu ; d'où le renoncement du Christ à toute possession et à tout honneur – ces rapports à un père, à la famille, à la propriété ne pouvaient pas devenir de beaux rapports, ils ne devaient donc pas être présents, afin au moins que leur contraire ne soit pas présent – soit d'un seul coup, soit par la suppression successive des déterminations singulières, par dissolution ; – Jésus tenta la première formule par l'enthousiasme, il assura que le Règne de Dieu était là, [il s'employa] à exprimer l'existence d'une chose.

Avec le Règne de Dieu, les Juifs attendaient que beaucoup de choses se produisent, qu'ils soient libérés de la domination romaine, que leur clergé soit rétabli dans son ancien [*N*. 398] éclat, etc., c'est-à-dire que beaucoup de changements surgissent en dehors d'eux ; de tels Juifs ne pouvaient croire que le Règne de Dieu était là lorsque Jésus le leur annonçait ; mais ceux qui existaient par eux-mêmes, qui étaient accomplis purent le croire ; non pas en tant qu'individus isolés, car Dieu n'est en rien d'isolé, mais il est dans une communauté vivante qui, considérée selon l'individu, est la foi en l'humanité, la foi dans le Règne de Dieu – la foi est l'individuel à l'égard du vivant – ; non pas maîtriser les lois de Dieu, car Dieu et ses lois ne sont pas deux choses différentes.

Vie et retour à la vie, mais pas de règle à ce sujet ; Lc 15, 32[1].

1. Allusion au retour du fils prodigue : « Mon enfant, toi tu es toujours avec moi, et ce qui est à moi est à toi. Mais il fallait festoyer et se réjouir, parce que ton frère que voici était mort et il est vivant, il était perdu et il est retrouvé » (Lc 15, 31-32).

## [G.S. 83/89] MODIFICATION VIVANTE... JÉSUS APPARUT PEU DE TEMPS... *

*[L'esprit du christianisme et son destin]*

Jésus apparut peu de temps avant la dernière crise que fit éclater la fermentation des multiples éléments du destin juif. À cette époque de fermentation interne, du développement de cette matière diverse jusqu'à ce qu'elle soit rassemblée en un tout, jusqu'à ce que [se manifestent] les pures oppositions et éclate la guerre ouverte, l'acte final fut précédé par des explosions partielles. Des hommes à l'âme médiocre mais animés de passions fortes ne saisirent qu'incomplètement le destin du peuple juif; ils n'étaient donc pas assez tranquilles, ni pour se laisser emporter passivement et inconsciemment par ses vagues et ne nager que dans le temps, ni pour attendre un développement à venir, qui eût été nécessaire pour s'associer à une

* *Der Geist des Christentums und sein Schicksal*, in *Nohl*, p. 261-342. Ce texte est appelé par deux numéros d'ordre parce qu'il fusionne la première version (*G.S.* 83) datant de l'hiver 1798-1799 et la seconde version (*G.S.* 89) datant de 1799. Il porte deux titres parce que l'*incipit* de la seconde version n'est pas le même que celui de la première.

Le premier titre est l'*incipit* de la première version (*G.S.* 83), le second celui de la seconde (*G.S.* 89). Les trois premiers paragraphes, dont Hegel a fait une sorte d'introduction à l'ensemble de son manuscrit après en avoir rédigé la première version, appartiennent ainsi à la seconde version.

plus grande puissance; [aussi], ils précédèrent la fermentation du tout et tombèrent sans honneur, et sans n'avoir rien effectué.

Jésus ne combattit pas seulement une *partie* du destin juif, parce qu'il n'était embarrassé par aucune autre partie de celui-ci : il s'opposa plutôt au *tout*[1]; il y était donc lui-même supérieur, et il chercha à élever son peuple au-dessus de ce destin. Mais des hostilités comme celle qu'il chercha à surmonter ne peuvent être vaincues que par bravoure, et non pas être réconciliées par l'amour; aussi sa tentative sublime de surmonter le tout du destin devait-elle échouer dans son peuple, et lui-même devait-il en être la victime. Parce que Jésus ne s'était battu d'aucun côté du destin, ce n'est pas dans son peuple que sa religion devait trouver un si grand écho parmi les hommes, parce que ce peuple possédait encore trop, mais bien dans le reste du monde, [parmi les hommes] qui n'avaient plus aucune part au destin, qui n'avaient absolument rien à défendre ou à affirmer.

Devant l'esprit du Christ [...][2].

[...] fondé [sur] une modification vivante de la nature humaine – des droits qu'il accorde lui-même s'il établit des pouvoirs au-dessus de lui – [...], leur étaient interdits, étaient pour eux totalement positifs[3]. L'ordre dans lequel se succèdent ici les divers genres de législation des Juifs est donc [*N.* 262] un ordre qui leur est étranger, un ordre artificiel, et les différences n'y surgissent que selon la manière dont on y réagit.

Aux commandements qui réclamaient un simple service du Seigneur, une servitude immédiate, une obéissance sans joie, sans envie et sans amour, c'est-à-dire aux commandements religieux, Jésus substitua ce qui leur était justement opposé : une pulsion, et même un besoin de l'homme. Les

1. Nous soulignons.

2. « Ici manque la suite, que complète le fragment principal reproduit en annexe » (note de H. Nohl). H. Nohl renvoie en fait au fragment *À l'époque où Jésus...* (*G.S.* 80).

3. Le début lacunaire du fragment ne permet pas une traduction cohérente.

actions religieuses sont ce qu'il y a de plus spirituel, de plus beau puisqu'elles sont ce qui tend encore à unifier les séparations nécessaires [produites] par le développement, et à présenter l'unification comme étant totalement dans l'idéal, non plus opposée à la réalité, ce qui cherche donc à l'exprimer, à la renforcer dans un faire; aussi les actions religieuses sont-elles les plus vides si leur fait défaut cet esprit de beauté; [elles sont] la servilité la plus dénuée de sens, qui réclame une conscience de son propre anéantissement; un faire dans lequel l'homme exprime son néant, sa passivité; et la satisfaction du besoin humain le plus commun leur est supérieure, parce qu'en lui repose au moins immédiatement le sentiment ou la conservation d'un être[1], fût-il vide.

Que l'état de nécessité le plus élevé blesse le sacré, voilà qui est un jugement analytique, car l'état de nécessité est un état de déchirement, et une action qui blesse un objet sacré est l'état de nécessité en action. <L'état de nécessité ne peut pas s'exprimer autrement. Mais profaner un objet sacré en commettant une action insignifiante n'est possible que par mépris de cet objet; et la moindre vénération se refusera à exprimer un caprice ou une volonté arbitraire. Le contraste entre la sacralité d'un objet ou d'un commandement et sa profanation grandit d'autant que l'état de nécessité était réduit et que grand était l'arbitraire dans la profanation>. Dans l'état de nécessité, ou bien l'homme est transformé en objet et opprimé, ou bien il doit faire de la nature un objet et l'opprimer. Il n'y a pas que la nature qui soit sacrée, il peut aussi y avoir de la sacralité dans ce que sont les objets en soi, non seulement s'ils sont eux-mêmes des présentations d'un idéal qui en unifie beaucoup, mais [même s'ils] se tiennent de quelque façon en relation avec lui, s'ils lui appartiennent. L'état de nécessité peut commander la profanation de telle ou telle chose sacrée; mais la

1. *Sein.*

blesser sans [être soumis à] l'état de nécessité, voilà qui est de la méchanceté capricieuse si ce en quoi un peuple est unifié est en même temps quelque chose de commun, une propriété de tous; car dans ce cas, l'atteinte à ce qu'il y a de sacré est en même temps une atteinte injuste au droit de tous; le zèle pieux qui brise les temples et les autels d'un culte étranger, et qui expulse ses prêtres, profane des choses sacrées communes et qui appartiennent à tous. Mais si quelque chose de sacré n'unifie tous [les hommes] que dans la mesure où ils font tous preuve d'abnégation, où ils servent tous, alors chacun qui se sépare des autres récupère ici son droit [*N.* 263] et la violation d'une telle chose ou d'un tel commandement sacrés n'est une perturbation à l'égard des autres que dans la mesure où il renonce à les fréquenter et où il revendique à nouveau pour lui l'usage arbitraire de son affaire – que ce soit telle période ou n'importe quoi d'autre. Mais plus sont réduits un tel droit et son sacrifice, moins [un] homme s'opposera à ses concitoyens sur la question de savoir ce qu'il y a pour eux de supérieur, et moins il voudra déchirer la communauté avec eux dans le point le plus intime de leur liaison. À moins que le tout de la communauté ne soit objet de mépris; – mais Jésus était sorti de toute l'existence de son peuple; et dès lors disparut le genre de ménagements qu'a normalement un ami en ce qui concerne des [détails qui lui sont] indifférents à l'égard de ce avec quoi il ne forme qu'un seul cœur et qu'une seule âme; et au nom d'une sainteté juive, il ne renonça pas, il ne différa pas un seul instant la satisfaction d'un sentiment très commun, d'une volonté arbitraire; il laissa voir en cela sa séparation par rapport à son peuple, son mépris total de la servilité à l'égard de commandements objectifs.

Ceux qui l'accompagnaient[1] irritèrent les Juifs en arrachant des épis le jour du sabbat; la faim qui les y poussait ne

1. « Mt 12 » (note de H. Nohl).

pouvait guère trouver de satisfaction dans ces épis; le respect du sabbat aurait bien pu retarder cette piètre satisfaction le temps qui leur était nécessaire pour parvenir en un lieu où ils pouvaient trouver des plats préparés. Aux pharisiens qui dénonçaient cette action interdite, Jésus oppose David[1], mais ce dernier n'avait touché aux pains de l'offrande que dans l'état de nécessité le plus extrême; il ajoute aussi la profanation du sabbat par le commerce des prêtres; seulement, comme celui-ci est légal, il n'est pas une profanation du sabbat[2]! Et en augmentant d'un côté le délit lui-même par la remarque que les prêtres ne profanent le sabbat que dans le temple, tandis qu'ici c'est encore pire parce que la nature serait plus sacrée que le temple, il élève de l'autre côté en général la nature qui est pour les Juifs dénuée de divinité et de sainteté au-dessus de la limitation du monde, qui se trouve en relation avec Dieu, en un lieu unique fait par les Juifs; mais il oppose immédiatement l'homme à la sacralisation d'une période et déclare celle-ci inférieure à la satisfaction d'un besoin humain indifférente à quoi que ce soit. Le même jour, Jésus guérit une main paralysée; la propre façon d'agir des Juifs eu égard à un troupeau se trouvant en danger leur prouve bien, comme l'interdiction par David des pains consacrés ou le commerce des prêtres le jour du sabbat, que pour eux-mêmes la sacralité de ce jour n'a pas une valeur absolue, [*N.* 264] qu'eux-mêmes connaissent quelque chose de supérieur à l'observance de ce commandement; mais ici aussi, le fait qu'il oppose aux Juifs est un cas commandé par la nécessité, et l'état de nécessité supprime la faute. L'animal qui tombe dans un puits exige un secours instantané

1. « N'avez-vous pas lu ce que fit David, lorsqu'il eut faim, lui et ses compagnons, comment il est entré dans la maison de Dieu et comment ils ont mangé les pains de l'offrande que ni lui, ni ses compagnons n'avaient le droit de manger, mais seulement les prêtres ? » (Mt 12, 4).

2. Allusion à l'activité des ministres du culte pendant le sabbat : « Chaque jour de sabbat, on disposera devant le Seigneur [les pains de l'offrande], à perpétuité, de la part des fils d'Israël ; c'est une alliance éternelle » (Lv 24, 8).

– mais que cet homme restât dépourvu de l'usage de sa main jusqu'au coucher du soleil, voilà qui était tout à fait indifférent; l'action de Jésus exprimait la volonté arbitraire d'accomplir cette action quelques heures plus tôt, ainsi que la priorité d'une telle volonté sur un commandement provenant de la plus haute autorité.

À l'usage de se laver les mains avant de manger le pain, Jésus oppose (Mt 15, 2) toute la subjectivité de l'homme, et au-dessus de la servilité à l'égard de quelque chose de commandé, de la pureté ou de l'impureté d'un objet, il place la pureté ou l'impureté du cœur. Il transposait la subjectivité indéterminée, le caractère dans une toute autre sphère qui ne devait plus rien avoir de commun avec l'observance ponctuelle de commandements objectifs.

Vis-à-vis de ces lois que selon les points de vue nous nommons soit commandements civils soit commandements moraux <lesquels sont subjectifs dans la mesure où ils sont fondés dans une activité de l'être humain, dans une de ses forces>, Jésus se comportait autrement qu'à l'égard des commandements purement objectifs, auxquels il opposait quelque chose de tout à fait étranger, le subjectif en général. Puisque [ces commandements moraux ou civils] expriment des relations naturelles de l'homme sous la forme de commandements, l'aberration en ce qui les concerne, c'est qu'ils deviennent totalement ou partiellement objectifs. Puisque les lois sont des unifications d'opposés dans un concept, qui les laisse donc comme opposés, mais que le concept lui-même tient en l'opposition à du réel, il exprime un devoir-être; dans la mesure où le concept est fait et saisi par l'homme, non pas selon son contenu, mais selon sa forme, parce qu'il est concept, le commandement est moral; dans la mesure où l'on considère simplement le contenu, comme l'unification déterminée d'opposés déterminés et que le devoir-être ne provient donc pas de la propriété du concept, mais qu'il est affirmé par une puissance extérieure, alors le commandement est civil.

Parce que dans la dernière perspective l'unification des opposés n'est pas conçue, n'est pas subjective, des lois civiles contiennent la limite de l'opposition de plusieurs vivants <chez lesquels celles-ci peuvent encore subsister> – tandis que les commandements purement moraux déterminent la limite de l'opposition dans un même vivant; les premières délimitent donc l'opposition de vivants à des vivants, les secondes l'opposition d'un seul côté, d'une seule force d'un vivant à d'autres côtés, d'autres forces [*N.* 265] du même vivant. <De telles lois sont de par leur nature positives, puisqu'elles ne sont que la réflexion sur une force extérieure, étrangères aux autres, et ces autres sont donc exclus ou dominés par celle-ci – mais elles peuvent aussi devenir totalement positives si elles s'exercent, non pas seulement comme une force de l'homme, mais intégralement comme une puissance étrangère, si l'homme, loin d'avoir ce Seigneur en soi, l'a intégralement hors de soi. – Pour rendre ces commandements subjectifs, Jésus n'explora pas la voie consistant à montrer qu'ils sont des lois universelles, que cette universalité qui est la leur est l'extériorisation d'une faculté humaine, la faculté de l'universalité, la raison; par cette façon de procéder qui les présente comme produits d'une force humaine, leur objectivité, leur positivité leur aurait été enlevée>. Et une force de cet être[1] est dans cette mesure dominante à l'égard d'une autre force de celui-ci. Des lois purement morales qui ne sont pas capables de devenir civiles, c'est-à-dire [des lois] dans lesquelles les opposés et l'unification n'auraient pas la forme d'étrangers, seraient des lois qui concernent la limitation de telles forces, dont l'activité n'est pas une activité, une relation à d'autres hommes. Les lois, si elles s'exercent comme des commandements simplement civils, sont des lois positives, et puisqu'elles sont selon leur matière égales aux lois morales, ou

1. *Wesen.*

puisque l'unification d'objectifs dans le concept présuppose aussi [une unification] non objective, ou peut devenir telle, on assisterait à la suppression de la forme des lois civiles si on en faisait des lois morales, si leur devoir-être n'était pas l'ordre d'une puissance étrangère, mais la conséquence du concept propre, un respect du devoir. Mais ces commandements moraux aussi, qui ne sont pas capables de devenir des commandements civils, peuvent devenir objectifs en ce que l'unification (ou la limitation) ne s'exerce pas elle-même comme concept, comme commandement, mais [comme quelque chose] d'étranger à la force limitée, bien que ce soit en même temps quelque chose de subjectif. Ce genre d'objectivité ne pourrait être supprimé que par le rétablissement du concept lui-même et de la limitation de l'activité à travers lui. C'est de cette manière qu'on pourrait s'attendre à ce que Jésus ait travaillé contre la positivité des commandements moraux, contre la simple légalité, qu'il ait montré que le légal est un universel, et que toute sa force obligatoire réside dans son universalité, parce que pour une part chaque devoir, chaque commandement s'annonce bien comme quelque chose d'étranger, mais pour une autre part, comme concept (l'universalité), il est un subjectif, par où, comme produit d'une force humaine, de la faculté de l'universalité, de la raison, il perd son objectivité, sa positivité, son hétéronomie, et le commandement se présente comme [un commandement] fondé dans l'autonomie d'un vouloir humain. Mais par ce processus, la positivité n'est que partiellement écartée <car le commandement du devoir est une universalité, qui reste opposée au particulier, et c'est celui-ci qui est l'opprimé si elle domine>; entre le chaman tongouse[1] [*N.* 266] avec le prélat européen qui gouverne l'Église et l'État, ou entre le Mongol avec le puritain d'une part, et celui qui obéit

1. « Hegel retourne ici contre Kant une phrase de celui-ci. Cf. *La religion dans les limites*... IV 2, § 3 » (note de H. Nohl). Pour plus de détails, voir G. W. F. Hegel, *Premiers écrits (1797-1800)*, *op. cit.*, p. 234, n. 1.

à son commandement du devoir d'autre part, la différence n'est pas que les uns se rendraient esclaves et que celui-ci serait libre ; mais bien que ceux-là ont leur maître en dehors d'eux, tandis que celui-ci porte son maître en soi-même ; cependant, en portant son maître en soi-même, il est son propre esclave ; pour le particulier, les pulsions, les inclinations, l'amour pathologique, la sensibilité ou quelle que soit la façon dont on le nomme, l'universel est nécessairement et éternellement un étranger, un objectif ; il subsiste une positivité indestructible qui devient totalement révoltante, du fait que le contenu que reçoit le commandement du devoir universel, à savoir un devoir déterminé, contient la contradiction d'être limité et d'être en même temps universel et émet, au nom de la forme de l'universalité, les prétentions les plus élevées pour son unilatéralité. Tant pis pour les relations humaines qui ne se trouvent justement pas dans le concept de devoir, lequel, de même qu'il n'est pas simplement l'idée vide de l'universalité, mais qu'il doit se présenter dans une action, exclut ou domine toutes les autres relations.

Un homme qui voulait rétablir l'humanité dans sa totalité ne pouvait se lancer sur une voie telle qu'elle ne répond au déchirement de l'humanité que par une suffisance entêtée. Agir dans l'esprit des lois ne pouvait signifier pour lui agir par respect pour le devoir en contradiction avec les inclinations ; car les deux parties de l'esprit (on ne peut pas parler autrement dans le cas de ce déchirement du cœur) ne se trouveraient de ce fait justement pas dans l'esprit, mais contre l'esprit des lois, l'une parce qu'elle exclut, et est donc limitée par elle-même, l'autre parce qu'elle est opprimée.

Cet esprit de Jésus élevé au-dessus de la moralité se montre immédiatement tourné contre les lois dans le sermon sur la montagne, qui est une tentative menée sur plusieurs exemples de lois d'ôter aux lois le légal, la forme des lois, en ne prêchant pas le respect pour celles-ci : en montrant plutôt ce qui les accomplit mais les supprime en tant que lois, quelque chose qui est donc plus élevé que l'obéissance à leur égard et les rend superflues. Puisque les commandements du devoir présupposent une séparation et que la domination du concept s'annonce dans un devoir-être, en revanche, ce qui se tient au-dessus de cette séparation est un *être*[1], une modi? cation de la vie qui n'est exclusive et donc limitée qu'en regard de l'objet, puisque l'exclusion n'est donnée que par la limitation de l'objet, et ne concerne que celui-ci. Lorsque Jésus exprime aussi comme des commandements ce qu'il pose au-dessus de lois et contre elles (« ne pensez pas que je [*N.* 267] veuille abolir la loi ; que votre parole soit ; je vous dis de ne pas résister, etc. ; aime Dieu et ton prochain »), cette tournure est un commandement en un tout autre sens que le devoir-être du commandement du devoir ; elle n'est que la conséquence du fait que le vivant est pensé, exprimé, donné dans la forme du concept qui lui est étrangère ; tout au contraire, le commandement du devoir est par nature un concept en tant qu'il est un universel. Et si donc le vivant apparaît face à l'homme dans la forme d'un réfléchi, de quelque chose de dit, Kant[2] avait alors bien tort de voir dans ce genre d'expression qui n'appartient pas au vivant : « aime Dieu par-dessus tout et ton prochain comme toi-même », un commandement qui exige le respect pour une loi qui commande l'amour. Et c'est sur cette confusion entre le commandement du devoir, qui consiste en l'opposition du concept et du réel, et la manière tout à fait simpliste d'exprimer le vivant, que s'appuie sa réduction profonde de ce qu'il appelle un commandement – « aime Dieu par dessus-tout et ton prochain comme toi-même » – à son commandement du devoir. Et sa remarque s'effondre d'elle-même, selon laquelle l'amour – ou l'amour dans la signification qu'il croit devoir lui donner : exercer *volontiers* tous les devoirs – ne peut être

1. *Sein.*
2. « Cf. Kant, *Critique de la raison pratique*, I. I. III » (note de H. Nohl).

commandé; car dans l'amour, toute idée de devoir disparaît. Et même la considération qu'il a en retour pour cette parole de Jésus de voir en lui l'idéal de sainteté qu'aucune créature ne peut atteindre est gaspillée; car un tel idéal, selon lequel les devoirs seraient représentés comme des devoirs accomplis *volontiers*[1], est en soi contradictoire, car des devoirs exigeraient une opposition, et agir volontiers n'exigerait pas d'opposition; et il peut supporter cette contradiction sans unification dans son idéal, en ce qu'il déclare les créatures raisonnables – une conjonction étrange – néanmoins [capables] de faiblesses et incapables d'atteindre cet idéal.

Jésus commence le sermon sur la montagne par un genre de paradoxes dans lesquels toute son âme explique aussitôt sans ambiguïté à la foule des auditeurs qui attendent, qu'ils doivent attendre de lui quelque chose de tout à fait étranger, un autre génie, un autre monde. Il y a des exhortations dans lesquelles il s'éloigne aussitôt passionnément de l'appréciation commune de la vertu, annonce passionnément un autre droit et une autre lumière, une autre région de la vie, dont la relation au monde ne pourrait être que celle qui consiste à être détesté et persécuté par celui-ci. Or dans ce règne des cieux, il ne leur montre pas la suppression des lois, mais elles doivent être accomplies par une justice qui soit une autre, dans laquelle il y ait plus, qui soit plus complète que la justice de ceux qui ne vivent que pour le devoir[2] : un accomplissement de l'indigence des lois.

[*N.* 268] Il montre ensuite cet accomplissement dans plusieurs lois; cela qui contient plus en soi, on peut l'appeler une propension à agir de la façon dont les lois seraient imposées, <non pas le soutien de la conviction morale par l'inclination, mais une conviction morale disposée, c'est-à-dire une

1. Nous soulignons.

2. *Pflichtlinge*, le suffixe *ling* ayant une connotation péjorative. *Martin* : « fidélité au devoir » (p. 34); *Fischbach* : « adorateurs du devoir » (p. 76).

conviction morale sans combat>, unité de l'inclination et de la loi, par où celle-ci perd sa forme en tant que loi; cette concordance de l'inclination est le *plèrôma*[1] de la loi, <une réalité> un être[2] qui est, comme on s'exprimait autrefois, le complément de la possibilité; car la possibilité est l'objet en tant qu'un pensé, l'universel; <la réalité> l'être[3] [est] la synthèse du sujet et de l'objet dans laquelle sujet et objet ont perdu leur opposition, de même que cette propension, une vertu, est une synthèse dans laquelle la loi (que Kant appelle donc toujours un objectif) perd son universalité, et le sujet sa particularité – les deux perdent leur opposition; dans la vertu kantienne en revanche, cette opposition subsiste, et l'un devient le dominant, l'autre le dominé. L'accord de l'inclination et de la loi est d'un tel genre que la loi et l'inclination ne sont plus différentes; et l'expression « accord de l'inclination et de la loi » devient donc tout à fait inopportune, parce qu'en elle se trouvent encore la loi et l'inclination en tant que particuliers, en tant qu'opposés, et on pourrait facilement comprendre que la conviction morale, le respect de la loi et la détermination de la volonté par la loi reçoivent leur soutien de l'inclination qui en diffère, et puisque les termes qui sont en accord sont différents, l'accord aussi ne serait que contingent, ne serait que l'unité d'étrangers, un pensé. Mais comme ici dans le complément des lois et ce qui y est associé, devoir, conviction morale et autres de ce genre, l'universel cesse d'être opposé à l'inclination, et que l'inclination cesse d'être un particulier, cesse d'être opposée à la loi, cet accord est vie, et en tant que relation de [membres] différents, amour, un être[4] qui, exprimé comme concept, loi, est nécessairement égal à la loi, c'est-à-dire à soi-même, ou en tant que réel, qu'inclination, opposé au

1. « Accomplissement ».
2. *Sein.*
3. *Sein.*
4. *Sein.*

concept, il est également égal à soi, à l'inclination. <Tout commandement ne peut donc exprimer qu'un devoir-être, car il est un universel, et il annonce par là en même temps son indigence, à savoir qu'il n'exprime pas un être[1]; à un commandement tel que : « tu ne tueras point », Jésus oppose une vertu, la conviction de l'amour humain, qui ne rend pas seulement ce commandement superflu quant à son contenu, mais supprime aussi un commandement selon sa forme, à savoir l'opposition de ce commandement comme de quelque chose qui commande et quelque chose qui résiste, qui éloigne toute idée de sacrifice, de destruction ou de soumission du sentiment, [cette vertu] est en même temps [remplie] d'une plénitude vivante plus riche que le froid commandement de la raison>.

C'est ainsi que le commandement « tu ne tueras point » est une proposition fondamentale dont la [*N.* 269] volonté de tout être raisonnable peut reconnaître la validité et qui peut valoir comme principe d'une législation universelle. Jésus oppose à un tel commandement le génie supérieur de la réconciliation (d'une modification de l'amour), génie qui non seulement n'agit pas contre cette loi, mais qui la rend totalement superflue, et qui contient en soi tellement de riche plénitude vivante, que pour lui quelque chose d'aussi mesquin qu'une telle loi n'existe pas. Ce que la réconciliation – puisqu'en elle la loi perd sa forme, que le concept est repoussé par la vie – perd en universalité – qui dans le concept saisit tout particulier en soi – n'est qu'une perte apparente et un vrai gain infini de par la richesse des relations vivantes avec les individus peut-être peu nombreux avec lesquels elle entre en rapport. Elle n'exclut pas du réel, mais du pensé, des possibilités, et cette richesse de la possibilité dans l'universalité du concept, la forme du commandement, est elle-même une déchirure de la vie et elle est tellement mesquine quant à son contenu, qu'à part la seule

1. *Sein.*

mauvaise action qui soit interdite dans le commandement, elle permet toutes les autres; vis-à-vis de la réconciliation au contraire, même la colère est un crime, ainsi que la réaction rapide à un sentiment[a] d'oppression, l'emportement à opprimer à nouveau, qui est un genre de justice aveugle et présuppose donc une égalité, mais une égalité d'ennemis; l'esprit de réconciliation, en revanche, sans motivation hostile en soi, tend à supprimer l'hostilité de l'autre. Si l'on juge selon l'amour, c'est pour lui un crime, et à vrai dire un plus grand crime que la colère, de traiter son frère de crapule; mais une crapule dans son isolement où elle, qui est un homme, s'oppose avec hostilité aux hommes, et qui tend à subsister dans cet état de désunion, est encore tenue pour quelque chose, [cet homme] vaut encore puisqu'il est haï, et une grande crapule peut être admirée; il est donc encore plus étranger à l'amour de déclarer que l'autre est un fou, ce qui supprime non seulement toutes les relations avec lui, mais aussi toute égalité, toute communauté de l'être [humain] [1], ce qui l'assujettit totalement dans la représentation et le désigne comme un néant[a].

Au contraire, l'amour laisse son sacrifice devant l'autel où il [*N.* 270] prend conscience d'une division, il se réconcilie avec le frère, et se présente alors seulement pur et uni devant la divinité une. Il ne laisse pas le juge mesurer son droit, mais il se réconcilie, sans aucun égard pour le droit. <L'amour exige même la suppression du droit qui surgit d'une séparation, d'une insulte, il exige la réconciliation>.

a. L'interprétation littérale se prononce le plus souvent en faveur de l'interprétation ici retenue de *raka* [« imbécile »], mais une difficulté majeure fut causée par le sens moral des exégètes qui trouvent le terme de « fou » plus modéré que celui d'« imbécile », et qui jugent les deux mots non pas d'après le sentiment d'où ils proviennent, mais selon l'impression qu'ils font; et en effet, celui qui est déclaré fou se sent reconnu *sui juris*, et s'il est aussi judicieux que l'autre, il retourne la situation et appelle l'autre un fou.

1. *Wesen.*

De même, à la fidélité obligatoire dans le mariage et au droit de répudier sa femme, Jésus oppose l'amour, qui exclut même le désir, que ce devoir n'interdisait pas, et supprime, à l'exception d'un cas, cette permission qui contredisait ce devoir. <La déficience de la Loi et du droit, et du respect de la loi dans les deux cas, de l'obligation et de la permission s'éclaire d'elle-même par cette opposition d'une vertu, d'une relation vivante, du *plèrôma* de toutes les lois>. Ainsi, pour une part, la sainteté de l'amour est l'accomplissement (le *plèrôma*) de la loi contre le divorce; et cette sainteté seule donne la capacité, si un des nombreux côtés de l'homme voulait s'élever au tout ou se dresser contre lui, de le neutraliser, et c'est seulement le sentiment du tout, l'amour, qui permet d'éviter la destruction de l'essence – mais d'autre part, l'amour supprime la permission de se séparer; et à l'égard de l'amour, il ne peut être question de permission et de droit, ni aussi longtemps qu'il vit, ni quand il cesse d'être. La fin de l'amour pour une femme qui a encore de l'amour la fait devenir infidèle à elle-même et la fait pécher; et un transfert de la passion n'est qu'un égarement de celle-ci, pour lequel l'amour doit faire pénitence avec mauvaise conscience. Son destin ne peut alors dans ce cas pas lui être épargné, et le mariage est brisé en soi; mais le secours que l'homme tient d'un tel droit et d'une telle loi et par lequel il tire à soi probité et bienséance, signifie ajouter encore à la blessure de l'amour de la femme une infâme dureté. Ce n'est que dans le cas pour lequel Jésus fait exception, si la femme a offert son amour à un autre, que l'homme peut ne pas rester son esclave. Aux Juifs, *sklèrois kardia*[1], Moïse dut bien donner des lois et des droits relatifs au mariage; mais il n'en était pas ainsi au commencement.

Lorsqu'on s'engage sur [quelque chose de] réel, le sujet et l'objet sont pensés comme séparés, ou si l'on s'engage sur un

1. « Au cœur sec ».

état futur, c'est-à-dire dans le cas d'une promesse, l'explication d'une volonté et l'acte lui-même sont encore pensés [comme] tout à fait séparés ; et c'est la vérité, c'est-à-dire la ferme cohésion des deux, qui est en jeu ; dans un engagement sous serment, la représentation de l'acte, soit déjà réalisé, soit encore à venir, est liée à quelque chose de divin, la cohésion de la parole et de l'acte, la liaison, l'être[1] lui-même est présenté dans un étant, [*N.* 271] est actualisé en lui, et parce que la vérité de ce pour quoi on fait serment ne peut pas être elle-même rendue visible, on pose à sa place la vérité elle-même : Dieu ; pour une part, donnée de cette manière à l'autre, elle emporte chez lui la conviction, pour une autre part, par l'effet en retour de cet étant sur les sentiments décidés de celui qui fait un serment, le contraire de la vérité est exclu ; et il n'est pas question d'envisager dans quelle mesure on doit avoir affaire ici à une superstition. Quand les Juifs juraient au nom du ciel, au nom de la terre, de Jérusalem ou de leur chevelure, et qu'ils remettaient leur serment à Dieu, qu'ils remettaient leur serment entre les mains du Seigneur, ils reliaient la réalité du serment à un objet, ils établissaient une égalité entre les deux réalités, et ils remettaient la cohésion de cet objet et du serment, l'égalité des deux sous le pouvoir d'une puissance étrangère, et Dieu est institué en puissance qui s'exerce sur la parole et cette cohésion doit être fondée dans l'homme lui-même ; l'acte dont il est fait serment et l'objet invoqué dans le serment sont ainsi reliés l'un à l'autre, de sorte que si l'un vient à être supprimé, l'autre aussi est nié, supprimé dans la représentation ; aussi, si l'acte promis ou la réalité affirmée avec assurance ne sont pas réels, du même coup aussi, l'objet invoqué, le ciel, la terre, etc. est nié ; et dans ce cas, le maître de cet objet doit le venger, Dieu doit devenir le vengeur de ce qui est sien. Jésus conteste cette liaison de l'acte assuré et de quelque chose d'objectif, il ne

1. *Sein.*

confirme pas l'obligation de tenir parole, mais il la déclare au contraire tout à fait superflue; car ni le ciel, ni la terre, ni Jérusalem, ni la chevelure ne sont l'esprit de l'homme, le seul à relier sa parole et une action, mais ce sont là plutôt des propriétés étrangères, dit Jésus, et la certitude de l'acte ne peut pas être reliée à quelque chose d'étranger, être posée dans quelque chose d'étranger, mais la cohésion de la parole et de l'action doit être vivante, et se trouver dans l'homme lui-même.

Œil pour œil, dent pour dent, disent les lois; la revanche, et l'égalité de celle-ci, est le principe sacré de toute justice, le principe sur lequel doit reposer toute constitution d'État. Mais Jésus réclame en général la suppression du droit, l'élévation au-dessus de toute la sphère de la justice ou de l'injustice par l'amour, dans lequel disparaît aussi, avec le droit, ce sentiment d'inégalité et le devoir de ce sentiment qui exige l'égalité, à savoir la haine de ses ennemis.

Les lois et les devoirs dont Jésus parlait jusqu'alors étaient dans l'ensemble des lois et des devoirs civils, et l'accomplissement qu'il leur donna ne fut pas tel qu'il les confirmât, en tant que lois et devoirs, et qu'il exigeât pour elles le pur respect, en tant que mobiles; non, il manifeste plutôt du mépris à leur égard, et son accomplissement est un esprit, dont les actions, si elles devaient être [*N*. 272] jugées selon des lois et des commandements, seraient jugées conformes à celles-ci, mais qui n'a pas conscience de devoirs et de droits. Ensuite il parle d'un devoir purement moral, de la vertu de charité; Jésus condamne dans celle-ci, comme dans la prière et le jeûne, l'immixtion de quelque chose d'étranger, l'impureté de l'action; – ne faites pas [ce que vous faites] pour être vu – que le but de l'action, c'est-à-dire l'action en tant que pensée, avant qu'elle ne soit encore accomplie, soit égal à l'action accomplie. Outre cette hypocrisie qui mélange aux idées de l'action une part d'altérité – à savoir être vu par les hommes –, c'est-à-dire quelque chose qui n'est pas dans l'action, Jésus semble ici aussi éloigner lui-même la conscience de l'action en tant que devoir accompli. « Que votre main gauche ignore ce que fait votre main droite » : voilà qui ne peut dépendre de la prise de connaissance de l'action, mais [ce précepte] est le contraire d'être vu par les gens, et s'il doit donc avoir un sens, il désignera la propre réflexion sur sa conformité au devoir. Que dans l'action ce ne soit que moi, ou bien que je pense qu'il y en a aussi d'autres qui me regardent, que je ne me réjouisse que de ma conscience ou aussi des applaudissements des autres, voilà qui ne fait pas de grosse différence. Car les applaudissements d'autrui connus par moi suite à une victoire du devoir, de l'universel sur le particulier ne sont pour ainsi dire plus simplement l'universalité et la particularité pensées, mais l'universalité et la particularité intuitionnées, la première dans la représentation d'autrui, la seconde dans les autres comme dans des [êtres] réels mêmes ; et la conscience solitaire du devoir accompli ne diffère pas de l'honneur quant au genre, mais seulement dans la mesure où dans l'honneur, l'universalité n'est pas seulement universellement valide[1], mais aussi reconnue comme universellement valable[2] ; dans la conscience propre d'avoir accompli son devoir, l'individu se donne lui-même le caractère de l'universalité, il s'intuitionne comme un universel, comme supérieur à lui-même en tant que particulier et à ce qui repose dans le concept de la particularité, [supérieur] à la foule des individus ; car de même que le concept d'universalité est appliqué à l'individu, de même le concept de particularité contient aussi cette relation aux individus et leur opposition à celui qui se reconnaît, conformément à l'universalité, dans l'accomplissement du devoir ; et cette conscience de soi est tout aussi étrangère à l'action que les applaudissements des hommes. Cette conviction d'être juste au fond de soi-même et d'être par là supérieur aux autres (les deux sont nécessai-

1. *allgemeingiltig.*
2. *als allgemein geltend.*

rement reliés à cause de l'opposition nécessaire du particulier à l'universel), Jésus en parle aussi dans une parabole en Lc 18, 9 *sq.*[1]. Le pharisien remercie Dieu d'être assez modeste pour ne pas reconnaître l'effet de sa propre volonté dans le fait qu'il ne soit pas comme beaucoup d'autres hommes qui sont voleurs, malfaisants ou adultères, ou qui sont comme ce publicain à ses côtés; [*N.* 273] il jeûne selon la règle et verse consciencieusement sa dîme comme un honnête homme. À cette conscience de la probité, dont rien ne dit qu'elle ne fût pas authentique, Jésus oppose l'humble regard qui n'ose se tourner vers le ciel, [le regard] du publicain qui bat sa coulpe : que Dieu me vienne en grâce, à moi pécheur ! Or la conscience qu'a le pharisien d'avoir accompli son devoir, ainsi que la conscience qu'a le jeune homme riche d'avoir fidèlement observé toutes les lois (Mt 19, 20)[2], cette bonne conscience est une hypocrisie. Car pour une part, si elle est déjà liée à la perspective de l'action, elle est une réflexion sur soi-même, sur l'action, [elle est quelque chose] d'impur qui n'appartient pas à l'action; pour une autre part, si elle est une représentation de soi-même comme d'un homme moral, ainsi que c'est le cas du pharisien et du jeune homme riche, si elle est une représentation dont le contenu est les vertus, c'est-à-dire [des éléments] limités circonscrits dans un cercle, limités dans leur matière, si elles constituent donc toutes ensemble un tout incomplet, alors la bonne conscience, la conscience d'avoir accompli ses devoirs, se constitue hypocritement en un tout.

C'est dans ce même esprit que Jésus parle de la prière et du jeûne; les deux sont soit des devoirs tout à fait objectifs, totalement imposés, soit ils ne sont fondés que dans un besoin; ils ne sont pas capables d'être représentés comme des devoirs

1. Parabole du pharisien et du collecteur d'impôts.

2. « " Si tu veux être parfait, va, vends ce que tu possèdes, donne-le aux pauvres, et tu auras un trésor dans les cieux. Puis viens, suis-moi !". À cette parole, le jeune homme s'en alla tout triste, car il avait de grands biens » (Mt 19, 21).

moraux, car ils ne présupposent aucune opposition qui serait susceptible d'être unifiée dans un concept; dans les deux cas, Jésus dénonce l'apparence que l'on se donne par là devant les hommes, et dans le cas de la prière, [il dénonce] encore particulièrement l'énorme bavardage par lequel la prière reçoit toute la considération d'un devoir et de l'accomplissement de celui-ci. Jésus juge le jeûne (Mt 9, 15) selon le sentiment qui lui est sous-jacent, selon le besoin qui y pousse[1]. Hormis la purification dans la prière, Jésus enseigne aussi une manière de prier; la considération de ce qui fait la vérité de la prière n'a pas sa place ici.

Il n'y a vraiment rien à dire à propos de l'exigence suivante de se défaire des soucis de la vie et de mépriser les richesses, de même qu'à propos de Mt 19, 23[2] : comme il est difficile à un riche de pénétrer dans le royaume de Dieu; c'est une litanie qu'on n'excuse que dans des sermons ou des rimes, car une telle exigence n'a pas de vérité pour nous. Le destin de la propriété nous est devenu trop puissant pour que des réflexions à son sujet soient supportables, pour que nous puissions envisager de nous en séparer. Mais il faut quand même voir que la possession de richesses, avec tous les droits, avec tous les soucis qui y sont attachés, introduit des déterminations dans l'homme, dont les limites posent leurs bornes aux vertus, leur imposent des conditions et des dépendances, à l'intérieur desquelles il y certes de la place pour des devoirs et des vertus, mais qui ne permettent pas un tout, une vie complète, [*N.* 274] car liée à des objets, la vie a alors les conditions de soi hors de soi, parce qu'à la vie est encore accordé quelque chose de

1. « Alors les disciples de Jean l'abordent et lui disent : "Pourquoi, alors que nous et les pharisiens nous jeûnons, tes disciples ne jeûnent-ils pas ?" Jésus leur dit : "Les invités à la noce peuvent-ils être en deuil tant que l'époux est avec eux ? Mais des jours viendront où l'époux leur aura été enlevé : c'est alors qu'ils jeûneront" » (Mt 9, 15).

2. « En vérité, je vous le déclare, un riche entrera difficilement dans le Royaume des cieux » (Mt 19, 23).

propre, qui cependant ne peut jamais être sa propriété. La richesse trahit d'emblée son opposition à l'amour, à la totalité du fait qu'elle est un droit et qu'elle se conçoit dans une multiplicité de droits. Aussi, d'une part sa vertu immédiatement référée à elle : la probité, d'autre part les autres vertus possibles à l'intérieur de sa sphère sont nécessairement liées à une exclusion, et chaque acte vertueux est en soi-même un opposé. On ne doit pas penser à un syncrétisme, à un service de deux maîtres, car l'indéterminé et le déterminé ne peuvent être reliés tout en conservant leurs formes. Jésus ne devait pas seulement montrer le complément des devoirs, mais aussi l'objet de ces principes, l'essence de la sphère des devoirs, et détruire le domaine opposé à l'amour.

La perspective selon laquelle Jésus se déclare contre les richesses est transposée par Luc (12, 13) dans une relation qui l'éclaircit davantage[1]. Un homme s'était adressé à lui pour qu'il intercède auprès de son frère au sujet du partage de leur héritage ; on juge que refuser la requête d'une telle intercession n'est que le mode de comportement d'un égoïste. Dans sa réponse à celui qui lui a adressé cette requête, Jésus semble immédiatement n'opposer que son incompétence. Mais il y a plus dans son esprit que le fait qu'il n'a aucun droit à ce partage, car il se tourne aussitôt vers ses disciples avec une mise en garde contre l'avidité, et ajoute la parabole d'un homme riche que Dieu alarme : « Insensé ! Cette nuit on te réclamera ton âme – tout ce que tu as acquis, à qui cela reviendra-t-il ? Ainsi en va-t-il de celui qui accumule des trésors, mais qui n'est pas riche en Dieu ». Ainsi Jésus ne réserve à ce profane que le côté du droit, tandis qu'il exige de ses disciples une

1. « Du milieu de la foule, quelqu'un dit à Jésus : "Maître, dis à mon frère de partager avec moi notre héritage". Jésus lui dit : "Qui m'a établi pour être votre juge ou pour faire vos partages ?" Et il leur dit : " Attention ! Gardez-vous de toute avidité ; ce n'est pas du fait qu'un homme est riche qu'il a sa vie garantie par ses biens" » (Lc 12, 13-15).

élévation au-delà du domaine du droit, de la justice, de l'équité, des services de l'amitié que les hommes peuvent assurer dans ce domaine, au-delà de toute la sphère de la propriété.

À la conscience morale, à la conscience de sa propre conformité ou de la non conformité au devoir s'oppose l'application des lois aux autres dans le jugement ; « ne jugez pas, dit Jésus, afin de n'être pas jugés ; la mesure de votre jugement est également celle qui vous jugera ». Cette subsomption des autres sous un concept qui est présenté dans la loi peut être nommée une faiblesse, car celui qui juge n'est pas assez fort pour les supporter totalement, mais il les partage et ne peut endurer leur indépendance, [il les prend] non pas tels qu'ils sont, mais [*N.* 275] tels qu'ils devraient être ; par ce jugement, il se les a soumis en pensée car le concept, l'universalité est sienne. Mais avec ce jugement, il a reconnu une loi et s'est lui-même soumis à la servitude de celle-ci, il a établi pour lui aussi une mesure du jugement, et avec l'aimante disposition morale à l'égard de son frère de lui retirer la paille de son œil, il est tombé lui-même en deçà du royaume de l'amour.

Ce qui suit alors n'est plus une opposition de ce qui est supérieur aux lois à celles-ci, mais l'indication de quelques extériorisations de la vie dans sa libre et belle région en tant que l'unification des hommes dans la demande, le don et la réception. Le tout se conclut avec l'effort de présenter l'image de l'homme, tel que désigné antérieurement dans l'opposition aux déterminations, à cause de quoi le pur apparaissait davantage dans ses modifications, dans des vertus particulières comme la réconciliation, la fidélité conjugale, l'authenticité, etc., [de présenter l'image de l'homme, donc] purement en dehors de cette sphère, ce qui en définitive ne peut se faire que dans des paraboles imparfaites.

La manière de Jean-Baptiste, dont Luc (chap. 3) a conservé quelques essais, contraste avec cette absence de lois et de devoirs dans l'amour que Jésus caractérise comme ce qu'il y a de supérieur. Comment pourriez-vous encore espérer, quoique vous ayez Abraham pour père, dit [le Baptiste] aux Juifs, échapper à votre destin irrité : « la hache est déjà au pied des arbres ». Et comme les Juifs lui demandaient ce qu'ils devaient faire, il répondait : « que celui qui a deux tuniques ou de la nourriture en surplus le donne à celui qui n'en a pas » ; il mettait en garde les percepteurs de ne pas réclamer plus d'impôts qu'il ne leur était prescrit; les soldats, de ne tracasser personne, de ne rien extorquer, mais de vivre de leur solde ; on sait encore de lui (Mt 14, 4) qu'il entra en colère à propos des relations d'Hérode avec la femme de son frère; une réprimande qui lui coûta sa tête; son destin s'accomplit sur une détermination; de même que son enseignement, selon les expériences rapportées ci-dessus, était une mise en garde contre des vertus déterminées, et qu'il ne montre pas dans sa conscience le grand esprit, l'âme [de ces vertus] qui englobe tout. Il ressentit cela lui-même et annonça un autre, qui allait balayer l'aire, la faux à la main; dans la foi, Jean espère de son successeur un baptême par le feu et l'esprit, à la place de son baptême par l'eau.

[*N.* 276] À la positivité des Juifs, Jésus a opposé l'homme. <À la vertu ne s'oppose pas seulement la positivité, mais aussi le vice, l'immoralité>; aux lois et à leurs devoirs, [il a opposé] les vertus, et en celles-ci il supprima l'immoralité de l'homme positif. Eu égard à une vertu déterminée, l'homme positif n'est certes ni moral ni immoral, et le service dans lequel il exerce certains devoirs n'est pas immédiatement un vice à l'égard de ces mêmes devoirs, mais à cette indifférence déterminée est en même temps retirée d'un autre côté une immoralité; parce que son service positif déterminé a une limite et qu'il ne peut pas la dépasser, il est immoral au-delà d'elle. Cette immoralité de la positivité passe donc dans un autre côté des relations humaines en tant que l'obéissance positive – à l'intérieur de son cercle, le non-moral n'est pas immoral. <Mais l'opposé de la vertu est l'immoralité, le vice. Le moraliste spéculatif, le maître de morale fait une description philosophique de la vertu – sa description doit être détruite, il ne doit pas y avoir de contradiction en elle – la description d'une chose est toujours la chose représentée – il attache cette description, le concept, au vivant et dit alors que le vivant doit être ainsi, – il ne doit y avoir entre le concept et la modification d'un vivant aucune [autre] contradiction que celle-ci : l'un est un pensé, l'autre un étant. Mais dans la spéculation, une vertu est, et est nécessairement, c'est-à-dire que son concept et le contraire ne peuvent exister [ensemble][1], il n'y a pas de changement, pas d'acquisition, pas de surgissement, pas de dépérissement en elle en tant que concept; mais ce concept doit être maintenu avec le vivant – ou bien la vertu comme modification du vivant est, ou bien elle

1. *Eine Tugend in der Spekulation allein, ist, und ist notwendig, d. h. ihr Begriff und das Gegenteil kann nicht sein [...]; Martin* : « C'est seulement dans la spéculation qu'une vertu existe et existe nécessairement, c'est-à-dire que son concept existe tandis que son contraire ne peut exister [...] » (p. 44); Fischbach : « Une vertu *existe* [comme telle] seulement dans la spéculation, et elle y existe en tant que nécessaire, c'est-à-dire que son concept et son contraire ne peuvent coexister » (p. 85).

n'est pas –, il peut surgir ou périr. Le moraliste spéculatif peut donc bien se laisser aller à de chaudes considérations sur le vertueux et le vicieux; mais son affaire ne consiste proprement qu'à faire la guerre au vivant, polémiquer avec lui, ou calculer ses concepts de la façon la plus froide. – Le maître populaire en revanche, celui qui rend les hommes meilleurs, qui se tourne vers les hommes eux-mêmes, ne peut évidemment pas parler du surgissement de la vertu, de la formation de la vertu, mais de la destruction du vice et du retour à la vertu. La destruction du vice consiste en ce qu'elle adjoint à l'homme le châtiment. Le châtiment est la fâcheuse conséquence nécessaire d'un crime, mais toute conséquence ne peut pas être nommée un châtiment, par exemple le fait que le caractère s'aggrave encore dans les crimes; on ne peut pas dire : « il a mérité d'être encore pire »>. Dans la position de la [*N.* 277] subjectivité contre le positif disparaissent l'indifférence du service et ses limites. L'homme se tient pour soi, il devient lui-même son caractère et son acte; il n'a des limites que là où il les pose lui-même, et ses vertus n'ont que les déterminations qu'il délimite lui-même. Cette possibilité de la limitation de l'opposition est la liberté, le « ou bien » de « la vertu ou le vice ». Dans l'opposition de la loi à la nature, de l'universel au particulier, les deux opposés sont posés, réels, l'un n'est pas sans l'autre; dans la liberté morale de l'opposition de la vertu et du vice, l'un est exclu par l'autre; aussi, si l'un est posé, l'autre est seulement possible. L'opposition du devoir et de l'inclination a trouvé son unification dans les modifications de l'amour, dans les vertus. Comme la loi n'était pas opposée à l'amour quant à son contenu, mais quant à sa forme, elle pouvait être reprise en elle, mais dans cette récupération, elle perdait sa figure; en revanche, c'est quant à son contenu qu'elle est opposée au crime; il est exclu par elle, et pourtant il est; car le crime est une destruction de la nature; et puisque la nature est unie, il y a autant de destruction dans le destructeur que dans le détruit. Si l'uni est opposé, l'unification des opposés n'est présente que dans le concept; [l'uni] a été transformé en loi; si l'opposé a été détruit, il reste le concept, la loi; mais celle-ci n'exprime aussitôt que le manquant, qu'une lacune, car son contenu est supprimé dans la réalité; et [cela] s'appelle une loi pénale. Cette forme de la loi est immédiate, elle est quant à son contenu opposée à la vie, car elle indique la destruction de celle-ci; mais il semble d'autant plus difficile de penser comment la loi pourrait être supprimée dans cette forme, comme justice pénale; dans la suppression précédente de la loi par les vertus ne disparaissait que la forme de la loi, tandis que son contenu restait; mais ici, son contenu serait aussi supprimé avec la forme, car son contenu est le châtiment.

Le châtiment repose immédiatement dans la loi transgressée; le criminel est privé du même droit que celui auquel un crime a porté atteinte chez un autre; <c'est-à-dire qu'il mérite le châtiment; la nécessité que celui-ci survienne repose dans quelque chose d'extérieur et correspond au crime>. Le criminel s'est placé hors du concept qui est le contenu de la loi. Certes la loi dit seulement qu'il doit perdre le droit contenu dans la loi; [mais] comme [ce droit] n'est immédiatement qu'un pensé, ce n'est que le concept du criminel qui perd le droit; et pour qu'il le perde en réalité, c'est-à-dire pour que ce que le concept du criminel a perdu, la réalité du criminel le perde aussi, [*N.* 278] la loi doit être reliée au vivant, elle doit être revêtue de pouvoir. Cela dit, que la loi en reste à sa majesté effrayante, et que le châtiment du crime soit mérité : – voilà qui ne peut jamais être supprimé; la loi ne peut pas dispenser du châtiment, elle ne peut être clémente, sans quoi elle se supprimerait elle-même; la loi a été brisée par le criminel, son contenu n'est plus pour lui, il l'a supprimé; mais la forme de la loi, l'universalité le poursuit et adhère même à son crime; son acte devient universel, et le droit qu'il a supprimé est aussi supprimé pour lui. La loi subsiste donc, et subsiste aussi [le fait] qu'un châtiment soit mérité; mais le vivant, dont la puissance s'est unifiée à la loi, l'exécuteur qui prend en réalité au criminel le droit perdu dans le concept, le juge : celui-là n'est pas la justice abstraite, mais un être [de chair][1], et la justice n'est que sa modification. La nécessité du châtiment mérité est ferme, mais l'exercice de la justice n'est rien de nécessaire, car comme modification d'un vivant, elle peut aussi s'effacer, une autre modification peut entrer en jeu; et c'est ainsi que la justice devient quelque chose de contingent; il peut y avoir une contradiction entre elle comme universel, pensé d'une part, et elle comme réel, c'est-à-dire elle dans un étant, dans un vivant; un vengeur peut pardonner, cesser de se venger; un juge, en agissant comme juge, peut accorder sa grâce. Mais alors, la justice n'est pas satisfaite; celle-ci est inflexible, et aussi longtemps que les lois sont ce qu'il y a de supérieur, on ne peut pas lui échapper, l'individuel doit être sacrifié à l'universel, c'est-à-dire qu'il doit être tué. C'est pourquoi il est aussi contradictoire de songer que la loi pourrait se satisfaire d'un représentant de plusieurs criminels identiques; car dans la mesure où c'est en lui que les autres devraient aussi endurer le châtiment, il est l'universel, le concept de ceux-ci; or la loi, qu'elle commande ou qu'elle châtie, n'est loi que parce qu'elle est opposée à du particulier. La loi trouve la condition de son universalité en ceci que les hommes qui agissent ou les actions sont particuliers; et les actions sont particulières dans la mesure où elles sont considérées en relation à l'universalité, aux lois, en tant qu'elles leur sont conformes ou contraires; et dans cette mesure, leur rapport, leur détermination ne peut souffrir de changement; elles sont réelles, elles sont ce qu'elles sont; ce qui s'est passé, on ne peut faire que ça ne se soit pas passé, le châtiment suit l'acte; leur cohésion est indéfectible; s'il n'y a

1. *Wesen.*

pas moyen de faire en sorte qu'une action n'ait pas eu lieu, si sa réalité est éternelle, alors aucune réconciliation n'est possible, même pas en endurant un châtiment; la loi est bien satisfaite par là, car la contradiction entre son devoir exprimé et la réalité du criminel, l'exception que le criminel voulait faire [*N.* 279] de l'universalité, est supprimée. Seulement, le criminel n'est pas réconcilié avec la loi (que celle-ci soit pour le criminel un être[1] étranger ou qu'elle soit en lui de façon subjective, comme mauvaise conscience); dans le premier cas, la puissance étrangère que le criminel a créée et tournée contre lui, cet être hostile cesse, dès qu'il a châtié, d'agir sur lui; une fois que [cet être] a réagi sur le criminel de la même manière que celle dont celui-ci a agi, il cesse bien [d'agir], mais il se retire alors dans sa position menaçante et sa figure n'a pas disparu ou n'est pas devenue amicale pour autant; le châtiment subi ne change rien à la mauvaise conscience, à la conscience d'une mauvaise action, à la conscience de soi-même comme d'un [être] mauvais; car le criminel se voit toujours comme un criminel, il est impuissant à l'égard de son action en tant que réalité, et cette réalité sienne est en contradiction avec sa conscience de la loi.

Et pourtant, l'homme ne peut endurer cette angoisse; ce n'est que par la grâce qu'il peut échapper à la réalité effrayante du mal et à l'immutabilité de la loi; la pression et la douleur de la mauvaise conscience peuvent à nouveau le pousser à une malhonnêteté, à chercher à échapper par là à lui-même et donc à la loi et à la justice, il s'en remet au détenteur de la justice abstraite pour faire l'expérience de sa bonté, dont il espère qu'elle voudra bien fermer un œil sur lui, qu'elle voudra bien le voir autrement qu'il n'est; certes, lui-même ne renie pas ses fautes, mais il forme le vœu malhonnête que la bonté elle-même renie ses fautes, et il [cherche] sa consolation dans la

1. *Wesen.*

pensée, dans la fausse représentation qu'un autre être[1] pourrait se faire de lui. Et ainsi, il n'y aurait pas [d'autre] retour à l'union de la conscience sur une voie pure, pas de suppression du châtiment, de la loi menaçante et de la mauvaise conscience qu'une supplication malhonnête, si le châtiment ne devait être vu que comme quelque chose d'absolu, s'il n'était soumis à aucune condition, s'il n'y avait aucun côté duquel il y eût, [pour lui et] sa condition, une sphère supérieure à lui-même. Loi et châtiment ne peuvent être réconciliés, mais ils peuvent être supprimés dans la réconciliation du destin.

Le châtiment est l'effet d'une loi transgressée, d'une loi dont l'homme s'est écarté, mais dont il dépend encore, et à laquelle il ne peut échapper, pas davantage qu'au châtiment ou à son propre acte. <La loi, ainsi que le châtiment et l'acte, sont de l'objectif, qu'on ne peut anéantir; représenté sous la forme du destin, le châtiment est d'un tout autre genre; l'homme qui est pris sous un destin n'a pas affaire à une loi>. Car comme le caractère de la loi est l'universalité, le criminel a bien brisé la matière de la loi, mais la forme, l'universalité subsiste; et la loi, dont il croyait être devenu le maître, subsiste; seulement elle semble [*N.* 280] être opposée quant à son contenu, elle a la figure de l'acte qui était en contradiction avec la loi antérieure; le contenu de l'acte a maintenant la figure de l'universalité et est une loi; le renversement de cette dernière, à savoir qu'elle devient le contraire de ce qu'elle était précédemment, est le châtiment – en tant que l'homme s'est écarté de la loi, il lui reste encore assujetti; et comme la loi subsiste en tant qu'universel, l'acte subsiste aussi puisqu'il est le particulier. – Mais représenté comme destin, le châtiment est d'un tout autre genre; dans le destin, le châtiment est une puissance hostile, un individuel dans lequel universel et particulier sont unifiés à tel point qu'en lui, le devoir-être et la poursuite de ce devoir-

1. *Wesen.*

être ne sont pas séparés comme c'est le cas dans la loi, qui n'est qu'une règle, un pensé, et qui a besoin d'un opposé, d'un réel dont elle reçoit son pouvoir. Dans cette puissance hostile, l'universel n'est pas non plus séparé du particulier à la façon dont la loi comme universel est opposée à l'homme ou à ses inclinations comme au particulier. Le destin n'est que l'ennemi, et l'homme lui fait tout aussi bien face comme puissance combattante; au contraire, la loi comme universel domine le particulier, elle tient cet homme sous son obédience. Le crime de l'homme qu'on considère être pris dans un destin n'est donc pas une révolte du sujet contre son régent, la fuite du serf loin de son seigneur, la libération par rapport à une dépendance; il ne s'agit pas d'une renaissance à partir d'un état létal, car l'homme est, et avant l'acte il n'y a nulle séparation, nul opposé, moins encore un dominant. Ce n'est qu'en sortant de la vie unie, ni régulée par des lois, ni contraire aux lois, ce n'est que par la mort de la vie qu'un étranger est produit. L'anéantissement de la vie n'est pas un non-être de celle-ci, mais sa séparation, et l'anéantissement consiste en ce que la vie est transformée en ennemi. La vie est immortelle, et [si elle est] tuée, elle apparaît comme son fantôme effrayant qui déploie toutes ses ramifications et déchaîne ses Euménides. L'erreur du crime qui croit avoir détruit la vie étrangère et s'être élargi par là, se résout en ce que l'esprit isolé de la vie blessée se présente contre lui; c'est ainsi que Banquo, qui vint vers Macbeth en ami, n'avait pas été anéanti par le crime [dont il avait été victime], mais qu'il prit place à l'instant même sur son siège, et ce non pas à titre de commensal, mais comme mauvais esprit[1]. Le criminel pensait avoir affaire à une vie étrangère; mais c'est

1. Allusion à la scène de *Macbeth* dans laquelle le spectre de Banquo, qui vient d'être assassiné sur ordre de Macbeth, se présente au banquet de l'usurpateur et s'installe à la place qui revient à celui-ci selon le protocole (cf. Shakespeare, *Macbeth*, III, 4).

en fait sa propre vie qu'il a détruite; car la vie ne diffère pas de la vie, puisque la vie réside dans la divinité unie; et dans sa témérité il a bien détruit, mais il n'a détruit que le caractère amical de la vie : il l'a transformée en un ennemi. C'est seulement l'acte qui a créé une loi, dont la domination entre désormais en vigueur; cette [*N.* 281] loi est l'unification dans le concept de l'égalité de la vie apparemment étrangère blessée [par le criminel] et de sa propre vie passible d'une peine de mort. Alors seulement, la vie blessée s'avance comme une puissance hostile contre le criminel, et elle le maltraite comme lui a maltraité; ainsi, le châtiment comme destin est l'égale réaction de l'acte du criminel lui-même, d'une puissance qu'il arme lui-même, d'un ennemi dont il s'est lui-même fait un ennemi. Une réconciliation avec le destin semble encore plus difficilement pensable qu'avec la loi pénale puisque, pour réconcilier le destin, il semble que l'anéantissement doive être supprimé. Mais à l'égard de la possibilité d'une réconciliation, le destin a cette priorité sur la loi pénale qu'il se trouve à l'intérieur de la région de la vie; en revanche, un crime, soumis à la loi et au châtiment, se trouve dans la région d'oppositions insurmontables, de réalités absolues. Dans cette région, on ne peut penser comment il serait possible de supprimer le châtiment et comment la conscience de la mauvaise réalité pourrait disparaître, car la loi est une puissance à laquelle la vie est assujettie, au-delà de laquelle il n'y a rien, pas même la divinité, car elle n'est que le pouvoir de l'idée suprême, l'exécuteur de la loi. Une réalité ne peut qu'être oubliée, c'est-à-dire se perdre en tant que représentée dans une autre faiblesse, par où son être[1] serait quand même posé comme permanent. – Mais dans le cas du châtiment comme destin, la loi est plus tardive que la vie, et elle se tient plus en profondeur que celle-ci. Elle n'est que sa lacune, la vie indigente en tant que puissance; et la vie

1. *Sein*.

peut soigner ses blessures, la vie hostile blessée peut revenir en soi-même et supprimer le méfait d'un crime, la loi et le châtiment. <Transgression, crime et châtiment ne se tiennent jamais dans un rapport de cause à effet, dont le lien déterminant serait de l'objectif, une loi; si c'était le cas, cause et effet en tant que purement et simplement séparés ne pourraient plus être unifiés; le destin au contraire, la loi qui réagit au criminel, peut être supprimé, car [le criminel] a lui-même posé la loi; la séparation qu'*il* a provoquée peut être unifiée; l'unification est dans l'amour>. À partir du moment où le criminel sent la destruction de sa propre vie (à partir du moment où il souffre le châtiment) ou qu'il se connaît comme détruit (dans la mauvaise conscience), commence l'effet de son destin, et ce sentiment de la vie détruite doit devenir une nostalgie de la vie perdue; ce qui fait défaut est reconnu comme sa partie, comme ce qui devrait être en lui et qui n'est pas en lui; ce vide n'est pas un non-être[1], mais la vie connue et sentie comme n'étant pas. Ce destin ressenti comme possible est la peur [du destin] et est un tout autre sentiment que la peur du châtiment; [le destin] est la peur de la séparation, une appréhension de soi-même; la peur du châtiment est la peur d'un étranger; car [*N.* 282] même si la loi est bien reconnue comme ma propre loi, dans la peur du châtiment, le châtiment est un étranger – si cette peur n'est pas représentée comme la peur de l'indignité; mais dans le châtiment, à l'indignité s'ajoute aussi la réalité d'un malheur, [la perte d'un bonheur] que le concept de l'homme a perdu, c'est-à-dire dont l'homme est devenu indigne; le châtiment suppose donc un maître étranger de cette réalité; et la peur du châtiment est peur de lui. – Dans le destin, en revanche, la puissance hostile est la puissance de la vie rendue hostile, et donc la peur du destin n'est pas la peur d'un étranger. De même, le châtiment n'améliore pas parce qu'il n'est qu'une

1. *Nicht-Sein.*

souffrance, un sentiment d'impuissance à l'égard d'un maître avec lequel le criminel n'a rien de commun et ne veut rien avoir de commun. Le châtiment ne peut produire qu'obstination, entêtement et résistance contre un ennemi par lequel il serait scandaleux d'être opprimé, car l'homme s'y perdrait lui-même. Mais dans le destin, l'homme reconnaît sa propre vie, et la supplication qu'il lui adresse n'est pas la supplication adressée à un maître, mais un retour à soi et un rapprochement de soi-même. Le destin, dans lequel l'homme sent ce qui est perdu, exerce une nostalgie de la vie perdue. La nostalgie, s'il faut parler d'améliorer et de devenir meilleur, peut déjà signifier une amélioration, car en tant qu'elle est un sentiment de la perte de la vie, elle connaît ce qui est perdu comme la vie, comme ce qui lui était autrefois amical ; et cette connaissance est déjà elle-même une jouissance de la vie. Et la nostalgie peut ainsi être consciencieuse, c'est-à-dire, dans la contradiction de la conscience de sa faute et de la vie à nouveau intuitionnée, se retenir de retourner à celle-ci, prolonger d'autant la mauvaise conscience et le sentiment de la douleur, et exciter [ce sentiment] à chaque moment pour ne pas se réunifier avec la vie sur un coup de tête, mais bien du plus profond de l'âme, et la saluer à nouveau comme un ami. Des criminels se sont infligé à eux-mêmes des douleurs à l'occasion de sacrifices ou d'expiations ; comme pèlerins portant le cilice et allant nu-pieds, à chaque pas sur le sable brûlant ils étendaient et multipliaient la conscience du mal et la douleur ; d'une part ils éprouvaient totalement le sentiment de leur perte, de leur vide, et d'autre part en même temps, ils y intuitionnaient totalement cette vie, bien que comme une vie hostile, et se rendaient ainsi totalement possible sa récupération ; car l'opposition est la possibilité de la réunification, et dans la mesure où [la vie] était opposée dans la douleur, elle est capable d'être à nouveau reprise. Dans le fait que même l'hostile est senti comme vie, réside la possibilité de la réconciliation du destin ; cette réconciliation n'est donc ni la destruction ou l'oppression d'un étranger, ni une contradiction entre la conscience de soi-même et la diversité espérée de la représentation de soi-même dans un autre, ou une contradiction [*N.* 283] entre le mérite selon la loi et l'accomplissement de celle-ci, entre l'homme comme concept et l'homme comme réel. Ce sentiment de la vie qui se retrouve soi-même est l'amour, et en lui se réconcilie le destin. Considéré de cette manière, l'acte d'un criminel n'est pas un fragment; l'action qui vient de la vie, du tout, présente aussi le tout; le crime, qui est la transgression d'une loi, n'est qu'un fragment, car en dehors de cette transgression est déjà la loi, qui ne lui appartient pas; le crime, qui vient de la vie, présente ce tout, mais divisé; et les parties hostiles peuvent de nouveau se rassembler en un tout. <Ainsi le destin n'est rien d'étranger comme le châtiment; [il n'est] pas un réel autodéterminé, comme la mauvaise action dans la conscience morale; le destin est la conscience de soi-même, mais comme d'un [être] hostile; le tout peut rétablir en soi l'amitié, il peut revenir à sa vie pure par l'amour; ainsi sa conscience devient-elle à nouveau foi en soi-même, l'intuition de soi-même est devenue une autre et le destin est réconcilié>. La justice est satisfaite, car le criminel a senti blessée en lui la même vie qu'il a blessée. L'aiguillon de la conscience morale s'est émoussé, car son mauvais esprit s'est retiré de l'acte, il n'y a plus rien d'hostile en l'homme, et [l'acteur] subsiste tout au plus comme un squelette inanimé dans le charnier des réalités, dans la mémoire.

Mais le destin a un domaine plus étendu que le châtiment; il est provoqué même par la faute sans crime, et c'est pourquoi il est infiniment plus dur que le châtiment; sa dureté semble souvent se transformer en l'injustice la plus criante, lorsqu'il répond de façon d'autant plus effrayante à la faute la plus saillante, la faute de l'innocence. Parce qu'en l'occurrence les lois ne sont que des unifications pensées des oppositions, ces concepts n'épuisent pas, et de loin, la multilatéralité de la vie; et le châtiment n'exerce sa domination que dans la mesure où la vie a accédé à la conscience, là où une séparation a été unifiée dans le concept ; mais sur les relations de la vie qui ne sont pas déliées, sur les côtés de la vie qui sont unifiés, qui sont donnés de façon vivante, au-delà des limites des vertus, il n'exerce pas de pouvoir. Le destin au contraire est incorruptible et illimité, comme la vie ; il ne connaît pas de rapports donnés, [il ne connaît pas] pas de diversité selon les points de vue ou la situation, il ne connaît pas de région réservée à la vertu ; là où la vie est blessée, fût-ce justement, c'est-à-dire si cela s'est produit avec autosatisfaction, [*N.* 284] là apparaît le destin, et l'on peut donc dire : jamais l'innocence n'a souffert, toute souffrance est une faute. Mais l'honneur d'une âme pure est d'autant plus grand qu'elle a blessé la vie avec plus de conscience pour recevoir le [bien] suprême ; et le crime est d'autant plus noir qu'une âme impure blesse la vie avec plus de conscience.

Il semble qu'un destin n'apparaisse que moyennant un acte étranger ; celui-ci n'en est [toutefois] que l'occasion ; ce par où [le destin] surgit, c'est la manière de recevoir et de réagir à l'acte étranger. Celui qui souffre une agression injuste peut faire face, s'affirmer et affirmer son droit, ou bien ne pas faire face ; avec sa réaction, qu'elle soit une douleur endurante ou un combat, commence sa faute, son destin ; dans les deux cas il souffre, mais il ne s'agit ni d'un châtiment, ni d'une injustice ; dans le combat, il s'en tient fermement à son droit et il l'affirme ; dans l'endurance non plus, il n'abandonne pas son droit : sa douleur est la contradiction selon laquelle il connaît son droit, mais sans avoir la force de le maintenir dans la réalité ; il ne lutte pas pour [son droit], et son destin est son absence de volonté. Celui qui combat pour ce qui est en danger n'a pas perdu ce pour quoi il lutte <et ne le laisse pas partir en idée, et sa souffrance est un juste destin ; – mais il peut surpasser cette souffrance et ce destin s'il abandonne le droit agressé, s'il pardonne sa faute à l'offenseur. Aussi bien la lutte pour les droits que l'abandon seulement douloureux des droits sont un état anti-naturel : cela s'éclaire à partir du fait qu'il y a dans les

deux une contradiction, à savoir qu'ils se suppriment eux-mêmes>. Mais en s'exposant au danger, il s'est soumis au destin, car il pénètre dans le champ de bataille de la puissance contre la puissance, et il se risque [à affronter] un autre; mais la bravoure est plus grande que l'endurance douloureuse, car la bravoure, même si elle succombe, connaissait au préalable cette possibilité, et assumait donc consciemment la faute; la passivité douloureuse, au contraire, ne s'accroche qu'à son indigence et n'y oppose pas une plénitude de force; mais la souffrance de la bravoure est aussi un juste destin, car le brave s'est engagé sur le terrain du droit et de la puissance; aussi le combat pour des droits est-il déjà un état non naturel, aussi bien que la souffrance passive dans laquelle il y a contradiction entre le concept de droit et sa réalité; car dans le combat pour des droits aussi il y a contradiction : le droit, qui est un pensé et donc un universel, est chez l'agresseur un autre pensé, si bien qu'il y aurait ici deux universels, qui se supprimeraient, et qui sont pourtant; tout autant, les combattants sont opposés en tant qu'[êtres] réels, tous deux sont des vivants, c'est la vie en lutte avec la vie, ce qui est à nouveau contradictoire. À travers l'autodéfense de l'offensé, l'agresseur est également agressé, et par là est posé le droit à l'autodéfense, si bien [*N.* 285] que les deux ont raison, les deux se trouvent en état de guerre, laquelle donne aux deux le droit de se défendre; et ainsi, soit ils laissent la décision du droit dépendre de la violence et de la force, mais puisque le droit et la réalité n'ont rien en commun, ils mélangent les deux et font dépendre le [droit] de la [réalité]; soit ils se soumettent à un juge, c'est-à-dire que dans la mesure où ils sont hostiles, ils se livrent sans défense, morts; ils renoncent à leur propre domination de la réalité, à la puissance et laissent s'exprimer à leur sujet un étranger, une loi dans la bouche du juge; ils se soumettent ainsi à un traitement contre lequel chaque partie protestait pourtant, dans la mesure où elle se dressait contre l'offense [faite à] son droit, c'est-à-dire qu'elles s'opposaient à tout traitement exercé par un autre.

La vérité des deux opposés, de la bravoure et de la passivité, s'unifie de telle sorte dans la beauté de l'âme que de la bravoure subsiste la vie, tandis que l'opposition disparaît; tandis que de la passivité subsiste la perte du droit, mais que la douleur disparaît. Et ainsi se produit une suppression du droit sans douleur, une élévation libre et vivante au-dessus de la perte du droit et du combat. Celui qui laisse s'échapper ce dont un autre s'approche avec hostilité, qui cesse d'appeler sien ce que touche l'autre, échappe à la douleur de la perte, il échappe au traitement [que lui réservent] l'autre ou le juge, il échappe à la nécessité d'infliger un traitement à l'autre; quelque côté de lui-même qui soit touché, il s'en retire et n'abandonne à l'autre qu'une chose dont il a fait, au moment de l'agression, quelque chose d'étranger <, mais non pas lui-même, non pas quelque chose de sien>. Mais cette suppression de ses relations, qui est une abstraction de lui-même, n'a pas de limites fixes, <elle est un suicide qui doit nécessairement se retirer infiniment dans le vide>. (Plus sont vivantes les relations dont une noble nature doit se retirer du fait de leur souillure puisqu'elle ne pourrait s'y maintenir à moins de se souiller elle-même, plus grand est son malheur; mais ce malheur n'est ni injuste, ni juste, il n'est son destin que parce qu'elle dédaigne ces relations en toute liberté et de son propre chef; toutes les douleurs qui en surgissent pour elle sont dès lors justes; et elles sont maintenant son malheureux destin, qu'elle a fait elle-même consciemment, et c'est son honneur de souffrir justement, car elle est si supérieure à ces droits qu'elle voulait les avoir pour ennemis. Et parce que ce destin repose en elle-même, elle peut le supporter, lui faire face, car ses douleurs ne sont pas une pure passivité, la surpuissance d'un étranger, mais son propre produit). Pour se sauver, l'homme se tue; pour ne pas voir ce qui est sien tomber sous un pouvoir étranger, il ne le dit plus sien, et ainsi il s'anéantit dans la mesure où il [*N.* 286] voulait se conserver, car ce qui serait sous un pouvoir étranger ne serait plus lui, et il n'est rien qui ne puisse être agressé et abandonné. <Aussi bien le combat que le pardon devraient avoir leurs limites.

<Aussi Jésus évolue-t-il, dans son comportement plutôt que dans sa doctrine, entre les deux. Si l'homme est pris dans un destin par l'acte d'un étranger, il peut [se] réconcilier ce destin si de son côté il ne laisse aucune place à l'hostilité, ou s'il la supprime, s'il pardonne à l'offenseur et se réconcilie avec lui>. Le malheur peut devenir si grand que son destin, ce suicide dans le renoncement à la vie le pousse si loin qu'il doive complètement se retirer dans le vide. Mais en s'opposant ainsi à lui-même le destin le plus total, il s'est en même temps élevé au-dessus de tout destin; la vie lui est devenue infidèle, mais lui [ne s'est pas rendu infidèle] à la vie; il l'a fuie, mais non pas blessée, et il peut en avoir la nostalgie, comme d'un ami absent, mais elle ne peut pas le traquer comme [le ferait] un ennemi; et il n'est vulnérable d'aucun côté: comme la plante pudique, il se retire en soi au moindre attouchement, et jusqu'à ce qu'il se soit fait de la vie un ennemi, jusqu'à ce qu'il ait excité un destin contre lui, il échappe à la vie; c'est ainsi que Jésus exigeait de ses amis qu'ils quittent leur père, leur mère et tout [le reste] pour ne pas être liés au monde indigne et ainsi risquer un destin[1]. En outre: à celui qui prend ta tunique, donne aussi ton manteau; si un membre t'irrite, arrache-le[2]. La liberté suprême est l'attribut négatif de la beauté de l'âme, c'est-à-dire la possibilité de renoncer à tout pour se conserver. Mais celui qui veut sauver sa vie la perdra[3]. C'est ainsi qu'à

1. « Qui aime son père ou sa mère plus que moi n'est pas digne de moi; qui aime son fils ou sa fille plus que moi n'est pas digne de moi » (Mt 10, 37).

2. « Si ta main ou ton pied entraînent ta chute, coupe-les et jette-les loin de toi; mieux vaut pour toi entrer dans la vie manchot ou estropié que d'être jeté avec tes deux mains ou tes deux pieds dans le feu éternel ! » (Mt 18, 8).

3. « Qui aura assuré sa vie la perdra et qui perdra sa vie à cause de moi l'assurera » (Mt 10, 39). Cf. aussi Mt 16, 24 ou Lc 17, 33. Il s'agit indifféremment d'assurer, de sauver, de conserver ou d'obtenir.

l'innocence suprême peut être unie la faute suprême, et qu'à l'élévation au-dessus de tout destin peut être uni le destin suprême, le destin le plus malheureux. Un cœur qui s'est à tel point élevé au-dessus des rapports du droit, qui n'est embarrassé par rien d'objectif, n'a rien à pardonner à l'offenseur, car celui-ci n'a porté atteinte à aucun de ses droits, puisque [ce cœur] a abandonné [son droit] lorsque son objet fut atteint. Il est ouvert à la réconciliation, car il lui est possible de reprendre aussitôt toute relation vivante, de réintégrer les rapports de l'amitié, de l'amour, puisqu'il n'a blessé aucune vie en lui-même ; de son propre côté, aucune sensation hostile ne lui fait face en soi, aucune conscience, aucune exigence adressée à autrui pour rétablir le droit blessé, aucune fierté qui exigerait de l'autre la confession d'avoir été dans une sphère inférieure, dans la région du droit, de lui avoir été inférieur. C'est avec détermination que Jésus fait du pardon des fautes, de la disposition à se réconcilier avec autrui, une condition du pardon de nos propres fautes <et ceci découle nécessairement de cela ; car le pardon des fautes est le contraire ou la [*N.* 287] suppression de l'hostilité et de l'opposition juridique, et seule celle-ci suscite le destin ; dans celui qui s'est opposé d'autres [individus] et qui se réconcilie avec ceux qui se sont opposés à lui, un cœur est présent qui est capable de supprimer les droits et les hostilités mêmes qu'il a éveillés – la réconciliation avec l'offenseur n'est que l'autre face de la réconciliation avec les offensés, du rétablissement de la vie qui s'est blessée elle-même, de la suppression du destin qui s'est levé sous l'effet de [nos] propres actes. C'est pourquoi Jésus le répète si souvent : de même que vous pardonnez leurs fautes aux hommes, de même votre père céleste vous pardonnera aussi les vôtres>, de la suppression de notre propre destin [*N.* 287] hostile. Les deux ne sont que des applications différentes d'un même caractère de l'âme. Dans la réconciliation avec l'offenseur, le cœur ne fait plus valoir l'opposition juridique qu'il avait acquise contre celui-ci, et en abandonnant le droit en tant que son destin hostile, en tant que le mauvais génie de l'autre, il se réconcilie avec lui, et il a gagné pour soi-même d'autant dans le domaine de la vie, il s'est fait d'autant un ami de la vie qui lui était hostile, il s'est réconcilié avec le divin, et le destin que ses propres actes avaient armé contre lui-même s'est dissous dans les vents de la nuit.

Outre la haine personnelle qui résulte de l'offense faite à l'individu, et qui tend à accomplir le droit qui en est résulté vis-à-vis de l'autre, outre cette haine donc, il y a encore une colère de la rectitude, une rigueur haineuse de la conformité au devoir qui ne doit pas s'irriter d'une atteinte portée à l'individu, mais d'une atteinte portée à ses concepts, aux commandements moraux. Cette haine intègre, dans la mesure où elle reconnaît et pose des devoirs et des droits pour les autres, et où, dans le jugement [qu'elle porte] sur eux, elle les présente comme soumis à ces derniers, pose justement ces droits et devoirs pour soi, et dans la mesure où dans sa juste colère à propos de ceux qui portent atteinte à ceux-ci elle leur fait un destin et ne leur pardonne pas, elle s'est par là enlevé à soi-même la possibilité de recevoir le pardon des fautes, d'être réconciliée avec un destin qui viendrait à la rencontrer; car elle a fixé des déterminations qui ne lui permettent pas de prendre son essor par delà ses réalités, par delà ses fautes. D'ici proviennent les commandements : « Ne jugez pas et vous ne serez pas jugés, car la mesure avec laquelle vous jugez vous jugera à son tour ». Cette mesure, ce sont les lois et les droits <selon lesquels on sera jugé, des lois sous lesquelles sont placés d'autres hommes, et avec lesquelles chacun se pose aussi sous elles, puisque la vie est supérieure à tous>. Ce commandement ne peut cependant pas signifier : ce que vous autorisez et permettez aux autres à l'encontre des lois vous sera aussi permis – [comme si] une association de gredins accordait à chacun l'autorisation d'être mauvais; <cela ne peut vouloir dire : dispensez les autres de la droiture et de l'amour, de sorte que vous en soyez également dispensés> – mais [ce commandement signifie plutôt] : gardez-vous de prendre la droiture et [*N.* 288] l'amour pour [quelque chose qui] dépend des lois et de l'obéissance aux commandements, et de ne pas les considérer comme provenant du vivant. Sinon, vous reconnaîtriez une domination qui s'exercerait sur vous, contre laquelle vous ne pourriez rien, qui serait plus forte que vous ; une puissance que vous ne seriez pas vous-mêmes, <à laquelle vous seriez vous-mêmes assujettis tout comme les autres, et au-delà de laquelle vous ne pourriez jamais vous élever par l'amour>. Face à l'acte, vous poseriez pour vous ainsi que pour les autres un étranger, vous élèveriez au niveau d'un absolu un fragment de la totalité du cœur humain ; en cela, vous poseriez une domination des lois et la servitude de la sensibilité, ou de l'individu, et établiriez ainsi la possibilité de châtiments, non pas d'un destin, ceux-là [venant] de l'extérieur, d'un indépendant, [tandis que] celui-ci [vient] de votre nature, bien qu'il soit déterminé comme [quelque chose de] présentement hostile, mais toutefois seulement contre vous, et non pas au-delà de vous.

Ce qui est détourné par l'abandon du droit et l'attachement à l'amour, ce n'est pas seulement un destin dans lequel l'homme serait impliqué par l'acte d'autrui s'il relevait le gant et s'installait dans son droit contre l'offenseur : il peut aussi assoupir par un amour fortifié un destin qu'il a éveillé contre lui par son propre acte, en portant illégalement atteinte à la vie. Le châtiment de la loi est seulement juste ; le caractère commun, la cohésion du crime et du châtiment n'est que l'égalité, non pas la vie. Le criminel subit les mêmes coups que ceux qu'il a assénés, face au tyran se tiennent à nouveau des bourreaux, face à l'assassin des tortionnaires ; et bourreaux et tortionnaires, qui font la même chose que faisaient les tyrans et les assassins, sont dits justes parce qu'ils font la même chose ; ils peuvent le faire en conscience en tant que vengeurs, ou en tant qu'outils aveugles, leur âme n'entre pas en ligne de compte, seulement leur acte. Dans le cas de la justice, il ne peut donc être question de réconciliation, de retour à la vie. Devant la loi, le criminel n'est rien d'autre qu'un criminel ; mais de même que celle-là est un fragment de la nature humaine, de même celui-ci; si celle-là était un tout, un absolu, le criminel ne serait non plus rien d'autre qu'un criminel. Dans l'hostilité du destin aussi, on ressent un juste châtiment. Or comme ce n'est pas une loi étrangère qui l'inflige à l'homme, mais que la loi et le droit du destin proviennent seulement de l'homme, le retour à l'état d'origine, à la totalité est possible, car le pécheur est plus qu'un péché existant, qu'un crime ayant une personnalité; il est un homme, crime et destin sont en lui, il peut à nouveau revenir à lui-même, et s'il revient, [le crime et le destin retombent] sous lui. Les éléments de la réalité se sont [*N.* 289] dissous, l'esprit et le corps se sont séparés; certes l'acte subsiste, mais comme un passé, comme un fragment, comme des ruines mortes; cette partie de lui-même qui était mauvaise conscience a disparu; et le souvenir de l'acte n'est plus une intuition de soi-même; la vie a retrouvé la vie dans l'amour. Entre le péché et son pardon se glisse tout aussi peu d'étrangèreté qu'entre le péché et le châtiment; la vie s'était divisée avec elle-même, et elle s'est réunifiée[1].

Ce n'est que plus tard qu'on pourra montrer que Jésus ne trouva pas en dehors de la nature la cohésion entre péché et pardon des péchés, entre éloignement de Dieu et réconciliation avec lui; pour le moment, on peut toujours indiquer qu'il posait la réconciliation dans l'amour et la plénitude de la vie, et qu'il s'exprimait ainsi à chaque occasion, sous une forme qui variait peu. Lorsqu'il rencontrait la foi, il disait avec audace : « tes péchés te sont remis ». Cette proclamation n'est pas un anéantissement objectif du châtiment, une destruction du destin encore subsistant; mais l'assurance qui lui faisait recon-

1. « Il y aurait ici une lacune si le signe qui se trouve plus bas dans le manuscrit devant "Mais dans l'esprit des Juifs" ne se référait pas au signe présent ici, ce qui est vraisemblablement le cas; simplement, Hegel n'a alors pas mené à son terme la modification du contexte, raison pour laquelle nous n'avons pas non plus entrepris de modifier la disposition du texte » (note de H. Nohl).

naître soi-même, un cœur égal au sien dans la foi de ceux qui le comprenaient; <c'est pourquoi il croyait alors en [ce cœur]. Seule l'égalité du cœur peut trouver une foi mutuelle>. C'est là qu'il lisait l'élévation [de ce cœur] au-delà de la loi et du destin, et lui annonçait le pardon des péchés; seule une âme pure ou purifiée peut se jeter dans les bras du pur avec une telle confiance en un homme, en s'abandonnant tellement à lui, avec un amour qui ne retient rien; et la foi en Jésus signifie plus que de savoir sa réalité et de ressentir la sienne propre comme inférieure en puissance et en force et d'être un serviteur; la foi est une connaissance de l'esprit par l'esprit, et seuls des esprits égaux peuvent se reconnaître et se comprendre: des esprits inégaux savent seulement qu'ils ne sont pas ce que l'autre est; la diversité de la puissance spirituelle et des degrés de force n'est pas une inégalité, mais le plus faible s'accroche au plus élevé comme un enfant, ou peut être élevé jusqu'à lui. Aussi longtemps qu'il aime la beauté dans un autre, et que celle-ci est bien présente en lui, mais sans être développée, c'est-à-dire que dans son action et son activité, il n'a pas encore misé sur l'équilibre et la tranquillité à l'égard du monde, qu'il n'est pas encore parvenu à la ferme conscience de son rapport aux choses, il ne fait encore que croire. C'est ainsi que Jésus s'exprime en Jn 12, 36[1]: « Jusqu'à ce que vous ayez vous-mêmes la lumière, croyez à la lumière, afin que vous deveniez vous-mêmes des fils de la lumière ». Au contraire, il est dit de Jésus en Jn 2, 25[2] [*N.* 290] qu'il n'aurait pas fait confiance aux Juifs qui croyaient en lui, parce qu'il les connaissait et qu'il n'avait pas besoin de leur témoignage, et d'abord parce qu'il ne se reconnaissait pas en eux.

1. « Pendant que vous avez la lumière, croyez en la lumière, pour devenir des fils de lumière » (Jn 12, 36).

2. « Mais Jésus, lui, ne croyait pas en eux car il les connaissait tous, et il n'avait nul besoin qu'on lui rendît témoignage au sujet de l'homme : il savait, quant à lui, ce qu'il y a dans l'homme » (Jn 2, 24-25).

L'audace, l'assurance à décider de la plénitude de la vie, de la richesse de l'amour, repose dans le sentiment de celui qui porte en soi toute la nature humaine ; un tel cœur n'a pas besoin de la profonde et vénérable connaissance érudite de l'homme ; celle-ci est bien une science d'une grande étendue et d'une grande utilité pour des êtres[1] déchirés dont la nature inclut en soi une grande multiplicité, de nombreuses et multicolores unilatéralités sans unité, mais pour lesquels ce qu'ils cherchent, à savoir l'esprit, échappe toujours et auxquels ne s'offrent que des déterminations – [dans notre cas, c'est] toute une nature qui sent sur le moment même intégralement une autre et ressent leur harmonie ou leur disharmonie – d'où la parole confiante et sans hésitation de Jésus : « tes péchés te sont remis ». <C'est assurément un triste contraste de se tourner vers l'esprit des Juifs à partir du sentiment d'une belle âme et de la connaissance d'une belle âme par une autre, et de voir comment cet esprit devait recevoir l'annonce du pardon des péchés ; mais cette comparaison met d'autant plus en lumière d'une part l'esprit des Juifs et de Jésus, d'autre part la raison pour laquelle Jésus s'exprimait sous la forme du pardon des péchés. Pour les Juifs, une telle annonce du pardon des péchés devait être la plus incompréhensible, et s'ils avaient pu la considérer sans haine, [elle aurait été pour eux] l'action d'un fou>.

Mais dans l'esprit des Juifs se creusait entre la pulsion et l'action, entre l'envie et l'acte, entre la vie et le crime, et entre le crime et le pardon un abîme infranchissable, un jugement étranger ; et lorsqu'on leur montra dans l'amour un lien entre péchés et réconciliation en l'homme, il fallut bien que leur être dénué d'amour s'indignât, et une telle idée, alors que leur haine avait la forme d'un jugement, devait être pour eux l'idée d'un fou. Car ils avaient confié toute harmonie des

1. *Wesen*.

êtres[1], tout amour, l'esprit et la vie à un objet étranger, ils s'étaient dépouillés de tous les génies dans lesquels les hommes sont unifiés, et ils avaient remis la nature entre des mains étrangères ; ce qui assurait leur cohésion, c'étaient des chaînes, des lois données par le Tout-Puissant ; la conscience de la désobéissance au maître trouvait immédiatement sa satisfaction dans le châtiment subi ou dans la rançon pour la faute commise – ils ne connaissaient d'autre mauvaise conscience que la peur du châtiment ; car comme conscience de soi dirigée contre soi-même, elle présuppose toujours un idéal face à la réalité qui ne lui est pas appropriée ; et l'idéal est en l'homme, c'est une conscience de sa propre nature totale ; mais de leur indigence, il ne restait rien dans leur intuition d'eux-mêmes ; ils s'étaient désappropriés de toute noblesse, de toute beauté ; leur pauvreté devait servir l'infiniment [*N.* 291] riche et [par ce] qu'ils lui soustrayaient à leur profit, [ce par quoi ils] volaient pour eux-mêmes un sentiment d'ipséité, ils avaient [bien] fait de leur réalité, ces hommes de mauvaise conscience, non pas une réalité plus pauvre, mais une réalité plus riche ; toutefois, ils devaient alors craindre le maître dépouillé, qui leur ferait rembourser leur larcin, qui leur ferait faire des sacrifices, et qui les rejetterait dans le sentiment de leur pauvreté. Ce n'est que par la rançon versée à leur créditeur tout-puissant qu'ils étaient libérés de leurs fautes, et lorsqu'ils avaient payé, ils ne possédaient de nouveau plus rien. <Puisqu'ils ne pouvaient être redevables qu'au maître et n'expier que pour lui, il était inconcevable pour eux qu'un homme pût annoncer le pardon des péchés, qu'il pût trouver la certitude de celui-ci dans l'amour, qu'un esprit pût habiter entre les hommes, qui serait supérieur aux lois et à la domination, qu'il pût y avoir un lien vivant devant lequel toutes les chaînes fondent et dans lequel se trouve la liberté suprême ;

1. *Wesen.*

[ils ne pouvaient comprendre] comment toute domination disparaîtrait dans la foi mutuelle, comment un maître et une loi n'apparaîtraient qu'avec le crime>. – Une âme meilleure, consciente de sa faute, n'achètera rien avec un sacrifice, ne remboursera pas le larcin, mais dans une privation volontaire, avec un don cordial, non pas dans le sentiment du devoir et du service, mais dans une prière ardente, elle se rapprochera de toute son âme d'un [être] pur, pour faire ce qu'elle ne peut pas en elle-même porter à la conscience : renforcer sa vie dans l'intuition de la beauté à laquelle elle aspire, et atteindre le plaisir et la joie libres ; mais en payant sa dette, le Juif n'avait fait que racheter le service auquel il voulait échapper, et il quittait l'autel avec le sentiment d'une tentative avortée et en reconnaissant son joug servile. Plutôt que le retour juif à l'obéissance, la réconciliation dans l'amour est une libération, plutôt que la reconnaissance d'une domination, elle en est la suppression dans le rétablissement du lien vivant, d'un esprit d'amour, de la foi mutuelle, d'un esprit qui, eu égard à la domination, est la liberté suprême ; – un état qui est le plus inconcevable contraire de l'esprit juif.

Après que Pierre eut reconnu une nature divine en Jésus, et qu'il eut prouvé par là le sentiment qu'il avait de toute la profondeur de l'homme en pouvant reconnaître un homme comme un fils de Dieu, Jésus lui transmit le pouvoir [de détenir] les clés du royaume céleste ; ce qu'*il* lierait serait lié au ciel, ce qu'il délierait serait aussi délié au ciel. Comme Pierre avait eu une fois la conscience d'un dieu, il devait pouvoir reconnaître en chacun la divinité ou la non divinité de son être[1], ou la reconnaître comme sentiment d'elle-même dans un tiers, reconnaître la force de la foi ou de l'incrédulité, qui le libérerait de tout destin subsistant, qui l'élèverait ou non au-dessus des lois et de la domination éternelle et immobile

1. *Wesen*.

[*N.* 292], il devait comprendre les cœurs, comprendre si leurs actes étaient passés ou bien si leurs esprits, à savoir la faute et le destin subsistaient encore, il devait lier, en se tenant encore sous la réalité du crime, et délier, en pouvant déclarer l'élévation au-dessus de la réalité de celui-ci.

On trouve aussi dans l'histoire de Jésus un bel exemple d'une pécheresse repentante : la célèbre et belle pécheresse Marie-Madeleine. Que l'on veuille bien ne pas mal interpréter le fait qu'on traite ici comme diverses formes d'une même histoire des récits qui s'écartent quant au temps, aux lieux et à d'autres circonstances, et qui insistent sur des données diverses, puisqu'il ne s'agit pas par là de s'exprimer sur la réalité et que ça ne change rien à notre point de vue. Marie, qui est consciente de sa faute, apprend que Jésus se restaure dans la maison d'un pharisien, parmi une grande assemblée de gens droits, intègres (des « honnêtes gens »[1], les plus acerbes vis-à-vis des fautes d'une belle âme) ; son cœur la pousse vers Jésus à travers cette société, elle tombe à ses pieds, pleure et baigne ses pieds de larmes et les essuie avec ses cheveux, les baise et les oint d'onguents et de nard pur et très coûteux. La fière virginité autosuffisante, ombrageuse, ne peut laisser s'exprimer tout haut son besoin d'amour, elle peut encore moins défier le regard légal des gens droits, des pharisiens et des disciples au moment où son âme s'épanche (ses péchés consistent en ce qu'elle s'est élevée au-dessus du légal) ; mais une âme profondément blessée, proche du désespoir, doit nécessairement forcer sa voix et crier plus fort que sa honte[2] et, en dépit de son propre sentiment de la justice, donner toute la plénitude de l'amour et en jouir, pour immerger sa conscience [dans] cette jouissance intime. Dans la figure de ces larmes qui

1. En français dans le texte.

2. *muß sich und ihre Blödigkeit überschreien. Martin* : « doit clamer très haut sa faiblesse [...] » (p. 64) ; *Fischbach* : « doit aller au-delà d'elle-même et de sa faiblesse [...] » (p. 103).

coulent, de ces baisers vivants qui suppriment toute faute, de cette béatitude de l'amour qui boit la réconciliation à partir de son épanchement, l'honnête Simon ne ressent que de l'inconvenance à ce que Jésus se commette avec une telle créature, il présuppose tellement ce sentiment qu'il ne l'exprime pas, que ça ne [le] préoccupe pas ; mais d'emblée il peut tirer la conséquence que si Jésus était un prophète, il saurait que cette femme est une pécheresse. Ses nombreux péchés lui sont pardonnés, dit Jésus, parce qu'elle a beaucoup aimé ; mais celui à qui on pardonne peu a peu aimé. – Dans le cas de Simon, seule la faculté de juger s'était exprimée ; [mais] dans le cas des amis de Jésus naît un intérêt beaucoup plus noble, un intérêt moral : on aurait bien pu vendre la parfum pour *trois cents* deniers et donner l'argent aux pauvres ; leur tendance morale à faire du bien aux pauvres, leur perspicacité calculatrice, [*N.* 293] leur vertu attentive liée à l'entendement n'est que grossièreté ; car non seulement ils ne saisirent pas la belle situation, mais encore ils insultèrent le saint épanchement d'un cœur aimant ; « pourquoi la tracasser ? dit Jésus, elle m'a fait quelque chose de *beau* » ; – et c'est ici la seule occurrence, dans l'histoire de Jésus, du terme « beau » ; seule une femme pleine d'amour s'exprime de façon si impartiale, sans viser une application quelconque au niveau des actes ou de la doctrine. Ce n'est ni par présomption, ni non plus pour conduire les disciples à l'authentique point de vue, mais pour ramener la tranquillité dans la situation, que Jésus doit leur montrer un aspect auquel ils soient réceptifs, et par lequel il ne veut pas leur expliquer la beauté de cette situation. De l'action, il déduit un genre de vénération pour sa personne. Face à des âmes frustes, on doit se contenter de prévenir leur profanation d'un beau cœur ; il serait vain de vouloir expliquer à un organisme grossier le doux parfum de l'esprit qui est le sien, et dont l'effluve lui serait imperceptible. « Elle a parfumé d'avance mon corps en vue de l'ensevelissement », dit Jésus. « De nombreux péchés lui sont remis car elle a beaucoup aimé. Va en paix, ta foi t'a sauvée ».

Dira-t-on qu'il eût été préférable que Marie se conformât au destin de la vie juive et que, telle un automate de son temps, probe et ordinaire, elle coulât des jours sans péché et sans amour ? Sans péché, car l'époque de son peuple était bien une de ces époques dans lesquelles le beau cœur ne pouvait vivre sans pécher, mais à cette époque comme à toute autre, il pouvait revenir par l'amour à la conscience la plus belle.

Mais l'amour ne réconcilie pas seulement le criminel avec le destin, il réconcilie aussi, <si l'on peut s'exprimer ainsi, > l'homme avec la vertu, c'est-à-dire que s'il n'était pas l'unique principe de la vertu, toute vertu serait en même temps un vice. À l'asservissement total à la loi d'un maître étranger, Jésus n'opposa pas un asservissement partiel à une loi propre, l'auto-contrainte de la vertu kantienne, mais <la disposition morale vertueuse – l'expression « disposition morale » a l'inconvénient de ne pas indiquer en même temps l'activité, la vertu agissante –>, des vertus sans domination et sans assujettissement, des modifications de l'amour ; et si elles ne devaient pas être envisagées comme des modifications de l'unique esprit vivant, mais s'il y avait une vertu absolue, alors surgiraient de la pluralité des absolus d'insolubles collisions ; et sans cette unification dans un esprit, toute vertu a quelque chose de déficient ; car chacune est déjà de par son nom une vertu singulière, et donc limitée ; les [*N.* 294] circonstances dans lesquelles elle est possible, les objets, les conditions d'une action sont quelque chose de contingent ; en outre, la relation de la vertu à son objet est singulière et ne se contente pas d'exclure les relations de cette même vertu à d'autres objets ; c'est ainsi que, aussi bien dans son concept que dans son activité, chaque vertu a ses limites qu'elle ne peut surmonter. Si l'homme est [animé] de cette vertu déterminée, et s'il agit aussi au-delà de la limite de sa vertu, il ne peut, dans la mesure où, fidèle à sa vertu, il ne reste qu'un tel homme vertueux, il ne peut agir que de façon vicieuse ; mais si l'autre vertu habite en lui, dont la région s'étend au-delà de la limite de la première, alors on peut bien dire que la disposition morale vertueuse considérée pour elle-même seulement en général, c'est-à-dire abstraction faite des vertus posées ici, n'entre pas en collision, car la disposition morale vertueuse est une et une seule; ce n'est que par là qu'on supprime la présupposition; une fois les deux vertus posées, l'exercice de la première supprime la matière et donc la possibilité de l'exercice de la seconde, qui est tout aussi absolue, et l'exigence légitime de la seconde est rejetée. Un droit qui a été abandonné pour la première des relations, ne peut plus servir à la seconde, ou bien il est mis en réserve pour l'autre, et c'est alors la première qui en souffrira. Quand les rapports humains se multiplient, de même augmente aussi la quantité de vertus, et par là la quantité de collisions nécessaires, et l'impossibilité d'accomplir [ces vertus]. Si l'homme aux nombreuses vertus veut établir un ordre parmi ses multiples créanciers qu'il ne peut pas tous satisfaire, il se déclare moins redevable de ceux qu'il néglige que des autres qu'il tient pour supérieurs; les vertus peuvent ainsi cesser d'être un devoir absolu, elles peuvent même devenir des vices. – Dans cette multilatéralité des relations et cette multiplicité des vertus, il ne reste rien que le désespoir de la vertu et le crime de la vertu même. Si aucune vertu n'élève la prétention à subsister fermement et absolument dans sa forme limitée, si [toute vertu] renonce à devoir entrer aussi dans le rapport dans lequel elle seule peut entrer, si le seul et unique esprit vivant n'agit, ne se limite lui-même que selon le tout des rapports donnés, mais en toute illimitation, sans être en même temps partagé par leur multiplicité: – alors ne subsiste que la multilatéralité des rapports, mais disparaît [aussi] la multiplicité des vertus absolues et incompatibles. Il ne saurait ici être question qu'un seul et même principe soit au fondement de toutes les vertus, et qu'il apparaisse toujours le même, sous des rapports divers et dans des modifications diverses, comme une vertu particulière; car, précisément parce qu'un tel principe est un universel et donc un concept, il *faut nécessairement* que sous des rapports déterminés intervienne l'application déterminée, une [*N.* 295] vertu déterminée, un certain devoir; (les rapports multiples en tant que réalités données, ainsi que le principe, la règle pour tous, et donc l'application du principe aux réalités, les vertus multiples, sont immuables); dans une telle absoluité de la subsistance, les vertus se détruisent mutuellement. Leur unité [assurée] par la règle n'est qu'apparente, car elle n'est qu'un pensé, et une telle unité ne supprime ni n'unifie la multiplicité, mais elle la laisse subsister dans toute sa force.

Un lien vivant[1] des vertus, une unité vivante est une toute autre unité que l'unité du concept: elle n'établit pas une vertu déterminée pour des rapports déterminés, mais elle apparaît simple et sans déchirure jusque dans le mélange le plus bariolé de relations; sa figure extérieure peut se modifier de la façon la plus infinie, elle n'aura jamais deux fois la même figure et son extériorisation ne pourra jamais donner une règle, car elle n'a jamais la forme d'un universel contre du particulier. – De même que la vertu est le complément de l'obéissance aux lois, de même l'amour est le complément des vertus; toutes les unilatéralités, toutes les exclusions, toutes les limites des vertus sont supprimées par l'amour, il n'y a plus de péchés vertueux ou de vertus pécheresses, car l'amour est la relation vivante des êtres[2] mêmes; en lui, toutes les séparations, tous les rapports bornés ont disparu, c'est ainsi que cessent aussi les limites des vertus; où resterait-il de la place pour les vertus là où il n'y a plus lieu d'abandonner aucun droit? Jésus exige que l'amour soit l'âme de ses amis: je vous donne un nouveau commandement: aimez-vous les uns les autres; c'est à cela qu'on reconnaîtra que vous êtes mes amis.

1. « Au-dessus de ce paragraphe, Hegel a écrit la lettre A, et au-dessus du commencement du paragraphe suivant jusqu'à "être un aimé", la lettre B » (note de H. Nohl).

2. *Wesen.*

<Au commandement de l'amour de Dieu, il ajoute un commandement de même importance et de même rang : l'amour du prochain; cela ne signifie pas l'amour de tous les hommes ; – si l'amour du prochain devait devenir un devoir, il devrait alors... (Kant, *Éthique*, p. 39)>[1]. L'amour des hommes, qui doit s'étendre à tous ceux dont on ne sait même rien, que l'on ne connaît pas, avec lesquels on n'entretient pas de relation, cet amour universel des hommes est une invention fade, mais caractéristique des époques qui ne peuvent s'empêcher de fixer des exigences idéales, des vertus à l'égard de pensées chosistes, afin d'apparaître dans de tels objets pensés sous un jour véritablement somptueux, puisque leur réalité est si pauvre. – L'amour du prochain est l'amour des hommes avec lesquels, comme tout un chacun, on entre en relation. Un pensé ne peut pas être un aimé. Bien sûr, l'amour ne peut être commandé, bien sûr, il est pathologique [*N.* 296], il est une inclination ; – mais par là, on n'enlève rien de sa grandeur, il n'est nullement diminué. <À vrai dire, on ne peut commander que ce qui est sous-jacent à la volonté, et seul peut commander celui dont dépend cette volonté ; et si la raison peut commander, si un devoir peut être commandé, ce n'est que parce que raison et devoir présupposent opposition et liberté ; il ne peut être commandé qu'à la volonté libre ; le devoir moral exprime l'opposition de la pensée et de la réalité ; et donc l'amour ne peut sûrement pas être commandé en ce sens>. [L'amour n'est nullement diminué] du fait que son essence ne soit pas une domination sur un étranger ; mais il est par là si peu soumis au devoir et au droit que c'est plutôt son triomphe de n'exercer de domination sur rien et d'être sans puissance hostile à l'égard d'un autre ; « l'amour a vaincu » ne signifie pas, comme si l'on

1. « *Premiers principes métaphysiques de la doctrine de la vertu*, 1797 » (note de H. Nohl).

Hegel fait ici allusion à la contradiction du *devoir* d'*aimer* son prochain traitée par Kant au § 28 de sa *Doctrine de la vertu*.

dit que le devoir a vaincu, qu'il a soumis les ennemis à son joug, mais qu'il a surmonté l'hostilité. C'est pour l'amour une sorte de déshonneur, s'il est commandé, que lui, un vivant, un esprit, soit désigné par un nom; son nom, le fait qu'on exerce une réflexion à son propos et qu'on l'exprime ne sont pas un esprit, ne sont pas son essence, mais sont opposés à celle-ci, et ce n'est que comme nom, comme mot, qu'il peut être commandé, que l'on peut dire : « tu dois aimer »; l'amour lui-même n'exprime pas un devoir moral; il n'est pas un universel opposé à une particularité; il n'est pas une unité du concept, mais l'union de l'esprit, divinité; aimer Dieu, c'est se sentir sans bornes dans le tout de la vie, dans l'infini; or dans ce sentiment d'harmonie, il n'y a pas d'universalité; car dans l'harmonie, le particulier n'est pas résistant, mais accordé, sinon il n'y aurait pas d'harmonie; et « aime ton prochain comme toi-même » ne signifie pas l'aimer autant que soi-même; car s'aimer soi-même est une expression dénuée de sens; mais [cela veut plutôt dire : ] « aime-le en tant qu'il est toi »; [c'est] un sentiment de la vie égale, ni plus puissante ni plus faible. Ce n'est que par l'amour que la puissance de l'objectif est brisée, car par lui son domaine entier est renversé; à cause de leur limite, les vertus posaient encore toujours un objectif en dehors d'elles-mêmes, et la pluralité des vertus [posait] une multiplicité de l'objectif d'autant plus grande et insurmontable; l'amour seul n'a pas de limites; ce qu'il n'a pas unifié n'est pas objectif pour lui, il l'a négligé ou ne l'a pas encore développé, mais ça ne lui fait pas face. <À l'absence d'amour des Juifs, Jésus ne pouvait pas directement opposer l'amour, car l'absence d'amour comme quelque chose de négatif doit nécessairement se montrer sous une forme, et cette forme, son positif, est la loi et le droit; c'est dans cette figure conforme au droit qu'elle se présente toujours; c'est ainsi que dans l'histoire de Marie-Madeleine, on entend dans la bouche de Simon : « si celui-ci était un prophète, il saurait qu'elle est une pécheresse ! » C'est ainsi aussi que les pharisiens trouvent inconvenant qu'il fréquente les publicains et les pécheurs>.

[*N.* 297] Le congé que Jésus prit de ses amis fut la célébration d'un banquet de l'amour[1] ; l'amour n'est pas encore religion, et ce banquet n'est donc pas non plus une véritable action religieuse ; car seule une unification dans l'amour objectivée par la faculté de l'imagination peut faire l'objet d'une vénération religieuse ; or lors d'un banquet de l'amour, c'est l'amour lui-même qui vit et s'exprime ; et toutes les actions qui s'y déroulent ne sont que des expressions de l'amour ; l'amour lui-même n'est présent que comme sensation, et non pas en même temps comme image ; le sentiment et la représentation de celui-ci ne sont pas unifiés par l'imagination. Mais lors du banquet de l'amour se produit quand même aussi de l'objectif, auquel la sensation est liée, mais sans être unifiée dans une et une seule image, et c'est pourquoi ce repas balance entre un repas commun entre amis et un acte religieux, et c'est ce balancement qui empêche de désigner clairement son esprit. Jésus rompit le pain : « prenez, ceci est mon corps, livré pour vous, faites ceci en mémoire de moi » ; de même il prit la coupe : « buvez-en tous, ceci est mon sang du nouveau testament, versé pour vous et pour la multitude en rémission des péchés, faites ceci en mémoire de moi ! »[2].

Quand un arabe a bu une tasse de café avec un étranger, il a par là conclu une alliance amicale avec lui. Cette action commune les a associés, et de par cette association, l'arabe est obligé envers [l'étranger] à se montrer en tout loyal et secourable. Manger et boire en commun ne sont pas ici ce qu'on peut

1. *Die Feier eines Mahls der Liebe*. Hegel joue sur le mot *Liebesmahl*, agape.

2. « [...] Prenez, mangez, ceci est mon corps.[...] Buvez-en tous, car ceci est mon sang, le sang de l'Alliance, versé pour la multitude, pour le pardon des péchés » (Mt 26, 26-28). Parmi les évangiles, le pardon des péchés associé au sang du Christ ne se trouve qu'en Mt ; quant à l'exhortation « faites ceci en mémoire de moi », elle est absente de Mt et Mc, mais on la trouve en Lc 22, 19.

appeler un signe; la liaison entre le signe et le signifié n'est pas elle-même spirituelle, n'est pas la vie, c'est un lien objectif; signe et signifié sont étrangers l'un à l'autre, et leur liaison n'est qu'en dehors d'eux-mêmes, dans un tiers, une liaison pensée. Manger et boire avec quelqu'un sont un acte d'unification et même une unification sentie, et non pas un signe conventionnel; il ira à l'encontre de la sensation d'hommes naturels qui sont des ennemis, de boire ensemble un verre de vin : le sentiment de la communauté éprouvé dans cette action serait contredit par l'état d'esprit qu'ils éprouveraient l'un à l'égard de l'autre en ce moment.

Le souper communautaire de Jésus et de ses disciples est en soi déjà un acte d'amitié; il est encore plus liant de manger du même pain et de boire du même calice solennellement; ceci non plus n'est pas un simple signe d'amitié, mais un acte, un sentiment de l'amitié elle-même, de l'esprit de l'amour. Mais ce qui vient ensuite, la déclaration de Jésus : « ceci est mon corps, ceci est mon sang » rapproche l'action d'une action religieuse, sans pour autant en faire une action religieuse; cette déclaration et l'action qui l'accompagne de partager le repas et la boisson rend la sensation partiellement objective. La communauté avec Jésus, l'amitié réciproque et l'unification [de ses membres] en leur [*N.* 298] centre, en leur maître, n'est pas simplement sentie; bien plutôt, dans la mesure où Jésus désigne le pain et le vin à partager entre tous comme son corps et son sang livrés pour eux, l'unification n'est plus simplement ressentie, mais elle est devenue visible, elle n'est pas seulement représentée dans une image, une figure allégorique, mais elle est rattachée à un réel, elle est donnée et consommée dans un réel : le pain. D'une part donc la sensation devient objective, mais d'autre part, ce pain et ce vin, et l'action de les partager ne sont en même temps pas simplement objectifs : il y a plus en cette action que ce qui est vu; cette action est une action mystique; le spectateur qui n'aurait pas connu leur amitié et n'aurait pas compris les mots de Jésus n'aurait rien vu d'autre que le partage d'un peu de pain et de vin et leur consommation; de même que lorsque deux amis se séparaient en brisant un anneau dont chacun gardait un morceau, le spectateur ne voyait rien que le fait de briser une chose utilisable et de la partager en morceaux inutilisables et sans valeur; il ne saisissait pas la teneur mystique des morceaux. Ainsi, d'un point de vue objectif, le pain n'est que du pain, le vin n'est que du vin; mais aussi, les deux sont encore plus. Ce plus ne tient pas aux objets, comme une explication apportée par [la comparaison] d'un simple « de même que » : de même que les morceaux séparés que vous mangez sont d'un même pain, que le vin que vous buvez vient d'une même coupe, de même vous êtes bien des particuliers, mais dans l'amour, vous êtes un en esprit; de même que vous prenez tous part à ce pain et ce vin, de même vous prenez également tous part à mon sacrifice; et il en va ainsi de quelques comparaisons qu'on voudra encore trouver ici. Mais en fait, la cohésion de l'objectif et du subjectif, du pain et des personnes n'est pas la cohésion de ce qui est comparé avec une image, avec la parabole dans laquelle on expose le divers, le comparé, comme divisé, séparé, cas dans lequel on ne réclame que la comparaison, la pensée de l'égalité des divers; car dans cette liaison disparaît la diversité, et donc aussi la possibilité de la comparaison. Les hétérogènes sont reliés de la façon la plus intime. Dans l'expression qu'on trouve en Jn 6, 56: «qui mange ma chair et boit mon sang demeure en moi et moi en lui»[1], ou Jn 10, 7: «je suis la porte»[2] et dans d'autres associations de ce genre, ce qui est relié doit, dans la représentation, nécessairement être séparé en divers termes comparés, et la liaison doit nécessairement être envisagée comme une comparaison. Mais ici (comme dans le cas des morceaux mystiques de l'anneau), le vin et

1. « Celui qui mange ma chair et boit mon sang demeure en moi et moi en lui » (Jn 6, 56).

2. « En vérité, en vérité, je vous le dis, je suis la porte des brebis » (Jn 10, 7).

le pain deviennent des objets mystiques, puisque Jésus les appelle son corps et son sang et qu'une consommation, une sensation les accompagne immédiatement; il rompit le pain, le donna à ses amis: prenez, mangez; ceci est mon corps livré pour vous; de même avec la coupe: buvez-en tous; ceci est mon sang, le sang de la nouvelle alliance, versé pour la multitude en rémission des péchés. Non seulement le vin est sang, le sang est aussi [*N.* 299] esprit; la coupe commune, la libation commune sont l'esprit d'une nouvelle alliance qui pénètre la multitude, et dans laquelle de nombreuses vies boivent à l'élévation au-dessus de leurs péchés; et de ce fruit de la vigne, je ne boirai plus, jusqu'à ce jour de l'accomplissement où j'en boirai du nouveau avec vous, où je boirai avec vous une nouvelle vie dans le royaume de mon père. La cohésion du sang versé et des amis de Jésus ne tient pas à ce que le sang serait versé comme quelque chose qui leur serait objectif, en vue de leur bien ou d'un certain profit pour eux, mais (comme dans l'expression: « qui mange mon corps et boit mon sang ») la cohésion est le rapport du vin à eux, de ce vin qu'ils boivent tous de la même coupe et qui est le même pour tous; ils boivent tous, un même sentiment les anime tous; tous sont pénétrés du même esprit d'amour; si du corps livré et du sang répandu avait surgi un avantage, si ce en quoi ils sont égaux avait été un bienfait, alors ils ne seraient à cet égard unifiés que dans le même concept; mais dans la mesure où ils mangent le pain et boivent le vin, dans la mesure où son corps et son sang passent en eux, alors Jésus est en tous, et son être les a traversés divinement, comme amour. Ainsi, le pain et le vin ne sont plus simplement pour l'entendement, ils ne sont plus simplement un objet; l'action du manger et du boire n'est pas simplement une unification avec soi advenue par l'anéantissement [du pain et du vin], et la sensation n'est pas le simple goût du mets et de la boisson; l'esprit de Jésus dans lequel ses disciples sont un est présent pour le sentiment extérieur, comme objet, il est devenu un réel. Mais l'amour objectivé, ce subjectif qui est devenu une affaire objective retourne à sa nature et redevient subjectif dans la manducation. D'une certaine manière, ce retour peut à cet égard être comparé avec l'idée devenue chose dans le mot écrit qui, à partir [de quelque chose de] mort, d'un objet, retrouve sa subjectivité dans la lecture. La comparaison serait plus pertinente si le mot écrit était phagocyté par la lecture et disparaissait comme chose sous l'effet de la compréhension; de même que dans la consommation du pain et du vin, ce n'est pas simplement la sensation de ces objets mystiques qui s'éveille et l'esprit qui devient vivant, mais [le pain et le vin] eux-mêmes disparaissent comme objets. Et c'est ainsi que l'action semble plus pure, plus conforme à son but, dans la mesure où elle ne donne que l'esprit, que la sensation, et qu'elle ravit à l'entendement ce qui est sien, qu'elle détruit la matière, l'inanimé. Lorsque des amants sacrifient devant l'autel de la déesse de l'amour et que l'émanation pieuse de leur sentiment enflamme au plus haut point leur sentiment, alors la divinité elle-même a pénétré dans leurs cœurs – mais la statue de pierre demeure toujours sous leurs yeux; au contraire, dans la cène de l'amour, le corporel périt, et seule une sensation vivante est présente.

[*N.* 300] Mais c'est justement ce genre d'objectivité qui est tout à fait supprimé dans la mesure où la sensibilité spirituelle demeure, ce genre de mélange objectif plutôt que d'unification, tel que l'amour est visible en quelque chose, est fixé à quelque chose qui doit être détruit – et c'est ce genre d'objectivité qui ne laisse pas l'action devenir une action religieuse. Le pain doit être mangé, le vin bu; aussi ne peuvent-ils être rien de divin; l'avantage qu'ils ont d'un côté, à savoir que la sensation qui est attachée à eux retourne pour ainsi dire de son objectivité à sa nature, et que l'objet mystique redevient un simplement subjectif, ils le perdent précisément du fait que l'amour ne devient pas suffisamment objectif par eux. Quelque chose de divin ne peut pas, dans la mesure où il est divin, être présent sous la figure de quelque chose à manger et à boire. <Le moment de la divinité ne pouvait être qu'instantané

[et ne durer qu'] aussi longtemps que l'imagination peut remplir la tâche difficile de maintenir l'amour dans la chose>. Dans la parabole, on ne requiert pas que les divers termes juxtaposés soient rassemblés en un seul ; tandis qu'ici, la chose et la sensation doivent se relier; dans l'action symbolique doivent confluer l'action de manger et de boire, d'une part, et le sentiment de ne faire qu'un dans l'esprit de Jésus, d'autre part; mais la chose et la sensation, l'esprit et la réalité ne se mélangent pas ; l'imagination ne peut jamais les réunir dans [quelque chose de] beau; le pain et le vin, intuitionnés et consommés, ne peuvent jamais éveiller la sensation de l'amour et cette sensation ne peut jamais se trouver en eux en tant qu'objets intuitionnés, de même qu'elle est en contradiction avec le sentiment de recevoir réellement en soi le manger et le boire, [avec le sentiment] qu'ils deviennent subjectifs. Il y a toujours deux ordres en présence : la foi et la chose, la dévotion et la vision ou le goût ; l'esprit est présent à la foi ; – à la vision et au goût sont présents le pain et le vin ; il n'y a pas d'unification pour eux. L'entendement contredit la sensation, la sensation contredit l'entendement ; pour la faculté de l'imagination, dans laquelle les deux sont [présents] et sont à la fois supprimés, il n'y a rien à faire ; elle n'a pas ici d'image à donner dans laquelle intuition et sentiment se réuniraient. Dans un Apollon, une Vénus, on doit bien oublier le marbre, la pierre fragile, et l'on ne voit dans leur figure que les immortels, et dans leur intuition, on est en même temps traversé du sentiment d'une force juvénile éternelle et de l'amour. Mais broyez la Vénus, réduisez l'Apollon en poussière et dites : voici Apollon, voici Vénus, la poussière est bien devant moi et les images des dieux en moi, – mais la poussière et le divin ne feront plus jamais un ! Le mérite de la poussière consistait en sa forme, cette dernière a disparu, c'est la poussière qui est maintenant la chose principale ; le mérite du pain consistait en son sens mystique, mais en même temps dans sa propriété d'être du pain [*N.* 301], d'être mangeable ; – même dans la vénération il doit être présent comme pain. Devant l'Apollon réduit en poussière subsiste la dévotion, mais elle ne peut se tourner vers de la poussière; la poussière peut rappeler la dévotion, mais sans pouvoir l'attirer à elle; surgit alors un regret, la sensation de cette séparation, de cette contradiction, comme la tristesse face à l'impossibilité de réunifier un cadavre et la représentation des forces vives. Après la cène des disciples surgit un souci à cause de la perte imminente de leur maître; or après une action véritablement religieuse, toute l'âme est [normalement] satisfaite; et après la consommation de [l'eucharistie] surgit parmi les chrétiens d'aujourd'hui un étonnement dévôt sans gaieté, ou alors avec une gaieté douloureuse, car dans leur tension partagée, la sensation et l'entendement étaient unilatéraux, la dévotion incomplète, on avait promis quelque chose de divin, et voilà qu'il a fondu en bouche.

[*N.* 302] Il sera du plus haut intérêt de voir comment Jésus s'est opposé, et ce qu'il a opposé immédiatement au principe de domination et au maître infini des Juifs ; c'est ici, au centre de leur esprit, que le combat devait être le plus opiniâtre ; car ici, leur totalité était attaquée sur un être unique ; l'attaque des rameaux singuliers de l'esprit juif touche bien aussi le principe, mais on n'a pas encore conscience que celui-ci est attaqué ; l'irritation ne fait son apparition que lorsqu'on sent toujours davantage qu'au fondement de la lutte pour le singulier, il y a une mise en cause des principes mêmes ; entre les Juifs et Jésus, il fut bientôt question de son opposition à leur Être Suprême.

À l'idée d'un maître et souverain régnant que les Juifs ont de Dieu, Jésus oppose le rapport de Dieu aux hommes entendu comme celui d'un père à ses enfants.

La[1] moralité supprime la domination dans les sphères de ce qui est parvenu à la conscience ; l'amour supprime les limites des sphères de la moralité ; mais l'amour lui-même est encore une nature incomplète <– il peut être heureux ou malheureux> ; dans les moments de l'amour heureux, il n'y a pas de place pour l'objectivité ; mais toute réflexion supprime l'amour, rétablit l'objectivité, et avec elle recommence le domaine des limitations. Le religieux est donc le *plèrôma* de l'amour (réflexion et amour unifiés, les deux pensés dans leur liaison). L'intuition de l'amour semble remplir l'exigence de la complétude, mais il y a contradiction, l'intuitionnant, le représentant est un bornant et ne reçoit que du borné, [tandis que] l'objet serait un infini ; l'infini ne peut être contenu dans ce récipient.

Penser la <conscience de soi> vie pure[2] est la tâche consistant à éloigner tous les actes, tout ce que l'homme était

1. Chr. Jamme et H. Schneider ont établi une transcription critique distinguant les deux versions de ce passage ; on en trouvera la traduction dans G. W. F. Hegel, *Premiers écrits (Francfort 1797-1800)*, *op. cit.*, p. 456-460.

2. Exemple particulièrement éclairant des erreurs d'interprétation que peut occasionner la confusion des deux versions du manuscrit dans l'édition de

ou sera; le caractère n'abstrait qu'à partir de l'activité, il exprime l'universel des actions déterminées; la conscience de la vie pure serait la conscience de ce que l'homme est – il n'y a pas de diversité en lui, pas de multiplicité développée, réelle. Ce simple n'est pas un simple négatif, une unité [*N.* 303] d'abstraction, (car dans l'unité de l'abstraction, soit n'est posé qu'un déterminé, et on fait abstraction de toutes les autres déterminations; soit sa pure unité n'est que l'exigence posée de l'abstraction de tout déterminé; l'indéterminé négatif. La vie pure est l'être). La pluralité n'est rien d'absolu. Ce pur est la source de toutes les vies individuelles, des pulsions et de tout acte; mais de quelque manière que [cette vie pure] vienne à la conscience, si l'homme y croit, elle est bien encore vivante en lui, mais elle est partiellement posée en dehors de l'homme; parce que l'être conscient se limite en tant que tel, lui et l'infini ne peuvent pas totalement faire un. L'homme ne peut croire en un dieu que parce qu'il est capable de faire abstraction de tout acte, de tout déterminé, tout en pouvant fermement maintenir dans sa pureté l'âme de chaque acte, de tout déterminé; là où il n'y a pas d'âme, pas d'esprit, là non plus le divin n'est pas présent; pour celui qui se sent toujours déterminé, toujours faisant ou subissant ceci ou cela, agissant ainsi ou autrement, <sa divinité ne peut être que ce qu'il ressent au-dessus de cette conscience, le tout des objets, et le dominateur de ceux-ci; la divinité elle-même est d'autant plus vide qu'elle est supérieure à tout, à toute force vivante>; dans l'abstraction [de celui-là], le limité n'est pas séparé de l'esprit, mais le permanent n'est que l'opposé du vivant, il est l'universel dominant; le tout des déterminations est aboli et au-delà de cette conscience des déterminations, il n'y a que l'unité vide du tout des objets, en tant que l'être[1] qui domine ceux-ci. À cet infini de la domina-

H. Nohl, puisque dans la seconde version du manuscrit, Hegel déplace l'objet de la pensée de la conscience de soi vers la vie pure, à savoir l'être.

1. *Wesen*.

tion et de l'être-dominé ne peut être opposé que le pur sentiment de la vie, il a en lui-même sa justification et son autorité ; mais en tant qu'il se présente comme un contraire, il entre comme un déterminé dans un homme déterminé, qui ne peut donner l'intuition de la pureté aux yeux désacralisés et liés par les réalités ; dans la détermination où il apparaît, il ne peut en appeler qu'à son origine, à la source de laquelle toute figure de la vie limitée coule pour lui, l'homme ne peut en appeler au tout, qu'il est maintenant lui-même, comme à un absolu ; il doit faire appel au supérieur, au Père, qui vit sans transformation à travers toutes les transformations. <Jésus explique et répète souvent que ce qu'il fait n'est pas son acte, ce qu'il dit n'est pas ses pensées, [mais que] toute sa force et toute sa doctrine lui ont été données par le Père ; il ne peut apporter d'autre légitimation à son combat du judaïsme et à sa doctrine que cette ferme conscience : que ce qui parle à travers lui est en lui, mais est en même temps quelque chose de supérieur à lui qui se tient ici et qui enseigne et qui parle ; c'est pourquoi il ne se nomme jamais Dieu, mais le fils de Dieu, il n'est pas Dieu parce qu'il est homme ; mais comme homme, il est en même temps aussi fils de Dieu, il est d'un rang supérieur, en lui est en même temps présente une nature qui est supérieure à l'embarras inextricable que causent les limitations ; s'il attend la foi de la part des Juifs, ce n'est que pour la raison et de la manière [*N.* 304] que son père leur a révélé qu'eux-mêmes sont nés de Dieu ; lorsque Pierre reconnut en lui l'engendré de Dieu, le fils de la vie, il lui répondit : ce n'est pas ta finitude, mais c'est mon père qui t'a révélé cela. La cohésion de l'infini et du fini est à vrai dire un mystère sacré, car elle est la vie, et donc le mystère de la vie ; assurément, si l'on parle de deux choses différentes, d'une nature divine et d'une nature humaine, on ne peut atteindre de liaison [entre elles], car même dans chaque liaison, elles doivent encore rester deux si les deux sont posées comme des divers absolus. Ce rapport d'un homme à Dieu, être fils de Dieu comme un sarment est le père des rameaux, du feuillage

et des fruits, devait révolter les Juifs au plus profond d'eux-mêmes, qui avaient creusé un écart insurmontable entre l'être humain et l'être divin, et n'avaient laissé à notre nature aucune part à la nature divine[1].

Jésus se nomme aussi fils de l'homme; un membre du vivant uni, indivis ou infiniment articulé peut se poser comme une partie [de celui-ci] et se distinguer des autres; cette vie modifiée existe comme vie pure dans le pur univers de la vie; comme modification, elle s'oppose aux autres; le Père a la vie en lui-même, et ainsi, il a aussi donné au fils d'avoir la vie en lui-même; et parce qu'il est fils de l'homme, il lui a donné en partage la puissance et [la faculté] de rendre des jugements; l'uni est sans puissance, car aucun [être] hostile, aucun [être] en lutte avec lui ne lui fait face; mais le réel, comme l'homme, peut être agressé par des forces hostiles et entrer en lutte; lui seul peut aussi avoir en face de lui un étranger, qui le laisse tranquille, certes, mais qui ne veut pas vivre et jouir de la vie avec lui, qui s'est mis à l'écart et se tient séparé; lui seul peut se tenir, sûr de ses droits, face aux autres qui établissent et conservent les limites tranquilles de leur séparation, lui seul peut tenir le rôle de juge. La conscience de s'être démis du joug des réalités et d'être poussé par Dieu, Jésus l'appelle l'esprit de Dieu; la figure dans laquelle doit apparaître tout divin, le phénomène de Dieu combattant le réel doit avoir une forme; cette activité va à l'encontre du limité, mais elle-même apparaît dans une forme, fût-ce dans la plus libre; et c'est pourquoi dans son phénomène, il y a encore lieu de distinguer entre figure et être essentiel; l'être essentiel est ce qui pousse, l'actif, et c'est pourquoi Jésus peut encore parler d'un esprit de Dieu; et si en l'homme sont distingués le fils de l'homme, l'individualité d'une part, et le fils de Dieu d'autre part, en tant que celui en lequel habite l'esprit de Dieu, alors la modification, ce qui n'est

1. « Ici suivait à l'origine la p. 312 » (note de H. Nohl). Cf. *infra*, p. 197, n. 4.

qu'animé par Dieu, est vulnérable et n'est pas sacrée en soi, et si l'individualité est insultée, le divin lui-même n'est pas pour autant atteint; un péché peut être pardonné, qui est commis contre le fils de l'homme, mais pas contre l'esprit saint; au-delà des individualités impliquées dans la lutte, il y a un [être] supérieur; le premier péché peut recevoir le pardon dans l'amour, le second [est un] péché contre l'amour même et a renoncé à tout droit, à toute participation au divin. Aussi longtemps que Jésus était avec ses disciples, ils étaient régis par la foi en lui, la foi que le divin était présent en lui, un homme; cette foi n'était pas encore l'esprit saint, car quoiqu'ils ne pussent avoir cette foi sans le sentiment que la divinité a d'elle-même [*N.* 305], ce sentiment de soi et leur individualité étaient cependant encore des séparés, et l'individualité dépendait encore de l'individualité d'un autre homme; le divin en eux et eux-mêmes ne faisaient pas encore un; c'est pourquoi Jésus leur promit, après son départ qui leur retirerait un appui étranger, l'esprit saint qui serait répandu sur eux : leur dépendance à son égard cessera avec sa mort, ils trouveront en eux-mêmes le guide de toute vérité et seront fils de Dieu; on verra plus loin dans quelle mesure cette espérance de leur maître a pu s'accomplir>[1]. Parce que le divin est [*N.* 304] vie pure, il est

1. « Ajouté en marge » (note de H. Nohl) :
L'amour a) limité à quelques-uns;
b) actif – les chrétiens [ne doivent] pas [rester] les uns avec les autres.

Suppression de la propriété, communauté des femmes, du manger et du boire, prière commune ne sont pas de l'activité; – bref [on a affaire à] des croyants, des gens qui aiment en s'unifiant seulement dans le concept, mais qui ne sont pas unifiés de manière vivante dans leur dieu.

La conscience de la liberté et l'harmonie divine, l'animation de toutes les figures vivantes par la divinité seule, Jésus les appelle la lumière, et la vie divine des hommes, leur harmonie dans leur multiplicité, [il les appelle] le royaume de Dieu; il l'appelle un royaume, une domination, car quelle autre union les Juifs pouvaient-ils saisir que l'unité de domination? Cette désignation introduit quelque chose d'hétérogène dans l'unification divine de l'humanité, car elle

nécessaire, quand on en parle, et quoi qu'on en dise, que rien d'opposé n'y soit contenu; et [il faut] éviter toutes les expressions traduisant une réflexion sur les rapports de l'objectif ou sur l'activité concernant [*N.* 305] le traitement objectif de l'objectif; car l'effet du divin n'est qu'une unification des esprits; seul l'esprit saisit et inclut l'esprit en soi – des expressions telles que commander, enseigner, apprendre, voir, connaître, faire, vouloir, entrer (dans le royaume céleste), aller, n'expriment que des relations de l'objectif, lorsqu'il s'agit de la réception d'un objectif dans un esprit. Du divin, on ne peut donc parler que dans l'enthousiasme de l'esprit. La culture juive ne nous montre qu'un cercle de relations vivantes venues à la conscience; – et encore : davantage sous la forme de concepts, en tant que vertus et qualités ! ce qui est d'autant plus naturel qu'ils n'avaient essentiellement à exprimer que des relations entre des [choses] étrangères, entre divers êtres[1], comme la miséricorde, la bonté, etc. Parmi les évangélistes, c'est Jean qui parle le plus du divin et de la liaison de Jésus avec lui; mais la culture juive, si pauvre sur le plan des relations spirituelles, forçait [Jésus] à se servir, pour ce qu'il y a de plus spirituel, de liaisons objectives, d'un langage de la réalité, lequel a pour cette raison des consonances souvent plus dures que si [*N.* 306] on voulait exprimer des sensations dans un style commercial ! Le royaume céleste, entrer dans le royaume céleste, je suis la porte, je suis la vraie nourriture, qui mange ma chair, etc. : c'est

montre encore toujours du séparé et du résistant qui doit être totalement à l'écart de la beauté et de la vie divine d'un lien humain pur.

Le destin de Jésus – renoncement aux relations de la vie : – vie commune a) aux relations citadines et civiles, b) aux relations politiques, c) vie commune avec les autres hommes – famille, parents, alimentation.

Le rapport de Jésus au monde : partiellement une fuite, partiellement une réaction, une lutte avec celui-ci. Dans la mesure où Jésus n'avait pas changé le monde, il devait le fuir et…

« À l'origine, la suite du texte se trouvait au verso : "C'est avec le courage et la foi…" », p. 325 [*infra*, p. 217] » (note de H. Nohl).

1. *Wesen*.

dans de telles liaisons [relevant] de la réalité stérile que l'on fait entrer de force le spirituel.

On ne peut appeler l'état de la formation juive un état d'enfance, et sa langue une langue enfantine non développée; elle a bien conservé, ou plutôt rétabli certaines résonances enfantines profondes, mais pour le reste, la manière lourde, contrainte de s'exprimer est plutôt une conséquence de la suprême malformation du peuple, avec laquelle doit lutter un être[1] plus pur, et dont il souffre lorsqu'il doit se présenter sous ses formes, dont il ne peut par ailleurs se passer puisqu'il appartient lui-même à ce peuple.

Le début de l'évangile de Jean contient une série de propositions thétiques qui s'expriment dans une langue plus authentique sur Dieu et sur le divin; c'est user du plus simple langage de la réflexion que de dire : au début *était* le Logos, le Logos *était* auprès de Dieu, et Dieu *était* le Logos; en lui *était* la vie. Or ces propositions n'ont que l'apparence trompeuse de jugements, car les prédicats ne sont pas des concepts, de l'universel, comme l'expression d'une réflexion dans des jugements en contient nécessairement; bien plutôt, les prédicats sont eux-mêmes à nouveau de l'être[2], du vivant; même cette simple réflexion n'est pas appropriée pour exprimer le spirituel avec esprit. Nulle part plus que dans la communication du divin il n'est nécessaire pour le destinataire de saisir [les choses] dans la profondeur de son propre esprit; nulle part il n'est moins possible d'apprendre, d'enregistrer en soi passivement, parce que tout ce qui est exprimé sur le divin sous la forme de la réflexion est immédiatement paradoxal, et que sa réception passive, dénuée d'esprit, non seulement laisse l'esprit plus profond à l'état vide, mais aussi altère l'entendement qui le réceptionne et pour lequel il y a contradiction;

1. *Wesen.*
2. *Seiendes.*

cette langue toujours objective ne trouve donc du sens et de la profondeur que dans l'esprit du lecteur, et ce sens est aussi divers que diverses sont les relations de la vie et l'opposition du vivant et du mort venues à la conscience.

Des deux façons extrêmes d'aborder le prologue de Jean, la manière objective consiste à prendre le Logos comme un réel, un individu, et la manière subjective consiste à le prendre comme raison; là comme un particulier, ici comme l'universalité; là la réalité la plus propre, la plus exclusive, ici le simple être-pensé[1]. Dieu et le Logos sont distingués, car l'étant doit être considéré à deux égards : la réflexion suppose en effet ce à quoi elle donne la forme du réfléchi comme étant en même temps non réfléchi; [elle le suppose] tantôt comme l'unique, dans lequel il n'y a pas de partage, pas d'opposition, tantôt avec la possibilité de la séparation, du partage infini de [*N.* 307] l'unique; Dieu et le Logos ne sont distincts que dans la mesure où le premier est la matière sous la forme du Logos; le Logos lui-même est auprès de Dieu, ils ne font qu'un. La multiplicité, l'infinité du réel est le partage infini en tant que réel, tout est par le Logos; le monde n'est pas une émanation de la divinité; sans cela, le réel serait de part en part un divin; mais comme réel, il est une émanation, une partie de la partition infinie; mais il est en même temps vie dans la partie (il vaut mieux rapporter *en autô*[2] à *oude hen ho gegonen*[3] qui précède)[4] [et] dans ce qui partage infiniment (*en autô* se

1. *Gedachtsein.*

2. « En lui ».

3. « Rien de ce qui fut ne fut [sans lui] ».

4. *en autô fast besser auf das nächste oude hen ho gegonen. Martin* : « il vaut beaucoup mieux rapporter *en autô* à *oude hen ho gegonen* qui suit » (p. 82); *Fischbach* : « il vaut presque mieux rapporter *en autô* à *oude hen ho gegonen* qui suit » (p. 118). Or le texte grec est le suivant : *panta di' autou egeneto, kai chôris autou egeneto oude hen ho gegonen. En autô zôè èn, kai hè zôè èn to phôs tôn anhtrôpôn* (« Tout fut par lui, et rien de ce qui fut ne fut sans lui. En lui était la vie, et la vie était la lumière des hommes » (Jn 1, 3).

rapporte [alors] à *logos*[1]); le singulier, le borné, en tant qu'opposé, en tant que mort, est en même temps une branche de l'arbre infini de la vie; chaque partie, en dehors de laquelle est le tout, est en même temps un tout, une vie; et cette vie à son tour, elle aussi, en tant que vie réfléchie, eu égard à la partition, au rapport comme sujet et comme prédicat, est vie (*zôè*[2]), et vie saisie (*phôs*[3], vérité). Ces [termes] finis ont des oppositions; pour la lumière, il y a les ténèbres. Jean le Baptiste n'était pas la lumière; il n'en était que le témoin; il sentait l'uni, mais celui-ci ne venait pas à sa conscience dans toute sa pureté, seulement de façon limitée dans certains rapports; il y croyait, mais sa conscience n'était pas égale à la vie; seule une conscience égale à la vie, les deux ne divergeant qu'en ce que [la vie] est l'étant, et [la conscience] l'étant comme réfléchi, est *phôs*. Quoique Jean ne fût pas lui-même la lumière, celle-ci était quand même en chaque homme qui entre dans le monde des hommes (*kosmos*[4], le tout des rapports humains et de la vie humaine, est plus limité que *panta*[5], verset 3 et que *ho gegonen*[6]). Ce n'est pas seulement l'homme qui est *phôtizomenos*[7] quant à la façon dont il entre dans le monde; la *phôs*[8] elle-même est aussi dans le monde, le monde est tout entier, avec toutes ses relations et toutes ses déterminations l'œuvre de l'*anthrôpou phôtos*[9], de l'homme qui se développe, sans que le monde, dans lequel vivent ces rapports, ne le reconnaisse, lui

1. « Logos ».
2. « Vie », au sens biologique du terme.
3. « Lumière ».
4. « Monde », entendu comme le monde des hommes plutôt que comme la totalité du réel (*panta*).
5. « Toutes choses ».
6. « Ce qui fut ».
7. « Illuminé ». « Le Verbe était la vraie lumière qui, en venant dans le monde, illumine tout homme » (Jn 1, 9).
8. « Lumière ».
9. « La lumière de l'homme », et non pas « l'homme lumière » (*Martin*, p. 83, n. 1; *Fischbach*, p. 119).

la nature totale venant à la conscience, sans que cette nature ne vienne à la conscience du monde. Le monde des hommes est ce qui lui est le plus propre (*idion*[1]), ce qui lui est le plus apparenté, et [les hommes] ne le reçoivent pas, ils le traitent comme [s'il était] étranger. Mais ceux qui se reconnaissent en lui reçoivent par là une puissance qui n'exprime pas une nouvelle force, un vivant, mais seulement le degré, l'égalité ou l'inégalité de la vie; ils ne deviennent pas un autre, mais ils connaissent Dieu et se connaissent comme enfants de Dieu, comme [des êtres] plus faibles que lui mais ayant la même nature, dans la mesure où ils sont conscients pour eux-mêmes de cette relation (*onoma*[2]) de l'*anthrôpou* comme *phôtizomenou phôti alèthinô*[3]; leur être[4] ne se trouve en rien d'étranger, mais en Dieu.

On n'a parlé jusqu'ici que de la vérité elle-même et de l'homme en général; au verset 14, le Logos apparaît aussi dans sa modification, comme individu[5]; c'est aussi sous cette figure qu'il s'est montré à nous (*anthrôpos erchomenos eis kosmon*[6], sinon il n'y a rien à quoi puisse se rapporter le *auton*[7] des versets 10 *sq.*): [*N.* 308] ce n'est pas seulement de la *phôs* (verset 7)[8], mais aussi de l'individu que témoignait Jean (verset 15)[9].

Autant qu'on puisse encore sublimer l'idée de Dieu, autant le principe juif de l'opposition de l'idée à la réalité, du ration-

1. « Propre, particulier ».
2. « Nom ».
3. « Éclairé par la lumière véritable ».
4. *Wesen.*
5. « Et le Verbe s'est fait chair et il a habité parmi nous et nous avons vu sa gloire, cette gloire que, Fils unique plein de grâce et de vérité, il tient du Père » (Jn 1, 14).
6. « L'homme venant dans le monde ».
7. « Lui ».
8. « Il vint en témoin, pour rendre témoignage à la lumière, afin que tous croient en lui » (Jn 1, 7).
9. « Jean lui rend témoignage et proclame : « Voici celui dont j'ai dit : après moi vient un homme qui m'a devancé, parce que, avant moi, il était » (Jn 1, 15).

nel au sensible, le déchirement de la vie restera toujours une cohésion morte de Dieu et du monde; alors que cette liaison ne peut être prise que pour une cohésion vivante, et que dans son cas, on ne peut parler qu'en termes mystiques des rapports des membres en relation.

L'expression la plus fréquente et la plus significative du rapport de Jésus à Dieu, c'est qu'il se nomme fils de Dieu, et qu'il s'oppose comme fils de Dieu à lui-même en tant que fils de l'homme. – La désignation de ce rapport est un des rares accents naturels à s'être par hasard maintenus dans la langue juive de l'époque, et qui appartiennent de ce fait à ses expressions heureuses. Le rapport d'un fils à son père n'est pas une unité, un concept, comme le sont par exemple « unité » ou « concordance des conviction », « égalité des principes », etc., bref une unité qui n'est qu'un pensé et qui fait abstraction du vivant; mais il est relation vivante de vivants, vie égale; il n'y a que des modifications de cette vie égale, non pas opposition entre les êtres[1], non pas une pluralité de substantialités absolues; le fils de Dieu est donc le même être[2] que le Père, mais pour chaque acte de la réflexion, et seulement pour un tel acte, il est un particulier[3]. De même dans l'expression « un fils de la tribu de Koresch », par exemple, par laquelle les arabes désignent l'individu singulier, un individu de celle-ci : il se fait que cet individu n'y est pas simplement une partie du tout, le tout n'est donc pas quelque chose en dehors de lui, mais lui-même

1. *Wesen.*

2. *Wesen.*

3. *also Gottes Sohn dasselbe Wesen das der Vater ist, aber für jeden Akt der Reflexion, aber auch nur für einen solchen, ein besonderes. Martin* : « ainsi le fils de Dieu est le même être que son père, cela pour chaque acte de réflexion, et, aussi bien, c'est seulement pour un tel acte qu'il est une réalité particulière » (p. 84); *Fischbach* : « le Fils de Dieu est donc du même être que son Père, et cela pour chaque acte de la réflexion, et c'est seulement dans un tel acte qu'il existe comme réalité particulière » (p. 120). Je pense au contraire que pour Hegel, la *réflexion* fait de Jésus un particulier, alors qu'il est *essentiellement* un avec son père.

est justement le tout qu'est toute la tribu. Ceci s'éclaire aussi à partir de sa conséquence, à savoir la façon dont un tel peuple naturel indivis doit faire la guerre, de telle sorte que chaque individu est massacré de la manière la plus cruelle; dans l'Europe actuelle en revanche, où chaque individu ne porte pas en lui le tout de l'État, mais où le lien [entre les individus] n'est qu'un pensé – le même droit pour tous –, la guerre n'est pas menée contre l'individu, mais contre le tout qui se tient en dehors de chacun; dans tout peuple véritablement libre, comme c'est le cas chez les arabes, chacun est une partie, mais en même temps le tout. Ce n'est qu'à propos d'objets, à propos du mort, qu'il y a lieu de faire du tout un autre que les parties; dans le vivant en revanche, la partie de celui-ci est tout aussi bien le même et unique un que le tout; lorsque les objets particuliers sont rassemblés numériquement en tant que substances, chacun avec ses propriétés en tant qu'individu, alors ce qu'ils ont de commun – l'unité – n'est qu'un concept, et non pas un être[1], un étant; mais les vivants [au contraire] sont des êtres[2] en tant que séparés, et leur unité est tout autant un être[3]. Ce qui fait contradiction dans le royaume du mort ne l'est pas [*N.* 309] dans le royaume de la vie. Un arbre qui a trois branches fait ensemble avec elles un seul arbre; mais chaque fils de l'arbre, chaque branche (ainsi que ses autres fils, les feuilles et les fleurs) est lui-même un arbre; les fibres qui conduisent la sève du tronc à la branche sont de la même nature que les racines; un arbre planté en terre à l'envers va produire des feuilles à partir de ses racines déployées en l'air, et les rameaux s'enracineront dans la terre – et il est tout aussi vrai de dire qu'on a ici un seul arbre que de dire qu'il y en a trois.

1. *Wesen.*
2. *Wesen.*
3. *Wesen.*

Cette unité d'être[1] du Père et du Fils dans la divinité, les Juifs la trouvèrent aussi sous le rapport selon lequel Jésus se donnait à Dieu; ils trouvèrent (Jn 5, 18)[2] qu'il s'égalait lui-même à Dieu dans la mesure où il appelait Dieu son père. Au principe juif de la domination de Dieu, Jésus pouvait bien opposer les besoins de l'homme (comme le besoin de satisfaire sa faim le jour du sabbat), mais encore seulement de manière générale; le développement plus profond de cette opposition, quelque chose comme un primat de la raison pratique n'était pas présent dans la culture de cette époque; aux yeux [des autres], il ne se tenait que comme individu dans son opposition; pour écarter l'idée de cette individualité, Jésus se réclame toujours, particulièrement chez Jean, de son union avec Dieu, qui a donné au Fils d'avoir la vie en lui-même, comme le Père lui-même a la vie en soi; que lui et le Père ne font qu'un, qu'il est le pain, descendu du ciel[3], etc.: autant d'expressions dures (*sklèroi logoi*[4]) qu'on n'adoucit pas en les déclarant imagées ou en leur substituant des unités de concept, au lieu de les prendre avec esprit comme vie; en fait, dès que l'on oppose les concepts de l'entendement à l'imagé et que l'on fait de ces concepts l'élément dominant, alors toute image doit être écartée comme n'étant qu'un jeu, comme un être accessoire de l'imagination sans vérité, et au lieu de la vie de l'image, il ne reste que de l'objectif.

Mais Jésus ne se nomme pas seulement fils de Dieu, il se nomme aussi fils de l'homme; si « fils de Dieu » exprime une modification du divin, alors « fils de l'homme » serait à son tour une modification de l'homme; or l'homme n'est pas une

1. *Weseneinheit.*

2. « Dès lors, les Juifs n'en cherchaient que davantage à le faire périr, car non seulement il violait le sabbat, mais encore il appelait Dieu son propre Père, se faisant ainsi l'égal de Dieu » (Jn 5, 18).

3. « Car je sui descendu du ciel pour faire, non pas ma propre volonté, mais la volonté de Celui qui m'a envoyé » (Jn 6, 38).

4. « Paroles rudes ».

nature unique, un être[1] unique, comme l'est la divinité, mais il est un concept, un pensé; et le fils de l'homme signifie ici un [être] subsumé sous le concept d'homme; « Jésus est homme » est un véritable jugement, le prédicat n'est pas un être[2], mais un universel; (*anthrôpos*[3], l'homme; [donc] *uhios anthrôpou*[4] est un homme). Le fils de Dieu est aussi fils de l'homme; le divin sous une figure particulière apparaît comme homme; la cohésion de l'infini et du fini est à vrai dire[5] un [*N.* 310] mystère sacré, car cette cohésion est la vie elle-même; la réflexion, qui sépare la vie, peut la différencier en infini et fini, et seule la limitation, le fini considéré pour soi-même, donne le concept d'homme en tant qu'il serait opposé au divin; en dehors de la réflexion, dans la vérité, cette limitation n'a pas lieu. Cette signification du fils de l'homme éclate avec le plus de clarté là où le fils de l'homme est opposé au fils de Dieu, comme en Jn 5, 26-27 : « comme le Père a la vie en lui-même, ainsi a-t-il aussi donné au Fils d'avoir la vie en lui-même; et il lui a aussi donné la puissance de juger parce qu'il est le fils de l'homme »[6]. Et en Jn 5, 22 : « Le Père ne juge personne, mais il a remis tout jugement au Fils »[7]. Au contraire, on lit en Jn 3, 17 (ou Mt 18, 11) : « Dieu n'a pas envoyé son fils dans le monde pour juger le monde, mais pour que le monde soit sauvé par

1. *Wesen.*

2. *Wesen.*

3. « Homme ».

4. « Fils d'homme ».

5. « Ce passage, et plus clairement encore dans sa première version, p. 304, en remarque, se rapporte vraisemblablement à *La religion* de Kant, troisième partie : "remarque générale". À comparer avec l'*Éducation esthétique* de Schiller, 15e lettre » (note de H. Nohl).

6. « Car comme le Père possède la vie en lui-même, ainsi a-t-il donné au Fils de posséder la vie en lui-même; il lui a donné le pouvoir d'exercer le jugement parce qu'il est le Fils de l'homme » (Jn 5, 26-27).

7. « Le Père ne juge personne, il a remis tout jugement au Fils, afin que tous honorent le Fils comme ils honorent le Père » (Jn 5, 22).

lui »[1]. Juger n'est pas un acte du divin ; car la loi qui est en le juge est l'universel opposé à ceux qui sont à juger, et l'acte de rendre un jugement[2] est un acte de juger[3], le fait d'établir l'égalité ou l'inégalité, la reconnaissance d'une unité pensée ou d'une opposition qu'on ne peut unifier[4] ; le fils de Dieu ne juge pas, ne partage pas, ne sépare pas, il ne maintient pas de l'opposé dans son opposition ; quand le divin s'exprime, quand il se met en mouvement, on n'a pas affaire à un acte de législation, à l'établissement d'une loi, à l'affirmation de la domination de la loi : mais [plutôt], le monde doit être sauvé par le divin ; « sauver » aussi est une expression qui n'est pas bien employée par l'esprit ; car elle désigne l'impuissance absolue face au danger, l'impuissance absolue de celui qui est en danger ; et dans cette mesure, le salut apporté est l'action d'un étranger à l'égard d'un étranger ; et l'effet du divin ne peut être pris comme un salut que dans la mesure où le sauvé ne devient étranger qu'à son état antérieur, et non pas à son être[5]. – Le Père ne juge pas ; ni le Fils, qui a la vie en celui-ci même, dans la mesure où il fait un avec le Père ; mais en même temps, le Fils a aussi reçu la puissance et le pouvoir de juger parce qu'il est fils de l'homme ; car la modification comme telle, en tant qu'un limité, est capable d'opposition et de séparation en universel et particulier ; dans le Fils se trouve une comparaison eu égard à la matière, une comparaison de la force, et donc une puissance ; et eu égard à la forme se trouve l'activité de

1. « Car Dieu n'a pas envoyé son Fils dans le monde pour juger le monde, mais pour que le monde soit sauvé par lui » (Jn 3, 17) ; « Car le Fils de l'homme est venu sauver ce qui était perdu » (Mt 18, 11).

2. *das Richten.*

3. *ein Urteilen.*

4. Juger (*ur-teilen*) est donc partager, conformément à l'enseignement de *Urteil und Sein* de Hölderlin qui avait fortement influencé Hegel dès le début de la période de Francfort : cf *La foi est la manière...* (*G.S.* 72), *in* G. W. F. Hegel, *Premiers écrits (Francfort 1797-1800)*, *op. cit.*, p. 137-141.

5. *Wesen.*

comparer, le concept, la loi, et la séparation ou la liaison de celle-ci avec un individu, l'acte de juger[1] et la prononciation d'un jugement[2]. Mais en même temps, l'homme ne pourrait pas non plus juger s'il n'était pas divin; car c'est par [cette divinité] seulement qu'est possible en lui la norme du judiciaire, la séparation. C'est dans le divin qu'est fondée sa puissance de lier et de délier. Le prononcé d'un jugement lui-même [*N*. 311] peut à nouveau être de deux sortes : dominer le non divin soit seulement dans la représentation, soit dans la réalité. Jésus dit en Jn 3, 18-19 : « qui croit au Fils de Dieu n'est pas jugé; qui ne croit pas est déjà jugé »[3], parce qu'il n'a pas reconnu cette relation de l'homme à Dieu, sa divinité; et encore : « votre jugement, c'est votre amour plus grand pour l'obscurité que pour la vérité »[4]. C'est donc dans leur incrédulité que réside le jugement même. L'homme divin ne s'approche pas du mal en tant qu'un pouvoir qui le domine, qui l'opprime, car si le divin fils de l'homme a bien reçu la puissance, il n'a pas reçu le pouvoir : il ne traite pas le monde, ne le combat pas dans la réalité, il ne lui inflige pas son jugement comme la conscience d'un châtiment. Ce qui ne peut vivre avec lui, ce qui ne peut partager la joie avec lui, ce qui s'est isolé et se tient séparé, il en reconnaît les limites qu'il s'est lui-même fixées comme de telles bornes, même si elles sont peut-être déjà la plus grande fierté du monde, et que celui-ci ne les sent pas comme des bornes et que la souffrance qu'elles lui causent n'a peut-être pas pour lui la forme de la souffrance, en tout cas pas la forme de la violation rétroactive d'une loi; mais c'est son incrédulité qui le place dans une sphère inférieure, son propre

1. *Urteilen*.

2. *Gericht halten*.

3. « Qui croit en lui n'est pas jugé; qui ne croit pas est déjà jugé, parce qu'il n'a pas cru au nom du Fils unique de Dieu » (Jn 3, 18).

4. « Et le jugement le voici : la lumière est venue dans le monde et les hommes ont préféré l'obscurité à la lumière » (Jn 3, 19).

jugement, même s'il se complaît aussi dans son manque de conscience du divin, dans son abaissement.

Le rapport de Jésus à Dieu, comme d'un fils à son père, pouvait, selon que l'homme pose le divin complètement en dehors de soi ou pas, être conçu ou bien comme connaissance, ou bien par la foi. Pour ce qui concerne sa manière d'accueillir ce rapport, la connaissance pose deux sortes de nature : une nature humaine et une nature divine, un être[1] humain et un être[2] divin, chacun des deux ayant une personnalité, une substantialité, et [les deux] restant [toujours] deux dans tout genre de relation, car ils sont posés comme absolument divers. Ceux qui posent cette diversité absolue et qui, dans le même temps, exigent toutefois de penser les absolus comme faisant un dans la relation la plus intime, ne suppriment pas l'entendement sous prétexte qu'ils annonceraient quelque chose qui se tiendrait en dehors de sa région, mais c'est de lui qu'ils réclament de saisir des substances absolument diverses en même temps que leur unité absolue; ils détruisent donc l'entendement en même temps qu'ils le posent. Ceux qui acceptent la diversité donnée des substantialités mais qui nient leur unité sont plus conséquents; ils sont justifiés à l'égard de la première proposition, [à savoir d'accepter la diversité donnée des substantialités], parce qu'il est exigé de penser Dieu et l'homme; et par là aussi ils sont justifiés à l'égard de la seconde, car supprimer la séparation entre Dieu et l'homme serait contraire à la première tâche qui leur revient. De cette manière, ils sauvent bien l'entendement, mais en s'en tenant à cette diversité absolue des êtres[3], ils élèvent l'entendement, la séparation absolue, la suppression de la vie au degré suprême de l'esprit. C'est de cette manière que les Juifs ont accueilli Jésus.

1. *Wesen.*
2. *Wesen.*
3. *Wesen.*

[*N.* 312] Lorsque Jésus parlait en disant « le Père est en moi, moi dans le Père, celui qui m'a vu a vu le Père, celui qui connaît le Père sait que ma parole est vérité, moi et le Père ne faisons qu'un », les Juifs l'accusaient de blasphème sous prétexte que lui, né homme, se faisait Dieu ; comment auraient-ils pu reconnaître quelque chose de divin à un homme, eux qui – les pauvres ! – ne portaient en eux que la conscience de leur misère et de leur profonde servitude, de leur opposition au divin, la conscience d'un gouffre infranchissable entre l'être[1] divin et humain. L'esprit ne connaît que l'esprit ; – eux ne virent en Jésus que l'homme, le Nazaréen, le fils du charpentier, dont les frères et les parents vivaient parmi eux ; voilà ce qu'il était et il ne pouvait être plus, il n'était qu'un [homme] comme eux, et eux-mêmes sentaient qu'ils n'étaient rien. Sa tentative de leur donner la conscience de quelque chose de divin devait échouer face à la masse des Juifs ; car la foi en quelque chose de divin, en quelque chose de grand, ne peut reposer dans la fange. Le lion n'a pas de place dans une noix ; l'esprit infini n'a pas de place dans la geôle d'une âme juive ; l'univers de la vie n'a pas de place dans une feuille desséchée ; la montagne et l'œil qui le voit sont objet et sujet, mais entre l'homme et Dieu, entre l'esprit et l'esprit, ce gouffre de l'objectivité n'existe pas ; l'un n'est pour l'autre un et un autre qu'en ce qu'il le connaît. Un corollaire de l'acception objective du rapport du fils au père, ou plutôt la forme de cette acception eu égard au vouloir, consiste à trouver pour soi-même une cohésion avec Dieu dans la cohésion qui était pensée et révérée chez Jésus entre la nature divine et la nature humaine séparées, d'espérer un amour entre deux [êtres] totalement inégaux, un amour de Dieu pour l'homme, amour qui pourrait être au maximum une compassion. Le rapport de

1. *Sein.*

Jésus comme Fils au Père est un rapport enfantin[1], car le Fils sent qu'il ne fait qu'un dans l'être[2] et dans l'esprit avec le Père qui vit en lui; ce rapport n'a aucune ressemblance avec le rapport puéril[3] dans lequel l'homme voudrait se poser avec le riche maître tout-puissant du monde, par rapport à la vie duquel il se sent complètement étranger, et avec lequel il n'est en rapport que par les choses qu'il lui offre, par les miettes qui tombent de la table du riche.

L'être essentiel[4] de Jésus, comme rapport du Fils au Père, ne peut être saisi en vérité que par la foi, et c'est la foi en lui que Jésus exigeait de son peuple. Cette foi se caractérise [*N.* 313] par son objet: le divin; la foi en du réel est une connaissance de quelque objet, d'un borné; et autant un objet est un autre que Dieu, autant cette connaissance est distincte de la foi en le divin. « Dieu est un esprit, et ceux qui l'adorent doivent l'adorer en esprit et en vérité ». Comment ce qui ne serait pas soi-même un esprit pourrait-il connaître un esprit? La relation d'un esprit à un esprit est [un] sentiment d'harmonie, son unification; comment de l'hétérogène pourrait-il s'unifier? La foi en le divin n'est possible que parce que le divin est présent dans le croyant lui-même, lequel retrouve soi-même et sa propre nature dans ce en quoi il croit, même s'il n'a pas conscience que ce qu'il a ainsi trouvé est sa propre nature. Car en tout homme lui-même se trouve la lumière et la vie, il est la propriété de la lumière; et il n'est pas éclairé par la lumière

1. *kindlich.*
2. *Wesen.*
3. *kindisch.*
4. *Wesen.*

« Le manuscrit de ce passage, d'ici jusqu'à la p. 324, comporte 4 cahiers, que Hegel a numérotés de 1 à 4; la première version, p. 304 en note, ainsi qu'un projet, cf. annexes, montrent à eux seuls qu'il ne s'agit cependant pas d'un manuscrit particulier, mais d'une partie de l'ensemble » (note de H. Nohl).

Le projet en question que H. Nohl reproduit en annexe est *B. Morale. Sermon sur la montagne*... (*G.S.* 81): cf. *infra*, p. 243-250.

comme un corps sombre qui n'est couvert que d'un reflet étranger, mais c'est sa propre matière ignée qui s'enflamme et elle est une flamme propre. L'état intermédiaire entre l'obscurité, l'éloignement du divin, la sujétion à la réalité d'une part, et une vie propre tout à fait divine, une confiance en soimême d'autre part, est la foi en le divin; [cette foi] est le pressentiment, la connaissance du divin et l'aspiration à l'unification avec lui, le désir d'une même vie; mais elle n'est pas encore la force du divin qui a pénétré toutes les fibres de sa conscience, corrigé toutes ses relations au monde et souffle dans tout son être[1]. La foi en le divin provient donc de la divinité de sa propre nature; seule une modification de la divinité peut connaître la divinité. Lorsque Jésus demandait à ses disciples : « qui les gens disent-ils qu'est le fils de l'homme ? », ses amis lui rapportaient les opinions des Juifs qui, même en glorifiant et élevant au-dessus de la réalité du monde humain [le fils de l'homme], ne pouvaient cependant sortir de la réalité, mais ne voyaient en lui qu'[un] individu qu'ils reliaient à lui d'une manière extra-naturelle. Mais lorsque Pierre eut exprimé sa foi en le fils de l'homme, à savoir qu'il reconnaissait en lui le fils de Dieu, Jésus le déclara bienheureux, lui Simon, fils de Jonas, ce qu'il était pour les autres hommes, le fils de l'homme; car c'est le Père du ciel qui lui a révélé cela. Il n'était nul besoin d'une révélation en vue d'une simple connaissance de la nature divine; une grande partie de la chrétienté apprend scolairement cette connaissance; on donne aux enfants des clés tirées des miracles, etc., [pour expliquer] que Jésus est Dieu; cet apprentissage, cette réception de cette foi, on ne peut l'appeler une révélation divine; c'est [plutôt] à des commandements et des coups de bâton qu'on a affaire là. « Mon père du ciel te l'a révélé »; c'est le divin en toi qui m'a

1. *Wesen.*

reconnu comme divin; tu as compris mon être[1], son écho a retenti dans le tien. [*N.* 314] Celui qu'on connaissait parmi les hommes sous le nom de Simon, fils de Jonas, il en fait Pierre, le rocher qui fondera sa communauté; il l'établit à présent dans sa propre puissance de lier et délier; une puissance qui ne peut revenir qu'à une nature portant purement en soi le divin pour reconnaître tout éloignement par rapport à lui; il n'y a maintenant pas d'autre jugement au ciel que le tien, ce que tu reconnais libre ou lié sur terre l'est aussi aux yeux du ciel. Maintenant seulement, Jésus ose parler à ses disciples de son destin qui l'attend; mais la conscience qu'a Pierre de la divinité de son maître ne se caractérise aussitôt que comme [une] foi qui a bien senti le divin, mais qui n'est pas encore un remplissement de tout son être[2] par celui-ci, qui n'est pas encore un accueil de l'esprit saint.

C'est une représentation souvent récurrente que la foi que les amis de Jésus avaient en lui fût imputée à Dieu[3]; en particulier en Jn 17, [Jésus] les appelle souvent ceux qui lui ont été donnés par Dieu[4]; de même qu'en Jn 6, 29, [il dit] du fait de croire en lui que c'est une œuvre de Dieu, un effet divin[5]; un

1. *Wesen.*

2. *Wesen.*

3. [...] *der Glauben der Freunde Jesu an ihn Gott zugeschrieben wird. Martin*: « [...] la foi des amis de Jésus en leur Dieu leur est prescrite » (p. 91); *Fischbach*: « [...] la foi des amis de Jésus en lui leur est prescrite par Dieu » (p. 126). Contre *Martin*, *Gott* ne peut être ici un complément d'agent; contre *Fischbach*, *zuschreiben* ne signifie pas « prescrire », mais « attribuer, mettre au compte, imputer ». Hegel, prolongeant son commentaire de Mt 16, 16-17, dénonce en fait l'interprétation fréquente qu'on donne de ces deux versets, selon laquelle la foi de l'homme serait une foi par délégation : tu crois, mais cette foi n'est pas la tienne, c'est celle de Dieu !

4. « Père, l'heure est venue, glorifie ton Fils, afin [...] qu'il donne la vie éternelle à tous ceux que tu lui as donnés » (Jn 17, 1-2). Voir aussi Jn 17, 6.9. 24.

5. « L'œuvre de Dieu c'est de croire en celui qu'Il a envoyé » (Jn 6, 19).

*So wie Joh 6 29 ein Werk Gottes, eine göttliche Wirkung, an ihn zu glauben. Martin*: « de même Jean, 6, 29 : c'est une œuvre de Dieu, un effet de

effet divin est toute autre chose qu'un apprentissage scolaire et un enseignement. Jn 6, 65 : « personne ne peut venir à moi si cela ne lui est donné par le Père ».

Or cette foi n'est que le premier niveau de la relation avec Jésus, qui, dans son accomplissement, est représentée de façon si intime que ses amis ne fassent qu'un avec lui. « Jusqu'à ce qu'ils aient la lumière, ils doivent croire en la lumière, pour devenir des fils de lumière » (Jn 12, 36)[1]. Entre ceux qui n'ont encore que la foi en la lumière et ceux qui sont eux-mêmes enfants de lumière, la différence est la même qu'entre Jean le Baptiste, qui ne témoignait que de la lumière, et Jésus, <la> une lumière individualisée. De même que Jésus a en soi la vie éternelle, de même ceux qui croient en lui (Jn 6, 40) parviendront à la vie infinie[2]. C'est dans ses derniers propos rapportés par Jean qu'est présentée de la façon la plus claire l'unification vivante de Jésus ; eux en lui et lui en eux ; eux tous ensemble [ne font qu']un ; lui le cep, et eux les sarments ; dans les parties est présente la même nature, la même vie que dans le tout. C'est pour cet accomplissement de ses amis que Jésus prie son père et c'est cet accomplissement qu'il leur promet pour le jour où il se sera éloigné d'eux. Aussi longtemps qu'il vivait parmi eux, ils restaient seulement des croyants ; car ils ne reposaient pas sur eux-mêmes ; Jésus était leur enseignant et leur maître, un point d'intersection individuel dont ils dépendaient ; ils n'avaient pas encore de vie propre, indépendante ; l'esprit de Jésus les régissait ; mais après son départ disparut aussi cette objectivité, cette barrière entre eux et Dieu ; et l'esprit de Dieu

Dieu que la foi en lui » (p. 91) ; *Fischbach* : « [...] (Jn 6, 29) [les nomme] ceux qui voient dans la foi en Dieu une œuvre de Dieu, un effet divin » (p. 126).

1. « Pendant que vous avez la lumière, croyez en la lumière, pour devenir des fils de lumière » (Jn 12, 36). Cf. *supra*, p. 161, n. 1.

2. « Telle est en effet la volonté de mon Père : que quiconque voit le Fils et croit en lui, ait la vie éternelle ; et moi je le ressusciterai au dernier jour » (Jn 6, 40).

put dès lors animer leur être[1] tout entier. Quand Jésus dit (Jn 7, 38-39) [*N.* 315] : « du corps de celui qui croit en moi *couleront* des fleuves de vie »[2], Jean fait remarquer que cela ne s'entend d'abord que de la future animation totale par l'esprit saint, esprit saint qu'ils n'avaient pas encore reçu parce que Jésus n'était pas encore glorifié. Il faut écarter toute idée d'une diversité entre l'être[3] de Jésus et celui de ceux chez lesquels la foi en lui est devenue vie, chez lesquels mêmes le divin est présent; lorsque Jésus parle si souvent de lui comme d'une nature éminente, c'est par opposition aux Juifs; il se sépare de ceux-ci et reçoit par là la figure d'un individu, même eu égard au divin. *Je* suis la vérité et la vie; celui qui croit en *moi*; – cette prééminence uniforme, constante du « je » chez Jean est bien un isolement de sa personnalité par rapport au caractère juif; mais autant il se fait individu contre cet esprit, autant il supprime toute personnalité divine, toute individualité divine vis-à-vis de ses amis avec lesquels il veut ne faire qu'un, et qui doivent ne faire qu'un en lui. Jean dit (2, 25) de Jésus qu'il savait ce qu'il y a en l'homme[4]; et le plus fidèle miroir de sa belle foi en la nature, ce sont ces propos à la vue d'une nature non corrompue (Mt 18, 1 *sq.*)[5]; si vous ne devenez comme les enfants, vous n'entrerez pas dans le royaume divin; celui qui est le plus petit comme les enfants est le plus grand dans le monde céleste; et celui qui accueille en mon nom un tel enfant, m'accueille moi-même en lui, celui qui est capable de sentir en lui sa vie pure, de reconnaître le caractère sacré de sa nature,

1. *Wesen.*

2. Hegel a souligné l'auxiliaire du futur *werden.* « Comme l'a dit l'Écriture : "De son sein couleront des fleuves d'eau vive" » (Jn 7, 38).

3. *Wesen.*

4. « [...] Il n'avait nul besoin qu'on lui rendît témoignage au sujet de l'homme : il savait, quant à lui, ce qu'il y a dans l'homme » (Jn 2, 25).

5. « En vérité, je vous le déclare, si vous ne changez et ne devenez comme les enfants, non, vous n'entrerez pas dans le Royaume des cieux » (Mt 18, 3).

celui-là a senti mon être[1]; mais celui qui a souillé cette pureté sainte, il serait bien qu'on lui attachât au cou une meule et qu'il fût noyé dans la mer la plus profonde. Ô douloureuse nécessité de telles atteintes à la sainteté ! La peine la plus profonde, la plus sainte d'une belle âme, l'énigme la plus inconcevable pour elle, c'est que la nature doive être détruite, que la sainteté doive perdre sa pureté. – De même que le divin et l'être-un avec Dieu est ce qu'il y a de plus inconcevable pour l'entendement, de même l'éloignement de Dieu l'est pour un cœur noble. – Gardez-vous de mépriser le moindre de ces petits, car je vous le dis, leurs anges dans les cieux contemplent en permanence le visage de mon père du ciel. Par « anges des enfants », on ne peut pas entendre des êtres objectifs ; car (pour avancer un argument *ad hominem*), on devrait penser aussi les anges des autres hommes comme vivant dans l'intuition de Dieu. Dans l'intuition angélique de Dieu, bien des choses sont unifiées avec beaucoup de bonheur ; l'inconscient, l'union non développée, l'être[2] et la vie en Dieu, sont séparés de Dieu parce qu'ils doivent être représentés comme une modification de la divinité dans les enfants existants ; mais leur être[3], leur faire est une éternelle intuition de Dieu. Pour présenter l'esprit, le divin en dehors de ses bornes, et la communauté du borné [*N.* 316] avec le vivant, Platon sépare le pur vivant et le borné par la diversité du temps, il fait d'abord totalement vivre les esprits purs dans l'intuition du divin, et il ne les fait être dans leur future vie terrestre qu'avec une conscience obscurcie de [cette existence] céleste. C'est d'une autre manière que Jésus sépare et réunifie ici la nature, le divin de l'esprit et la limitation : – en tant qu'anges, [les] esprit[s] enfantin[s] ne sont pas présenté[s] comme dénué[s] de toute réalité, comme dénué[s] d'existence en Dieu, mais présenté[s] en même temps comme

1. *Wesen*.
2. *Sein*.
3. *Sein*.

des fils de Dieu, comme des particuliers. L'opposition de l'intuitionnant et de l'intuitionné, à savoir qu'ils sont sujet et objet, disparaît elle-même dans l'intuition; leur diversité n'est qu'une possibilité de la séparation; un homme qui serait totalement plongé dans l'intuition du soleil ne serait qu'un sentiment de lumière, un sentiment de la lumière en tant qu'être[1]. Celui qui vivrait totalement dans l'intuition d'un autre homme serait totalement cet autre lui-même, avec seulement la possibilité d'être un autre. – Mais ce qui est perdu, ce qui s'est divisé est récupéré par le retour à l'union, par le fait de devenir comme des enfants; mais ce qui repousse de soi ce retour à l'unification, ce qui se maintient fermement face à elle, cela s'est particularisé : que vous soit étranger ce avec quoi vous n'avez rien de commun et [celui] avec qui vous supprimez la communauté; ce que vous déclarez lié du fait de sa particularisation l'est aussi au ciel; mais ce que vous déliez, ce que vous déclarez libre et donc unifié est aussi libre dans le ciel[2], ne fait qu'un en lui et n'intuitionne pas la divinité. Jésus présente cette union sous une autre figure ([Mt 18, ] 19) : lorsque deux d'entre vous s'unissent pour demander quelque chose, le Père fera en sorte que cela se produise[3]. Les expressions telles que « demander », « accorder » se rapportent en fait à une unification d'objets (*pragmata)*[4], et ce n'est que pour un tel type d'unification que le langage juif portant sur le réel a des expressions. Mais l'objet ne peut ici être rien d'autre que la seule union réfléchie (la *sumphônia tôn duoin è triôn*)[5] : comme objet il est un [objet] beau, et subjectivement, il est

1. *Wesen*.

2. « En vérité je vous le déclare : tout ce que vous lierez sur la terre sera lié au ciel, et tout ce que vous délierez sur la terre sera délié au ciel » (Mt 18, 18).

3. « Je vous le déclare encore, si deux d'entre vous, sur la terre, se mettent d'accord pour demander quoi que ce soit, cela leur sera accordé par mon Père qui est aux cieux » (Mt 18, 19).

4. « Des choses ».

5. « L'accord de deux ou trois ».

l'unification; car dans de véritables objets, les esprits ne peuvent être unis. Le beau, votre union à deux ou à trois existe aussi dans l'harmonie du tout, est un son, un accord sonore dans celle-ci et est accordé par elle, [le beau] *est* parce qu'il est en elle, parce qu'il est un divin; et par cette communauté avec le divin, ceux qui sont unis sont en même temps dans la communauté de Jésus; là où deux ou trois sont réunis en mon esprit (*eis to onoma mou*[1], cf. Mt 10, 41)[2], eu égard au fait que me reviennent l'être et la vie éternelle, eu égard au fait que je *suis*, je suis au milieu d'eux, ainsi est mon esprit. – C'est avec cette détermination que Jésus se déclare contre la personnalité, contre une individualité de son être[3] opposée à ses amis accomplis (contre l'idée d'un dieu personnel) dont le fondement serait une particularité absolue de son être[4] opposée à eux. On trouve ici aussi une expression relative à l'unification des amants (Mt 19, 5): les [*N.* 317] deux, l'homme et la femme, ne feront qu'un; de sorte qu'ils ne sont maintenant plus deux; *donc* ce que Dieu a unifié, l'homme ne le séparera pas; si cette unification ne devait se rapporter qu'à la détermination originelle de l'homme et de la femme l'un pour l'autre, cette raison ne conviendrait pas à la dissolution des liens du mariage, car par le divorce, cette détermination, l'unification du concept n'est pas supprimée : celui-ci subsisterait, même si une unification vivante était séparée; d'une telle unification, il est dit qu'elle est un effet de Dieu, qu'elle est un divin.

Comme Jésus était entré en lutte avec tout le génie de son peuple et qu'il avait totalement rompu avec son monde, l'accomplissement de son destin ne pouvait être un autre que

1. « En mon nom ».

2. « Qui accueille un prophète en sa qualité de prophète recevra une récompense de prophète, et qui accueille un juste en sa qualité de juste recevra une récompense de juste » (Mt 10, 41). « Car, là où deux ou trois sont réunis en mon nom, je suis au milieu d'eux » (Mt, 18, 20).

3. *Wesen*.

4. *Sein*.

d'être écrasé par le génie hostile du peuple; la glorification du fils de l'homme dans ce naufrage n'est pas le négatif [qui consisterait] à avoir abandonné toutes les relations en soi avec le monde, mais le positif : avoir refusé sa nature au monde non naturel et l'avoir plutôt sauvée[1] dans la lutte et l'échec que de s'être soumis consciemment à la corruption, ou bien, gagné inconsciemment par elle, de s'être vautré en elle. Jésus avait conscience de la nécessité de la perte de son individu et cherchait aussi à en convaincre ses disciples. Mais ils ne pouvaient séparer son être[2] de sa personne; ils n'étaient encore que des croyants; lorsque Pierre eut justement reconnu le divin dans le fils de l'homme, Jésus crut ses amis capables de prendre conscience de leur distance par rapport à lui et de supporter [cette] idée; aussi leur en parla-t-il aussitôt après qu'il eut entendu Pierre confesser sa foi; mais dans la crainte de Pierre à ce sujet se montra la distance de [leur] foi par rapport à son accomplissement. Ce n'est qu'après l'éloignement de son individu que leur dépendance par rapport à lui put cesser et que l'esprit au sens propre, ou l'esprit divin, put subsister en eux-mêmes; « il vous est utile que je m'en aille, dit Jésus (Jn 16, 7), car si je ne partais pas, le Consolateur ne viendrait pas à vous; l'esprit de vérité (Jn 14, 16 *sq.*) que le monde ne peut accueillir, car il ne le connaît pas; je ne vous abandonne donc pas comme des orphelins, je viens à vous et vous me verrez, vous verrez que je vis et que vous vivez aussi »[3]. Lorsque vous ne verrez

1. *und sie lieber im Kampf und Untergang gerettet*. *Martin* : « [...] et de s'être sauvé dans la lutte et la mort [...] » (p. 95); *Fischbach* : « [...] d'avoir voulu sauver ce monde dans le combat et la perte de soi [...] » (p. 129). Les deux traductions sont grammaticalement correctes puisque aussi bien *Welt* que *Natur* sont du genre féminin. La suite de la phrase suggère toutefois clairement que Jésus sauve sa nature en refusant de la compromettre.

2. *Wesen*.

3. « [...] C'est votre avantage que je m'en aille; en effet, si je ne pars pas, le Paraclet ne viendra pas à vous; si, au contraire, je pars, je vous l'enverrai » (Jn 16, 7). « C'est lui l'Esprit de vérité, celui que le monde est incapable d'accueillir

plus le divin seulement en dehors de vous, seulement en moi, mais lorsque vous aurez vous-mêmes la vie en vous, alors vous prendrez aussi conscience (Jn 15, 27) que vous êtes avec moi depuis le commencement, que nos natures n'en font qu'une dans l'amour et en Dieu[1]. – L'esprit vous conduira à la vérité tout entière (Jn 16, 13)[2] et vous rappellera tout ce que je vous ai dit; il est un consolateur; si consoler signifie donner l'espoir d'un bien égal ou plus grand que celui perdu, alors vous n'êtes pas abandonnés comme des orphelins, puisque [*N.* 318] vous accueillerez en vous-mêmes autant que ce que vous croyez perdre avec moi.

Jésus oppose aussi l'individu à l'esprit du tout (Mt 12, 31 *sq.*); celui qui médit d'un homme (de moi comme du fils de l'homme), son péché peut lui être remis; mais celui qui parle contre l'esprit lui-même, contre le divin, ses péchés ne lui seront pas pardonnés, ni aujourd'hui, ni dans les temps à venir[3]. – La bouche dit ce qui déborde du cœur (v. 34), et du trésor d'un esprit bon, l'homme bon donne de bonnes choses, tandis que de l'esprit mauvais, le mauvais donne de mauvaises choses[4]. – Celui qui médit du singulier, qui médit de moi

parce qu'il ne le voit pas et qu'il ne le connaît pas. Vous, vous le connaissez, car il demeure auprès de vous et il est en vous. Je ne vous laisserai pas orphelins, je viens à vous. Encore un peu et le monde ne me verra plus; vous, vous me verrez vivant et vous vivrez vous aussi » (Jn 14, 17-19).

1. « Et à votre tour, vous me rendrez témoignage, parce que vous êtes avec moi depuis le commencement » (Jn 15, 27).

2. « Lorsque viendra l'Esprit de vérité, il vous fera accéder à la vérité tout entière [...] » (Jn 16, 13).

3. « Voilà pourquoi, je vous le déclare, tout péché, tout blasphème sera pardonné aux hommes, mais le blasphème contre l'esprit ne sera pas pardonné. Et si quelqu'un dit une parole contre le Fils de l'homme, cela lui sera pardonné; mais s'il parle contre l'Esprit Saint, cela ne lui sera pardonné ni en ce monde ni dans le monde à venir » (Mt 12, 31-32).

4. « Engeance de vipères, comment pourriez-vous dire de bonnes choses, alors que vous êtes mauvais? Car ce que dit la bouche, c'est ce qui déborde du cœur. L'homme bon, de son bon trésor, retire de bonnes choses; l'homme mauvais, de son mauvais trésor, retire de mauvaises choses » (Mt 12, 34-35).

comme individu, ne s'exclut que de moi, pas de l'amour; mais celui qui prend ses distances du divin, qui blasphème contre la nature même, contre l'esprit en elle, son esprit a détruit pour lui la sainteté qui était en lui; et c'est pourquoi il est incapable de supprimer sa séparation et de s'unifier dans l'amour, dans la sainteté. Vous pourriez être secoués par un signe, mais la nature perdue ne se rétablirait pas pour autant en vous; les Euménides de votre être[1] pourraient être effrayées, mais le vide que les démons chassés vous laisseraient derrière eux ne serait pas rempli par l'amour : il rappellerait [plutôt] vos Furies, qui, renforcées alors par votre propre conscience qu'elles sont les Furies de l'enfer, achèveraient alors votre destruction.

L'accomplissement de la foi, le retour à la divinité d'où l'homme est né ferme le cercle de son développement. Tout vit dans la divinité, tous les vivants sont ses enfants, mais l'enfant porte en soi l'union, la cohésion, la consonance dans toute l'harmonie de manière intègre mais non développée; il commence, peureux, avec la foi en des dieux extérieurs à lui, jusqu'à ce qu'il ait lui-même toujours plus agi, séparé, mais qu'il retourne à travers des unifications à l'union originaire mais maintenant développée, autoproduite, sentie, et qu'il connaisse la divinité, c'est-à-dire que l'esprit de Dieu est en lui, qu'il sorte de ses limitations, supprime la modification et rétablisse le tout. Dieu, le fils, le saint esprit! – Enseignez tous les peuples (ce sont les derniers mots de Jésus transfiguré, Mt 28, 19), en les immergeant dans ces relations de la divinité, dans le rapport du père, du fils et du saint esprit[2]. Les mots à eux seuls indiquent que par « immersion », on n'entend pas une immersion dans l'eau, un baptême pour ainsi dire, où devraient être prononcés certains mots, comme une formule

1. *Wesen*.

2. « Allez donc : de toutes les nations faites des disciples, les baptisant au nom du Père et du Fils et du Saint Esprit, leur apprenant à garder tout ce que je vous ai prescrit » (Mt 28, 19-20).

magique; par une remarque additionnelle, on retire aussi du *mathèteuein*[1] le concept de l'enseignement proprement dit; Dieu ne peut être enseigné, ne peut être appris, car il est la vie et ne peut être saisi qu'avec la vie. – Remplissez-les de la relation (*onoma*[2], de même qu'en Mt 10, 41 : « qui accueille un prophète *eis onoma prophètou*, en sa qualité de prophète »[3] –) de l'Un, de la modification (séparation) [de celui-ci] [*N.* 319] et de la réunification développée dans la vie et dans l'esprit (non pas dans le concept). Jésus demande en Mt 21, 25 d'où venait le *baptisma*[4] de Jean? Du ciel ou de l'homme? *Baptisma*, la consécration totale de l'esprit et du caractère, où l'on peut aussi penser – mais comme à une affaire annexe – à l'immersion dans l'eau. Mais en Mc 1, 4 disparaît totalement l'idée de cette forme d'accueil par Jean dans son alliance spirituelle; Jean, dit-on, annonçait le *baptisma* de résipiscence en vue du pardon des péchés[5]; au verset 8[6], Jean [Baptiste] dit: moi je vous ai baptisé dans l'eau; mais lui vous baptisera dans l'esprit saint et dans le feu (Lc 3, 16) (*en pneumati hagiô kai puri*[7], comme en Mt 12, 24 *sq. en pneumati theou ekballô ta daimonia*[8] : dans l'esprit de Dieu, en tant que un avec Dieu); il vous enserrera et vous remplira de feu et d'esprit divin; car celui qui, *en pneumati*[9] (Mc 1, 8)[1], lui-même rempli de l'esprit,

1. « Enseigner ».
2. « Nom ».
3. Voir *supra*, p. 204, n. 2.
4. « Baptême »; « le baptême de Jean, d'où venait-il? Du ciel ou des hommes? » (Mt 21, 25).
5. « Jean le Baptiste parut dans le désert, proclamant un baptême de conversion en vue du pardon des péchés » (Mc 1, 4).
6. « Moi, je vous ai baptisés d'eau, mais lui vous baptisera d'Esprit Saint » (Mc 1, 8).
7. « Dans l'esprit saint et le feu »; « Lui, il vous baptisera dans l'Esprit Saint et le feu » (Lc 3, 16).
8. « Je chasse les démons dans l'esprit de Dieu »; « Mais si c'est par l'esprit de Dieu que je chasse les démons [...] » (Mt 12, 28).
9. « Dans l'esprit ».

consacre les autres, les consacre aussi *eis pneuma, eis onoma* (Mt 28, 19)[2]; ce qu'ils reçoivent, ce qui est en eux n'est pas autre chose que ce qui est en lui.

L'habitude qu'a Jean (aucune action de ce type n'est connue de Jésus) d'immerger dans l'eau ceux qui ont été formés à son esprit est une habitude symbolique significative. Il n'y a pas de sentiment qui serait si homogène à l'aspiration à l'infini, à l'aspiration à déborder dans l'infini, que l'aspiration à s'immerger dans une plénitude d'eau : celui qui se plonge a face à lui un corps étranger qui le baigne aussitôt et se donne à sentir en chaque point de son corps; il est ravi au monde, le monde lui est ravi; il n'est que de l'eau sentie, qui le touche là où il est, et il n'est que là où il la sent; il n'y a dans la plénitude d'eau aucun vide, aucune limitation, aucune multiplicité ou détermination; ce sentiment de la plénitude de l'eau est le moins dispersé, le plus simple; l'individu immergé revient à l'air libre, se sépare du corps aqueux, en est déjà séparé, mais il en ruisselle encore de partout; pendant que l'eau l'abandonne, le monde regagne en détermination autour de lui et il retourne renforcé dans la multiplicité de la conscience. Quand on porte le regard sur le bleu sans ombre et sur la surface simple et sans figures d'un horizon levantin, on ne sent pas l'air environnant, et le jeu des pensées est quelque chose d'autre que le regard qu'on porte au loin. Dans l'individu immergé, il n'y a qu'un seul sentiment, et l'oubli du monde, une solitude qui a tout rejeté loin de soi, qui s'est arrachée à tout. Le baptême de Jésus en Mc 1, 9 *sq.* apparaît comme un tel abandon de tout ce qui précédait, comme une initiation passionnante à un nouveau monde dans lequel ce qui est réel hésite avec indécision, devant le nouvel esprit, entre la réalité et le rêve ; il fut immergé par Jean dans le Jourdain et dès qu'il sortit de l'eau, il vit les

1. « Moi, je vous ai baptisés d'eau, mais lui vous baptisera d'Esprit saint » (Mc 1, 8).

2. « [...] les baptisant au nom du Père [...] » (Mt 28, 19).

cieux déchirés et l'Esprit, comme une colombe, descendre sur lui; [*N.* 320] et une voix surgit des cieux : tu es mon fils bien-aimé en qui je me suis réjoui. Et aussitôt l'esprit poussa Jésus dans le désert; et il y resta quarante jours, tenté par Satan, et il était avec les bêtes sauvages, et les anges le servaient[1]. – En sortant de l'eau, il est plein du plus fort enthousiasme qui ne lui permet pas de rester dans le monde, mais le pousse au désert; là, le travail de son esprit n'a pas encore séparé de soi la conscience de la réalité, il ne s'éveillera pleinement à cette séparation qu'après quarante jours, et il entrera alors dans le monde, avec assurance, mais résolument contre lui.

L'expression *mathèteusate baptizontes*[2] a dès lors une profonde signification. – « Tout pouvoir m'a été donné au ciel et sur la terre » (ainsi parle Jésus de sa glorification en Jn 13, 31[3], après que Judas eut quitté la société pour livrer Jésus aux Juifs, – au moment où il entrevoyait le retour à son père, qui est plus grand que lui; c'est le moment où il est représenté comme déjà ravi à tout ce que le monde pourrait exiger de lui, et où le monde pourrait avoir part à lui) – « Tout pouvoir m'a été donné au ciel et sur la terre; allez donc vers tous les peuples et faites des disciples en les consacrant au rapport du Père et du Fils et du Saint Esprit, de sorte que ce rapport [les] inonde et [les] étreigne en tous points de leur être[4] comme l'eau le fait pour celui qui y est plongé – et voyez: je suis avec vous tous les jours jusqu'à l'accomplissement du monde. À ce moment, où

1. « Or, en ces jours-là, Jésus vint de Nazareth en Galilée et se fit baptiser par Jean dans le Jourdain. À l'instant où il remontait de l'eau, il vit les cieux se déchirer et l'Esprit, comme une colombe, descendre sur lui. Et des cieux vint une voix : " Tu es mon fils bien-aimé, il m'a plu de te choisir". Aussitôt l'Esprit pousse Jésus au désert. Durant quarante jours, au désert, il fut tenté par Satan. Il était avec les bêtes sauvages, et les anges le servaient » (Mc 1, 9-13).

2. « Enseignez en baptisant ».

3. « Dès que Judas fut sorti, Jésus dit : "Maintenant, le Fils de l'homme a été glorifié et Dieu a été glorifié par lui" » (Jn 13, 31).

4. *Wesen*.

Jésus est présenté comme délivré de toute réalité et personnalité, on ne peut pas le moins du monde penser à une individualité, à une personnalité de son être[1]. Il est avec eux, dont l'être[2] est pénétré de l'esprit divin, qui sont consacrés dans le divin, dont l'être[3] est vivant dans le divin, qui est maintenant accompli en lui.

L'immersion dans le rapport du Père, du Fils et de l'Esprit est exprimé beaucoup plus faiblement par Luc (Lc 24, 47), comme une annonce au nom du Christ, – [une annonce] de la conversion et du pardon des péchés; une annonce qui doit commencer à Jérusalem; ils sont témoins de ce qui est arrivé, il leur enverra la promesse de son père, et ils ne doivent pas commencer leur œuvre en dehors de Jérusalem avant d'être revêtus de la force d'en haut[4]. – Une simple doctrine peut être annoncée et soutenue par le témoignage d'événements sans [bénéficier de] l'esprit saint à proprement parler; mais un tel enseignement ne serait pas une consécration, une immersion de l'esprit. Chez Marc – même si le dernier chapitre n'est pas tout à fait authentique, son ton est quand même caractéristique –, ce départ de Jésus est exprimé beaucoup plus objectivement; le spirituel apparaît chez lui davantage comme une formule habituelle, et les expressions sont des sentences refroidies par l'habitude d'une Église [*N.* 321]: annoncez l'Évangile (sans autre précision, [c'est] une sorte de *terminus technicus*), le croyant et le baptisé seront sauvés, l'incroyant sera condamné, – « croyant » et « baptisé » ont déjà l'aspect de

1. *Wesen.*
2. *Wesen.*
3. *Wesen.*
4. « C'est comme il a été écrit : le Christ souffrira et ressuscitera des morts le troisième jour, et on prêchera en son nom la conversion et le pardon des péchés à toutes les nations, à commencer par Jérusalem. C'est vous qui en êtes les témoins. Et moi, je vais envoyer sur vous ce que mon Père a promis. Pour vous, demeurez dans la ville jusqu'à ce que vous soyez, d'en haut, revêtus de puissance » (Lc 24, 46-49).

mots déterminés, sans âme, servant à désigner une secte ou une communauté, et dont les concepts sont présupposés dans leur totalité. Au lieu du spirituel « je suis avec vous tous les jours », au lieu du remplissement[1] des croyants par l'esprit de Dieu, au lieu du Jésus glorifié, Marc parle avec sécheresse, sans que s'élève aucun enthousiasme, sans aucun souffle spirituel : il parle de dominations miraculeuses exercées sur la réalité, d'expulsions du diable et d'actions semblables, autant d'actions dont les croyants seront capables ; il parle de tout cela avec tellement d'objectivité que l'on ne peut ici parler que d'actions, sans en pouvoir évoquer l'âme.

Le développement du divin dans les hommes, le rapport dans lequel ils entrent avec Dieu du fait qu'ils sont remplis de l'esprit saint, et qui consiste à devenir ses fils, et de vivre dans l'harmonie de tout leur être[2] et de tout leur caractère, de leur multiplicité développée, une harmonie dans laquelle non [seulement] leur conscience multiple fait chœur en un seul esprit, et les nombreuses figures de la vie en une seule vie ; mais [en outre, par cette harmonie] sont levées les cloisons qui font face à d'autres êtres[3] à l'image de Dieu, et par elle le même esprit vivant anime les divers êtres[4], qui dès lors ne sont plus seulement égaux, mais qui sont unis, qui ne constituent plus une assemblée, mais une communauté, parce qu'ils ne sont pas unifiés en un universel, en un concept, par exemple en tant que « croyants », mais par la vie, par l'amour ; – c'est cette harmonie vivante des hommes, leur communauté en Dieu que

1. *Statt des Geistvollen : ich bin mit euch alle Tage, dem Erfülltsein* […] ; la préposition *statt* régit aussi bien le génitif que le datif. *Martin* : « Au lieu de l'expression profonde : je suis avec vous tous les jours, au lieu du langage du croyant rempli de l'esprit de Dieu […] » (p. 99-100) ; *Fischbach* : « À la place de cette expression éminemment spirituelle : je suis avec vous tous les jours, à la place des croyants emplis de l'esprit de Dieu […] » (p. 134).

2. *Wesen*.

3. *Wesen*.

4. *Wesen*.

Jésus nomme le royaume de Dieu. La langue juive lui fournissait le mot « royaume », qui apporte quelque chose d'hétérogène dans l'expression d'une unification divine des hommes; car il ne désigne qu'une unité de domination, une unité [acquise] par le pouvoir d'un étranger sur un étranger, qui doit nécessairement être tout à fait éloignée de la beauté et de la vie divine d'une alliance pure entre les hommes – [tout à fait éloignée] de ce qu'il y a de plus libre possible. Cette idée d'un royaume de Dieu accomplit et englobe le tout de la religion telle que Jésus l'a fondée, et il faut encore considérer si elle satisfait la nature ou quel besoin a poussé ses disciples vers quelque chose de plus éloigné. Dans le royaume de Dieu, le communautaire, à savoir que tous sont vivants en Dieu, n'est pas le communautaire dans un concept, mais l'amour, un lien vivant qui unifie les croyants, cette sensation de l'union de la vie dans laquelle sont supprimées toutes les oppositions, qui, comme telles, sont des hostilités, ainsi que les unifications des oppositions subsistantes – les droits; je vous donne un nouveau commandement, dit Jésus : aimez-vous les uns les autres, c'est à cela qu'on reconnaîtra que vous êtes mes disciples. Cette amitié des âmes [*N.* 322], exprimée comme être[1], comme esprit pour la réflexion, est l'esprit divin, Dieu qui régit la communauté. Est-il une idée plus belle qu'un peuple d'hommes que l'amour maintient en relation les uns avec les autres ? Est-il une idée plus sublime que d'appartenir à un tout qui comme tout, comme un, est l'esprit de Dieu et dont les fils sont les individus ? Devrait-il y avoir encore une incomplétude dans cette idée, à savoir qu'un destin y aurait un pouvoir ? Ou ce destin serait-il la Némésis, qui se mettait en colère contre une tendance trop belle, contre un débordement de la nature ?

Dans l'amour, l'homme s'est retrouvé lui-même dans un autre; parce qu'il est une unification de la vie, il présupposait

1. *Wesen*.

la séparation, un développement, une multilatéralité formée ; et plus il y a de figures dans lesquelles la vie est vivante, plus il y a de points dans lesquels elle peut s'unifier et sentir, et plus intime peut être l'amour ; plus les relations et les sentiments des amants sont étendus en multiplicité, plus l'amour se concentre dans l'intimité, et plus il est exclusif, plus il est indifférent à d'autres formes de vie ; sa joie se mêle à toute autre vie, la reconnaît, mais se retire dans le cas d'un sentiment d'individualité, et plus les hommes sont individualisés par leur formation et leur intérêt, dans leur rapport au monde, plus chacun a quelque chose de propre, et plus l'amour se limite à lui-même ; et pour avoir conscience de son bonheur, pour se le donner à soi-même comme il le fait volontiers lui-même, il est nécessaire que l'amour s'isole, qu'il se constitue même des hostilités. Un amour partagé par un grand nombre[1] ne permet donc qu'un certain degré de force et d'intimité, et réclame l'égalité des esprits, des intérêts, des nombreux rapports de la vie, [il réclame] la diminution des individualités ; mais cette communauté de la vie, cette égalité de l'esprit ne peut, puisqu'elle n'est pas amour, parvenir à la conscience que par ses expressions déterminées et fortement caractérisées ; il ne saurait être question [ici] d'un accord dans la connaissance, dans des opinions égales ; la liaison entre plusieurs [individus] s'appuie sur une nécessité commune, elle se présente à des objets qui peuvent être communautaires, dans des rapports qui surgissent à cette occasion, et donc dans l'effort commun vers ceux-ci, et dans une activité et une action communes ; [cette liaison] peut s'associer à mille objets de possession et de jouis-

1. « En marge : "Pellew Ins. Vorr. Forster" ; entendez : *Nachrichten über die Pelew-Insel*, rassemblées par G. Keate, traduit de l'anglais par G. Forster, Hambourg, 1789, p. XXXIV » (note de H. Nohl).

L'éditeur de Hegel fait allusion au récit de voyage de G. Keate, *An Account of the Pelew islands* (1788). Pour plus de détails, voir G. W. F. Hegel, *Premiers écrits (1797-1800)*, *op. cit.*, p. 312, n. 4.

sance communs, s'associer à une même culture, et s'y reconnaître. Une multitude de buts identiques, tout l'ensemble de la nécessité physique peuvent être objets d'une activité unifiée, dans celle-ci se présente le même esprit, et cet esprit commun se plaît alors [*N.* 323] aussi à se donner à connaître dans la tranquillité, à être heureux de son unification, en jouissant de lui-même dans la joie et en jouant. Les amis de Jésus restèrent ensemble après sa mort, ils mangeaient et buvaient en communauté, certaines de leurs fraternités supprimèrent tout droit de propriété des uns à l'égard des autres, d'autres ne le firent qu'en partie, par de plantureuses aumônes et des contributions à la communauté; ils parlaient entre eux de leur ami et maître qui les avait quittés, ils priaient en communauté et se renforçaient les uns les autres dans leur foi et leur courage; leurs ennemis reprochaient à certaines de leurs sociétés la communauté des femmes; un reproche que, soit ils n'avaient pas le courage et la pureté de mériter, soit dont ils ne devaient pas s'offusquer. Beaucoup quittèrent leur communauté pour faire participer d'autres peuples à leur foi et à leurs espérances; et comme tel est l'agir unique de la communauté chrétienne, le prosélytisme lui appartient en propre. Outre le fait qu'ils consommaient, priaient, mangeaient, se réjouissaient, croyaient et espéraient en communauté, outre l'activité unique déployée pour étendre la foi, agrandir la communauté de prière, il reste encore un énorme champ d'objectivité qui dresse un destin à l'étendue la plus variée et d'une puissance violente, et qui prétend à une activité multiple. Selon la tâche de l'amour, la communauté dédaigne toute unification qui ne serait pas la plus intime, tout esprit qui ne serait pas le plus élevé. Pour ne pas faire mention de l'artificialité et de la fadeur de la pompeuse idée d'un amour universel entre les hommes, puisque ce n'est pas là ce à quoi tend la communauté, celle-ci doit s'en tenir à l'amour lui-même; hors de la relation de la foi communautaire et des présentations de cette communauté dans des actions religieuses qui s'y réfèrent, toute autre liaison dans [quelque chose d'] objectif, en vue d'un but, d'un développement d'un autre côté de la vie, d'une activité commune, tout esprit contribuant à quelque chose d'autre qu'à l'élargissement de la foi et se réjouissant et se présentant dans des jeux ou dans d'autres modifications et des figures partielles de la vie, sont étrangers à la communauté : celle-ci ne s'y reconnaîtrait pas, elle aurait été abandonnée par l'amour, son seul et unique esprit, et serait devenue infidèle à son dieu ; d'ailleurs, elle n'aurait pas seulement abandonné l'amour, mais elle l'aurait même détruit ; car les membres se mettent en danger de s'affronter mutuellement avec leurs individualités, et ils devraient le faire d'autant plus que leur formation était [diverse] et qu'ils s'exposaient ainsi, dans le domaine de leurs divers caractères, à la puissance de leurs divers destins ; à propos d'un intérêt mineur, de la détermination diverse d'une bagatelle, l'amour se changerait en haine, et il s'en suivrait une apostasie. Ce danger n'est écarté que par un [*N.* 324] amour inactif, non développé, de sorte que [cet amour], la vie suprême, reste non vivant. C'est ainsi que l'élargissement contre nature de la sphère de l'amour s'embrouille dans une contradiction, dans un effort erroné qui devait devenir le père du fanatisme actif ou passif le plus terrible. Cette limitation de l'amour à lui-même, sa fuite loin de toutes les formes, même si son esprit soufflait déjà en elles, ou si elles surgissaient de lui, cet éloignement loin de tout destin est justement son plus grand destin ; et tel est le point où Jésus est en prise avec le destin : de la manière la plus sublime, certes, – mais il y succomba.

[*N.* 325] C'est avec le courage et la foi d'un homme habité par Dieu, <qui se voue à une noble activité en vue d'un grand objet>, de ce que les gens sensés appellent un exalté, que Jésus fit son apparition dans le peuple juif. Il se présenta comme neuf, dans un esprit qui lui était propre, le monde s'étendait devant lui tel qu'il devait devenir, et le premier rapport dans lequel il s'inscrivit avec lui fut de l'appeler à être autre, si bien qu'il commença à lancer des appels à tous : changez, car le royaume de Dieu est proche; si l'étincelle de la vie avait dormi chez les Juifs, elle n'aurait eu besoin que d'un souffle pour s'élever en une flamme qui aurait consumé tous leurs misérables titres et prétentions; si dans leur inquiétude et leur insatisfaction par rapport à la réalité ils avaient ressenti le besoin de quelque chose de plus pur, alors l'appel de Jésus aurait rencontré la foi, et cette foi aurait dans le même instant donné l'existence à l'objet cru. Avec leur foi, le royaume de Dieu eût été présent. Jésus n'aurait alors fait qu'exprimer ce qui se trouvait dans leur cœur sous forme non développée et inconsciente; et en trouvant les mots, en faisant venir le besoin à la conscience, les liens seraient tombés, du vieux destin ne se seraient plus agitées que des convulsions de la vie éteinte, et le nouveau aurait été là. Or certes les Juifs voulaient bien quelque chose d'autre que ce qui avait précédé; mais ils se plaisaient trop dans la fierté de leur servitude pour trouver ce qu'ils cherchaient dans ce que Jésus leur proposait. La réaction qu'ils lui opposèrent, la réponse que leur génie fit à l'appel de Jésus fut [de lui réserver] une attention très impure; quelques rares âmes pures se joignirent à lui, sous la pulsion du désir d'être formés; avec une grande bonté, avec la foi d'un pur exalté, il prit leur aspiration pour un cœur satisfait, leur pulsion pour un accomplissement, leur renoncement à quelques relations anciennes, qui la plupart du temps n'étaient pas brillantes, pour de la liberté et pour un destin guéri ou vaincu; car peu après qu'ils se furent connus, il les tint capables, et son peuple mûr pour suivre une proclamation plus large du royaume de Dieu : il envoya ses disciples par deux à travers le pays pour faire résonner son appel de tous côtés, mais l'esprit divin ne parlait pas dans leurs sermons, et après de bien longues fréquentations, [*N.* 326] ils faisaient encore trop souvent voir une âme mesquine ou au moins impure, dont seulement quelques rameaux avaient été pénétrés par le divin. Hormis le négatif qu'elle contient, toute leur instruction était d'annoncer la proximité du royaume de Dieu. Ils se rassemblent bientôt à nouveau auprès de Jésus, et l'on ne remarque aucun effet de l'espoir de Jésus, ni de leur apostolat. L'indifférence à la réception de son appel se transforma bientôt en haine contre lui ; l'effet que celle-ci eut sur lui fut une amertume toujours croissante à l'égard de son temps et de son peuple, prioritairement à l'égard de ceux en lesquels l'esprit de sa nation habitait le plus fort et le plus passionnément : les pharisiens et les dirigeants du peuple[1]. <Comme toutes les formes de la vie, même les plus belles étaient souillées, Jésus ne pouvait se commettre avec aucune ; dans son royaume de Dieu, il ne pouvait y avoir d'autre relation que celle qui procédait de la beauté et de la liberté elles-mêmes ; les rapports de la vie étaient soumis, dans son peuple, à l'esclavage des lois et à l'esprit égoïste. Il ne semble avoir attendu de sa race aucun rejet général du joug [qu'elle portait], et c'est pourquoi il prévit un combat du saint avec le profane, dont il craignait toute l'horreur. Je ne suis pas venu, dit-il, pour apporter la paix à la terre, mais l'épée ; je suis venu diviser le fils et son père, la fille et sa mère, la fiancée et ses beaux-parents ; celui qui aime plus son père ou sa mère, son fils ou sa fille que moi, n'est pas digne de moi. Il pouvait faire face à l'horrible déchirement de tous

1. « Ce qui suit dans le manuscrit n'a pas été barré par Hegel, mais n'a pas non plus été utilisé par lui dans la nouvelle version. Aussi n'est-il pas invraisemblable qu'il ait simplement oublié de faire précéder ce passage d'un signe de renvoi, de sorte que nous devrions y voir le morceau manquant que nous avons mentionné p. 243, n. 1 [*supra*, p. 63, n. 1] qui doit au moins lui avoir correspondu quant au contenu, puisqu'il conclut le destin de Jésus. C'est pourquoi je l'ai intégré au texte p. 331 [*infra*, p. 225] » (note de H. Nohl).

les liens de la nature; car ces relations libres et belles étaient en même temps des entraves qui liaient au plus profane et qui étaient nouées dans la tyrannie même; seuls des cœurs tout à fait purs peuvent sans douleur et sans regret séparer le pur et l'impur, [tandis que] des cœurs moins purs tiennent fermement aux deux; dans la destruction de cet amalgame du pur et de l'impur, le pur est donc aussi détérioré, et foulé aux pieds avec l'impur. Mais à cause de ce mélange, Jésus ne pouvait pas vivre pour soi dans le royaume de Dieu, il ne pouvait porter celui-ci que dans son cœur, et il ne pouvait entrer en relation avec les hommes que pour les former; à travers un unique, égal et libre rapport des deux côtés, il serait entré en association avec toute la texture du légalisme juif, et pour ne pas déchirer ou insulter ses relations, il aurait dû se faire enlacer par ses fils. C'est pourquoi Jésus s'isola de sa mère, de ses frères et de ses parents; il ne pouvait aimer une femme, engendrer des enfants; il ne pouvait être père de famille, citoyen de l'État – il ne put rester pur que parce qu'il renonça à toutes ces formes de la vie; car toutes ces formes étaient désacralisées; et parce que son royaume de Dieu ne pouvait plus trouver place sur terre, il dut le déplacer dans le ciel>. Dans son ton vis-à-vis des pharisiens, on ne trouve pas de tentatives [*N.* 327] pour les réconcilier avec lui, pour avoir prise sur leur esprit, mais bien le déchaînement le plus rude de son amertume à leur égard, le dévoilement de leur esprit hostile à lui; face à cet esprit, il n'agit pas une seule fois avec la foi en la possibilité d'un changement. Lorsque leur caractère tout entier lui résistait, il ne pouvait pas, lorsque se présentait l'occasion de parler avec eux de questions religieuses, viser à une réfutation et un enseignement; il ne les fait taire que par des *argumenta ad hominem*, il adresse aux autres hommes présents le vrai qui s'oppose à eux. À ce qu'il semble, après le retour de ses disciples (Mt 11), il renonce à son peuple et sent (v. 25) que Dieu ne se révèle qu'aux hommes simples[1]; et à partir de ce moment, il se borne à exercer son efficace sur des individus et il laisse se maintenir intact le destin de sa nation en s'en séparant lui-même et en y arrachant ses amis; autant Jésus ne voit pas changer le monde, autant il le fuit, et toutes ses relations avec; autant il se confronte à tout le destin de son peuple, [autant] il se comporte passivement à son égard, même si son comportement lui paraît contradictoire. Rendez à l'empereur ce qui est à l'empereur, dit-il, lorsque les Juifs lui exprimèrent le côté de leur destin qui consiste à payer des impôts aux Romains; lorsqu'il lui parut contradictoire que lui et ses amis dussent aussi payer le tribut qui était imposé aux Juifs, il ordonna à Pierre de le payer, pour éviter tout affrontement. Il entretenait avec l'État l'unique rapport [consistant à] se tenir dans les limites de sa juridiction, et, en contradiction avec son esprit, il se soumit à la conséquence de cette puissance exercée sur lui, en souffrant consciemment. Le royaume de Dieu n'est pas de ce monde; seulement il est très différent pour ce royaume que ce monde existe comme lui étant opposé, ou qu'il n'existe pas, qu'il ne soit que possible. Comme c'est le premier cas qui prévalait, et que Jésus souffrait consciemment de l'État, une grande part de l'unification vivante est déjà coupée avec un tel rapport à l'État, un lien important est coupé pour les membres du royaume de Dieu, une partie de la liberté, du caractère négatif d'une association de la beauté, une multitude de rapports actifs, de relations vivantes sont perdus; les citoyens du royaume de Dieu deviennent des personnes privées opposés à un État hostile, et qui s'en excluent. Par ailleurs, cette limitation de la vie apparaît davantage comme le pouvoir d'une puissance dominante étrangère sur des choses extérieures auxquelles on peut même renoncer

1. « Je te loue, Père, Seigneur du ciel et de la terre, d'avoir caché cela aux sages et aux intelligents et de l'avoir révélé aux tout-petits » (Mt 11, 25).

en toute liberté, que comme un rapt sur la vie – pour ceux qui n'ont jamais été actifs dans une telle unification, qui n'ont jamais profité de cette association et de cette liberté, en particulier si le rapport civil ne concerne prioritairement que la propriété. Ce qui se perd de la multitude des relations, de la multiplicité des liens joyeux et beaux [*N.* 328] est remplacé par le gain en individualité isolée et par le gain de la conscience mesquine de ses particularités. De l'idée du royaume de Dieu sont bien exclus tous les rapports fondés à travers un État, qui se trouvent infiniment plus profonds que les relations vivantes de l'alliance divine, et qui ne peuvent être que méprisés par une telle alliance; mais puisque cet État était présent et si Jésus ou la communauté ne pouvait le supprimer, le destin de Jésus et de sa communauté qui lui garde sa fidélité reste une perte de liberté, une limitation de la vie, une passivité dans la domination par une puissance étrangère, que l'on méprise, mais qui abandonne quand même sans mélange le peu dont Jésus avait besoin : l'existence au sein de son peuple. – En dehors de ce côté de la vie, qu'on ne peut appeler vie, mais plutôt possibilité de la vie, l'esprit [juif] ne s'était pas seulement emparé de toutes les modifications de la vie, mais en elles, il était devenu loi en tant qu'État et il avait réduit les formes de la nature les plus immédiates et les plus pures à des légalités déterminées. Dans le royaume de Dieu, il ne peut y avoir de relation que procédant de l'amour le plus désintéressé et donc de la plus haute liberté, qui reçoit de la beauté seule la figure de son apparition et son rapport au monde. À cause de la souillure de la vie, Jésus ne pouvait porter le royaume de Dieu que dans son cœur, il ne pouvait entrer en relation avec les hommes que pour les former, pour développer le bon esprit auquel il croyait en eux, pour produire d'abord des hommes dont le monde serait [alors] le sien; mais dans son monde réel, il devait fuir toutes les relations vivantes, car elles étaient toutes soumises à la loi de la mort, et que les hommes étaient détenus par le pouvoir de [la loi] juive; par un rapport libre des deux côtés, il serait entré en association avec le tissu du légalisme juif, et pour ne pas profaner ou déchirer une relation engagée, il aurait dû se faire enlacer par ses fils, et c'est ainsi qu'il ne pouvait trouver la liberté que dans le vide; car toute modification de la vie était liée; c'est pourquoi Jésus s'isola de sa mère, de ses frères et de ses parents; il ne pouvait pas aimer de femme, ni engendrer d'enfants, il ne pouvait être père de famille ni citoyen, qui aurait profité avec les autres de la vie en commun. Le destin de Jésus fut de souffrir du destin de sa nation : soit de le faire sien et de supporter sa nécessité, et de partager sa jouissance, et d'unifier son esprit avec le sien, – mais de sacrifier alors sa beauté, sa cohésion avec le divin; soit d'écarter de lui le destin de son peuple, mais de conserver alors en soi sa vie non développée et sans jouissance; en aucun cas il ne s'agissait d'accomplir la nature: soit il en sentait des fragments, et encore, souillés, soit il la portait intégralement [*N.* 329] à la conscience, mais en ne connaissant sa figure que comme une ombre brillante, dont l'être[1] est la plus haute vérité, mais en renonçant à son sentiment, à son animation en acte et en réalité. Jésus choisit le second destin, la séparation de sa nature et du monde; et il réclama la même chose de ses amis; « celui qui aime son père ou sa mère, son fils ou sa fille plus que moi, n'est pas digne de moi ». Mais plus profondément il ressentait cette séparation, moins il pouvait la porter tranquillement, et son activité était la réaction courageuse de sa nature au monde; et son combat était pur et sublime, parce qu'il avait connu le destin dans toute son étendue et s'y était opposé; sa résistance et celle de la communauté qu'il avait fondée vis-à-vis de la corruption devait nécessairement porter cette corruption à la conscience, pour elle-même et pour l'esprit encore plus libre de cette corruption, et elle devait aussi diviser le destin [de cette corruption] d'avec soi-même; le combat du pur et de

1. *Wesen*.

l'impur est un spectacle sublime, mais qui se transforme bientôt en un aspect épouvantable, lorsque le sacré lui-même souffre du profane et qu'un amalgame des deux, avec la présomption d'être pur, se dresse contre le destin, en étant encore lui-même pris dans ce destin. Jésus prévoyait toute l'horreur de ce délabrement; je ne suis pas venu, dit-il, apporter la paix à la terre, mais l'épée; je suis venu diviser le fils et son père, la fille et sa mère, la fiancée et ses beaux-parents. Ce qui pour une part s'est détaché du destin, mais qui y reste lié pour une autre part, avec ou sans conscience de ce mélange, doit nécessairement se déchirer, et déchirer la nature d'autant plus effroyablement, et dans le cas d'un mélange entre la nature et la non-nature, l'attaque portée contre la dernière doit aussi toucher la première, piétiner en même temps le bon grain et l'ivraie, et ce qu'il y a de plus sain dans la nature même doit être blessé, car il est emmêlé dans le profane. À la vue de ces conséquences, Jésus ne songea pas à retenir son efficace pour épargner au monde son destin, adoucir ses convulsions et pour lui laisser dans la décadence la foi la plus confiante en son innocence.

L'existence de Jésus fut donc une séparation du monde et une fuite loin de celui-ci dans le ciel; rétablissement dans l'idéalité de la vie menacée de vide; dans chaque cas de résistance, souvenir et contemplation de Dieu; mais pour partie activation du divin, et donc combat avec le destin, pour une part dans l'élargissement du royaume de Dieu, avec la représentation duquel tout le royaume du monde s'effondra et disparut; pour une autre part dans la réaction immédiate à des parties singulières du destin, telles qu'elles se heurtaient justement à lui, à l'exception de la partie du destin qui apparaissait immédiatement comme État, et dont Jésus prit aussi conscience, mais vis-à-vis duquel il se comporta passivement.

[*N.* 330] Le destin de Jésus ne fut pas tout à fait le destin de sa communauté; comme elle était un rassemblement de plusieurs, qui vivaient dans la même séparation du monde, chaque membre trouvait cependant plusieurs autres qui avaient la même motivation que lui; ils étaient solidaires et pouvaient se tenir dans la réalité plus éloignés du monde, et comme il y avait de ce fait moins de chocs et de résistance à lui, ils subissaient moins sa provocation; ils vivaient moins dans l'activité négative du combat et le besoin d'une vie positive devait croître en eux, car la communauté du négatif ne procure pas de jouissance et n'est pas une beauté. La suppression de la propriété, l'introduction de la communauté des biens, les repas en commun appartiennent au négatif de l'unification plutôt que d'être une unification positive. L'essence de leur association était l'isolement par rapport aux hommes et l'amour entre eux; les deux sont nécessairement liés; cet amour ne devait et ne pouvait être une unification des individualités, mais l'unification en Dieu, et en Dieu seul : dans la foi ne peut s'unifier que ce qui s'oppose une réalité, ce qui s'en isole; par là étaient fixées cette opposition et une partie essentielle du principe de l'association; et l'amour devait nécessairement toujours conserver la forme de l'amour, de la foi en Dieu, sans devenir vivant et sans se présenter dans les figures de la vie, car chaque figure de la vie est opposable par l'entendement et peut être saisie par lui comme son objet, comme une réalité; et le rapport au monde devait devenir une peur angoissée de ses attouchements, une peur de chaque forme de vie, parce qu'en chacune se laisse voir son manque, puisqu'elle a une figure et n'est qu'un seul côté, et cette indigence est une participation au monde. C'est ainsi que l'association de la communauté ne trouva pas de réconciliation du destin : elle trouva l'extrême opposé de l'esprit juif, mais pas le milieu des extrêmes dans la beauté. L'esprit juif avait fixé les modifications de la nature et les rapports de la vie en des réalités, mais vis-à-vis d'elles [conçues] comme dons du Seigneur, non seulement il ne se scandalisait pas de leur médiocrité, mais sa fierté et sa vie étaient la possession de réalités. L'esprit de la communauté chrétienne voyait aussi des réalités dans chaque rapport de la vie se présentant et se développant; mais comme l'objectivité était son plus grand ennemi en tant qu'il est sentiment de l'amour, il resta tout aussi pauvre que l'esprit juif, mais il refusa la richesse à laquelle l'esprit juif s'était asservi[1].

[*N.* 331] L'exaltation mystique méprisant la vie peut très facilement tourner au fanatisme; car pour se maintenir dans son absence de relations, elle doit détruire ce par quoi elle est détruite, et ce qui est impur pour elle – fût-ce le plus pur –, elle doit blesser son contenu, souvent les plus belles relations. Les exaltés des derniers temps ont fait du refus de toutes les formes de la vie, parce qu'elles avaient perdu leur pureté, une absence de figures absolument vide, et déclaré la guerre à chaque pulsion de la nature, simplement parce qu'elle cherche une forme extérieure; et l'effet de ce suicide tenté, de ce maintien à l'unité vide était d'autant plus effrayant que les entraves de la multiplicité étaient encore solides dans les cœurs; car dans la mesure où seule la conscience de formes bornées les habitait, il ne leur restait rien d'autre qu'une fuite dans le vide effectuée par des atrocités et des ravages. – Mais lorsque le destin du monde fut trop grand et qu'il se maintint à côté de l'Église et dans l'Église, qui est incompatible avec lui, il n'y avait plus lieu de penser à aucune fuite. Aussi de grands hypocrites à l'égard de la nature ont-ils tenté de trouver et maintenir une liaison contre nature entre la multiplicité du monde et l'unité sans vie, entre tous les rapports légaux bornés et les vertus humaines d'une part et avec l'esprit simple d'autre part; ils imaginaient pour chaque action civile, ou pour chaque expression de l'envie et du désir un refuge dans l'unité, afin de se conserver ainsi par la tromperie chaque limitation et d'en jouir, tout en y échappant en même temps.

1. « Ici se trouve le signe (cf. p. 243) [*supra*, p. 63, n. 1] dont on ne peut trouver ce qui lui correspond. Ce qui suit à la page suivante a été prélevé de la première version pour remplacer ce vide (cf. p. 326, note) [*supra*, p. 218, n. 1]. Pour des raisons d'articulation commence ensuite chez nous un nouveau chapitre, tandis que Hegel ne fait qu'un saut de paragraphe » (note de H. Nohl).

Dans la mesure où Jésus refusait de vivre avec les Juifs, mais qu'en même temps il combattait toujours leurs réalités avec son idéal, il était inévitable qu'il succombât à ces réalités ; il ne se déroba pas à ce développement de son destin, mais il est vrai qu'il ne le rechercha pas non plus ; pour chaque exalté qui ne s'exalte que pour soi, la mort est bien venue, mais celui qui s'exalte pour un grand projet ne peut quitter qu'avec douleur la scène sur laquelle il devait se produire ; Jésus mourut avec la certitude que son projet ne serait pas perdu[1].

1. « Ici venait à l'origine "Après la mort de Jésus [...] ont été martyrisés", p. 333-335 [*infra*, p. 229-232] » (note de H. Nohl).

[*N.* 332] Au côté négatif du destin de la communauté chrétienne, à l'opposition au monde qui transforme les modifications de la vie en déterminations et donc les relations avec elles en crimes, fait face le côté positif, le lien de l'amour. Du fait de l'extension de l'amour à l'ensemble d'une communauté, il entre dans le caractère de celui-ci qu'il n'est pas une unification vivante des individualités mais que sa jouissance se limite à [la] conscience mutuelle qu'elles ont de s'aimer. – L'absence de destin par la fuite dans la vie non remplie fut facilitée aux membres de la communauté en ce qu'ils constituaient une communauté qui s'abstenait de toutes les formes de la vie [dans les rapports] mutuels, ou qui ne les déterminait que par l'esprit universel de l'amour, c'est-à-dire qui ne vivait pas dans ces formes. – Cet amour est un esprit divin, mais n'est pas encore religion; pour le devenir, il devait en même temps se présenter dans une forme objective; l'amour, une sensation, un subjectif, devait fusionner avec le représenté, l'universel, et gagner par là la forme d'un être[1] capable et digne d'être adoré. Ce besoin d'unifier dans un [être] beau, dans un dieu le subjectif et l'objectif, la sensation et son exigence d'objets, l'entendement par l'imagination, ce besoin, le besoin le plus élevé de l'esprit humain, est l'aspiration à la religion. La foi en Dieu ne pouvait satisfaire cette pulsion de la communauté chrétienne; car seule sa sensation communautaire devait trouver place dans son dieu; ce sont tous les êtres[2] qui sont unifiés dans le dieu du monde : les membres de la communauté ne sont [donc] pas comme tels en lui; leur harmonie n'est pas l'harmonie du tout, sinon ils ne formeraient pas une communauté particulière et ne seraient pas liés les uns aux autres par l'amour; la divinité du monde n'est pas la présentation de leur amour, de leur divin. [En revanche], le besoin de religion qu'avait Jésus était

1. *Wesen.*
2. *Wesen.*

satisfait dans le dieu du tout; car le regard qu'il portait sur lui était fait de chacun de ses heurts permanents avec le monde, de sa fuite hors du monde; il n'avait besoin que de l'Opposé au monde, en quoi son opposition elle-même était fondée; il était son père, il était uni à lui. Mais pour sa communauté, le heurt permanent avec le monde disparut davantage : elle vivait sans mener de combat actif contre lui, et elle était dès lors heureuse de ne pas être constamment provoquée par lui [*N.* 333] et donc [de] ne pas devoir purement et simplement fuir en direction de l'Opposé, de Dieu; mais elle trouvait au contraire dans sa communauté et dans son amour une jouissance, un réel, un genre de rapport vivant; seulement, comme chaque relation est opposée à l'être en relation, comme la sensation a encore la réalité en tant qu'opposée à elle – ou pour le dire subjectivement, la faculté d'avoir celle-ci : l'entendement –, son manque doit être alors comblé dans quelque chose qui unifie les deux. La communauté a le besoin d'un dieu qui soit le dieu de la communauté, dans lequel justement sont présentés son amour exclusif, son caractère, la relation des uns aux autres; non pas comme un symbole ou une allégorie, non pas comme la personnification d'un subjectif où l'on serait conscient de sa séparation avec sa [présentation], mais [comme ce] qui est en même temps dans le cœur, ce qui est à la fois sensation et objet; la sensation comme esprit qui gonfle tout et reste un seul être, même si chaque individu est conscient de sa sensation comme de sa sensation singulière.

Un cercle de l'amour, un cercle de cœurs qui abandonnent mutuellement leurs droits sur tout particulier et qui ne sont unifiés que par une foi et une espérance communautaires, dont la jouissance et la joie ne sont que cette pure unanimité de l'amour, est un petit royaume de Dieu; mais leur amour n'est pas religion, car l'union, l'amour des hommes ne contient pas en même temps la présentation de cette union. L'amour les unifie, mais les aimés ne connaissent pas cette unification : lorsqu'ils connaissent, ils connaissent de l'isolé. Pour que le divin apparaisse, l'esprit invisible doit être unifié avec du visible, afin que tout soit en un, que connaissance et sensation soient en un, qu'il y ait une synthèse complète, une harmonie accomplie, que l'harmonie et l'harmonieux soient uns. <Sans quoi, en relation au tout, l'amour reste ce qu'il est : une pulsion>. Sans quoi, en relation au tout de la nature séparable, il subsiste une pulsion qui est trop petite pour l'infinité du monde, et trop grande pour son objectivité, et qui ne peut être rassasiée ; il subsiste la pulsion insatisfaite et inextinguible qui pousse vers Dieu.

Après la mort de Jésus, ses disciples étaient comme des brebis qui n'ont pas de berger ; un ami leur était mort, mais ils avaient aussi espéré qu'il serait celui qui allait libérer Israël (Lc 24, 21)[1] et cet espoir avait disparu avec sa mort ; il avait tout emporté avec lui dans la tombe ; son esprit n'était pas resté en eux. <Deux jours après sa mort, Jésus ressuscita de la mort, et la foi réintégra leurs cœurs, et bientôt l'esprit saint descendit sur eux-mêmes, et la résurrection devint la raison de leur foi et de leur salut. Comme l'effet de cette résurrection fut si important, comme cette donnée devint le point central de leur foi, le besoin de cette résurrection devait être très profond en eux>. – Leur religion, leur [*N.* 334] foi en la pure vie avait tenu à l'individu Jésus ; il était leur lien vivant et le divin révélé, figuré ; en lui, c'est Dieu qui leur était aussi apparu, son individu unifiait pour eux l'indéterminé de l'harmonie et le déterminé en un vivant. Avec sa mort, ils furent renvoyés dans la séparation du visible et de l'invisible, de l'esprit et du réel. Certes ils auraient gardé le souvenir de cet être[2] divin, mais il était maintenant loin d'eux ; le pouvoir que sa mort exerça sur eux se serait brisé en eux avec le temps, le mort ne serait pas resté pour eux un simple mort, la douleur suscitée par le corps

1. « Et nous, nous espérions qu'il était celui qui allait délivrer Israël » (Lc 24, 21).

2. *Wesen.*

en décomposition aurait peu à peu cédé le pas à l'intuition de sa divinité; et l'esprit incorruptible, et l'image d'une humanité plus pure seraient venus à leur devant hors de sa tombe; mais à côté de la vénération de cet esprit, à côté de la jouissance de l'intuition de cette image, il y aurait eu le souvenir pieux de la vie de cette image, cet esprit sublime aurait toujours eu son contraire en la personne de son existence disparue; et ce contraire, présent à l'imagination, aurait été lié à une nostalgie qui n'aurait signifié que le besoin de la religion, mais la communauté n'aurait toujours pas eu de dieu propre[1].

En vue de la beauté, en vue de la divinité, la vie manquait [encore] à l'image; et au divin dans la communauté de l'amour, à cette vie, c'est l'image et la figure qui manquaient. Mais dans le ressuscité, dans celui qui avait été ensuite élevé aux cieux, l'image retrouva la vie, et l'amour la présentation de son union; dans ces nouvelles épousailles de l'esprit et du corps, c'est la contradiction du vivant et du mort qui a disparu et qui s'est unifiée en un dieu; la nostalgie de l'amour s'est trouvée elle-même comme être[2] vivant et peut maintenant jouir d'elle-même : la vénération de cet être est maintenant la religion de la communauté; le besoin de religion trouve sa satisfaction dans ce Jésus ressuscité, dans cet amour figuré. La considération de la résurrection de Jésus comme une donnée factuelle est le point de vue de l'historien, qui n'a rien à voir avec la religion; la foi ou l'incrédulité vis-à-vis de cette résurrection, comme simple réalité sans l'intérêt de la religion est affaire d'entendement, dont l'efficacité, à savoir la fixation de l'objectivité, est justement la mort de la religion, et se réclamer de lui signifie faire abstraction de la religion. Mais à vrai dire l'entendement semble avoir droit à la parole, puisque le côté

1. « Ici aussi se trouve un signe dont le signe correspondant manque; le contexte montre toutefois que Hegel ne peut qu'avoir oublié d'en faire précéder ce qui suit » (note de H. Nohl).

2. *Wesen*.

objectif de Dieu n'est pas simplement une figure de l'amour, mais qu'il subsiste pour lui-même et qu'il réclame une place en tant que réalité dans le monde des réalités. Et [*N*. 335] c'est pourquoi il est difficile de fixer dans sa beauté le côté religieux du Jésus ressuscité, l'amour figuré; car ce n'est que par une apothéose qu'il est devenu Dieu, sa divinité est la déification d'un [être] également présent [comme] réel; il avait vécu en tant qu'individu humain, était mort en croix et avait été enterré. Ce déficit d'humanité est quelque chose de tout autre que la figure qui est propre au dieu; [le côté] objectif du dieu, sa figure n'est objective que pour autant qu'elle n'est que la présentation de l'amour unifiant la communauté, qu'elle n'est que la pure opposition de l'amour et qu'elle ne contient rien qui ne serait pas soi-même dans l'amour, mais ne serait ici que comme opposé, [rien] qui ne serait pas en même temps sensation. Mais ainsi s'ajoute encore à l'image du ressuscité, à l'unification devenue être[1], un autre être-annexe[2], parfaitement objectif, individuel, qui doit être couplé avec l'amour, mais qui, en tant qu'individuel, en tant qu'opposé, doit être solidement fixé, fixé pour l'entendement, qui est dès lors une réalité qui s'attache au divinisé comme du plomb aux pieds, et qui le tire vers la terre; car le dieu devait osciller au milieu de l'infini du ciel, au milieu de l'illimité [d'une part], et de la terre [d'autre part], cette collection de limitations fortes. Cette dualité des natures ne peut être exclue de l'âme. Comme Hercule par le bûcher, le divinisé ne s'est élevé à l'état de héros que par la tombe; mais là les autels sont consacrés et les prières adressées à la bravoure figurée, seulement au héros devenu dieu, qui ne combat plus ni ne sert; tandis qu'ici, ils ne le sont pas qu'au héros; ce n'est pas le ressuscité seulement qui est le salut des pécheurs et le ravissement de leur foi; celui qu'on adore, c'est aussi le maître qui

1. *Wesen*.
2. *Beiwesen*.

allait son chemin et qui pend en croix. C'est pour cette liaison monstrueuse que depuis tant de siècles des millions d'âmes à la recherche de Dieu se son battues et ont été martyrisées.

Ce n'est pas à la figure de la servilité, à l'abaissement même que se heurterait la pulsion religieuse comme au voile du divin si la réalité se contentait d'être un voile et d'être passagère; mais elle doit encore solidement et constamment appartenir à Dieu comme à son propre être[1], et l'individualité doit être l'objet de l'adoration; et le voile de la réalité qui avait été enlevé dans la tombe s'est de nouveau élevé hors de la tombe et s'est attaché au ressuscité comme à Dieu. Ce triste besoin d'un réel qu'a la communauté est étroitement lié à son esprit et à son destin. Son amour portant chaque figure de la vie à la conscience d'un objet et les méprisant par là s'était bien connu lui-même comme figuré dans le ressuscité; mais il n'était plus simplement l'amour pour [les membres de la communauté]; car, comme leur amour était défait du monde, qu'il ne se présentait pas dans le développement de la vie, ni dans ses belles relations, [*N.* 336] ni dans la formation des rapports naturels, puisque l'amour devait être amour et non pas vivre, il fallait qu'il y eût quelque critère de la connaissance de celui-ci pour permettre la foi mutuelle en lui. Comme l'amour ne fondait pas lui-même l'unification totale, il fallait un autre lien qui relierait la communauté et où elle trouverait en même temps la certitude de l'amour de tous; elle devait se connaître en une réalité. Celle-ci était maintenant l'égalité de la foi, l'égalité dans la réception d'une doctrine, dans le fait d'avoir un maître et un enseignant commun. C'est un côté remarquable de l'esprit de la communauté que le divin, que ce qui unifie [cette communauté], ait pour elle la forme d'un donné. À l'esprit, à la vie, rien n'est donné : ce que l'esprit a reçu, il l'est devenu lui-même, cela est passé en lui de telle sorte que

1. *Wesen.*

c'en est maintenant une modification, que c'est sa vie. Mais dans l'absence de vie qui caractérise l'amour de la communauté, l'esprit de l'amour restait si pauvre et se sentait si vide qu'il ne pouvait connaître complètement la présence vivante en lui de l'esprit qui lui parlait, et qu'il lui restait étranger. Une liaison avec un esprit étranger et senti comme étranger est la conscience d'une dépendance à son égard; comme l'amour de la communauté d'une part s'était dépassé lui-même, dans la mesure où il s'étendait à tout un ensemble d'hommes, et que d'autre part, certes il se remplit dès lors d'un contenu idéal, mais qu'il y perdit en vie, l'idéal non rempli de l'amour fut pour elle un positif, elle le reconnaissait comme opposé à elle et se reconnaissait comme dépendante de lui; dans son esprit demeurait la conscience d'être un disciple, et la conscience d'un seigneur et maître; son esprit n'était pas complètement présenté dans l'amour figuré; le côté de cet esprit qui consistait à avoir reçu, à apprendre et à se tenir en retrait du maître, ne trouva d'abord sa présentation que dans la figure de l'amour, lorsque lui était en même temps reliée une réalité qui faisait face à la communauté. – Cet opposé supérieur n'est pas la sublimité du dieu, que celui-ci a nécessairement puisque en lui l'individu ne [se] reconnaît pas comme égal à lui, et qu'en lui, c'est tout l'esprit de la totalité des individus unifiés qui est contenu; – mais [cet opposé supérieur] est un positif, de l'objectif qui a en soi autant d'étrangèreté, autant de domination qu'il y a de la dépendance dans l'esprit de la communauté. Dans cette communion de la dépendance, la communion qui consiste à être à travers un fondateur, dans cette immixtion d'un historique, d'un réel dans sa vie, la communauté connaissait son lien réel, la certitude de l'unification, laquelle ne pouvait devenir sentiment dans l'amour non vivant.

Tel est le point où la communauté, qui semblait avoir échappé à tout destin dans un amour se conservant sans mélange hors de tout lien avec le monde, fut appréhendée par le destin, mais par un destin [*N.* 337] dont le centre était l'élargissement à une communauté de l'amour fuyant toutes les relations : un destin qui pour une part se développait d'autant plus du fait de l'extension de la communauté elle-même, et qui pour une autre part entrait toujours plus en contact avec le destin du monde par cette extension, et qui perdait toujours plus de sa pureté, aussi bien en accueillant inconsciemment en lui de nombreux aspects de celui-ci, qu'en luttant contre lui.

L'objectivité non divine pour laquelle on exige aussi l'adoration ne deviendra jamais un divin grâce à tout l'éclat qui l'entoure.

Certes des phénomènes célestes entourent aussi l'homme Jésus : on voit des êtres[1] supérieurs affairés lors de sa naissance; lui-même est transfiguré en une figure lumineuse et rayonnante <– mais le chéri de Dieu reste toujours un homme; il va et vient dans une figure inférieure>. Mais même les formes du céleste ne sont que hors du réel, et les êtres plus divins présents autour de l'individu ne servent qu'à faire davantage sauter aux yeux le contraste. Les activités qui sont prises pour du divin et qui viennent de lui-même peuvent encore moins l'élever à la figure supérieure que [ne le pourrait] un nimbe éphémère; les miracles, qui non seulement l'auréolent, mais qui proviennent de sa propre force, semblent être des attributs dignes d'un dieu, caractériser un dieu : en eux le divin semble unifié avec l'objectif de la façon la plus intime, et par là la forte opposition et la simple liaison d'opposés semblent disparaître ici; c'est l'homme qui accomplit ces effets miraculeux, lui et le divin semblent inséparables. Seulement, plus étroite est la liaison – qui ne devient cependant pas une unification –, et plus est frappant le côté non naturel des opposés qui sont reliés.

Dans le miracle en tant qu'action, une cohésion de cause et d'effet est donnée à l'entendement, et le domaine de ses

1. *Wesen.*

concepts est reconnu ; mais en même temps, son domaine est détruit par le fait que la cause n'est pas un déterminé au même titre que l'effet, mais qu'elle doit être un infini ; là la cohésion de la cause et de l'effet dans l'entendement est l'égalité de la détermination, comme leur opposition se réduit au fait que dans l'une, cette détermination est activité, dans l'autre passion – tandis qu'ici, un infini doué d'une activité infinie doit avoir en même temps, dans l'action elle-même, un effet hautement limité. Ce qui est non naturel, ce n'est pas la suppression du domaine de l'entendement, mais que ce domaine soit *en même temps* posé et supprimé. De même que d'une part la position d'une cause infinie contredit la position d'un effet fini, de même [par ailleurs], l'infini supprime l'effet déterminé. Là, du point de vue [*N.* 338] de l'entendement, l'infini n'est qu'un négatif, l'indéterminé, auquel est relié un déterminé ; ici, du côté de l'infini comme d'un étant, [il y a] un esprit qui exerce son efficace, et la détermination de l'effet d'un esprit est son côté négatif ; ce n'est que d'un autre point de vue dans la comparaison que son action peut apparaître déterminée ; mais à même soi, quant à son être[1], elle est la suppression d'une détermination, et elle est en soi infinie.

Lorsqu'un dieu exerce son efficace, ce n'est que d'esprit à esprit ; l'efficace présuppose un objet sur lequel elle puisse s'exercer ; mais l'effet de l'esprit est la suppression de cet objet. Le surgissement du divin n'est qu'un développement, le fait que, en tant qu'il supprime l'opposé, il se présente soi-même dans l'unification ; mais dans les miracles, l'esprit apparaît comme exerçant son efficace sur des corps. <Ce mode d'action présuppose justement une séparation du divin lui-même, laquelle demeure même jusque dans la liaison ; un miracle est la présentation de ce qu'il y a de moins divin, d'une domination exercée par le mort ; non pas les libres épousailles

1. *Sein*.

d'êtres[1] apparentés et l'engendrement d'êtres nouveaux, mais la domination de l'esprit, qui n'est esprit que dans la mesure où il n'a rien de commun avec le corps, et la domination du corps, qui n'est corps que parce que rien ne lui est commun avec l'esprit; les termes hétérogènes qui sont reliés en tant que cause et effet ne font qu'un dans un seul concept, mais l'esprit et le corps ou la vie et la mort n'ont rien de commun; leur liaison n'est jamais possible dans un concept, et ils ne peuvent absolument pas se maintenir comme cause et effet; car ils sont absolument opposés. L'homme n'est pas élevé au divin par le rabaissement de celui-ci à l'état d'une cause; un miracle est une vraie *creatio ex nihilo* et aucune idée ne convient si peu au divin que celle-ci; car c'est l'anéantissement ou la création d'une force tout à fait étrangère; la vraie *actio in distans*; et au lieu qu'il y ait union dans le vrai divin, et qu'on trouve la tranquillité, ce qu'il y a de divin dans les miracles est plutôt le plus total déchirement de la nature>. La cause ne serait pas un esprit figuré dont la figure considérée simplement dans son opposition pourrait entrer dans la cohésion de cause et d'effet comme corps, égal et opposable à un autre; cette cohésion serait une communion de l'esprit, qui n'est esprit que dans la mesure où il n'a rien de commun avec le corps, et du corps, qui est corps parce que rien ne lui est commun avec l'esprit; mais l'esprit et le corps n'ont rien de commun : ils sont absolument opposés. Leur unification dans laquelle cesse leur opposition est une vie, c'est-à-dire un esprit figuré; et lorsque celui-ci exerce son efficace en tant que divin, en tant que non séparé, son agir consiste en les épousailles avec un être[2] apparenté, avec le divin, et en l'engendrement, le développement d'un [être] nouveau, de la présentation de leur unification; mais dans la mesure où l'esprit exerce son efficace dans une autre

1. *Wesen*.
2. *Wesen*.

figure, dans une figure opposée [qui serait] comme [quelque chose d'] hostile, comme [quelque chose de] dominant, alors il a perdu de sa divinité. C'est pourquoi les miracles sont la présentation de ce qu'il y a de moins divin, parce qu'ils [*N.* 339] sont ce qu'il y a de moins naturel, et qu'ils contiennent la plus forte opposition de l'esprit et du corps reliés dans toute leur monstrueuse grossièreté. L'agir divin est le rétablissement et la présentation de l'union <ainsi que la jouissance suprême de la nature> ; le miracle, [en revanche], est le déchirement suprême.

Or donc, l'attente qui s'était éveillée d'élever avec le Jésus transfiguré, élevé aux côtés de Dieu, la réalité socialisée jusqu'à la divinité au moyen d'activités miraculeuses de cet [être] réel, cette attente est donc d'autant moins satisfaite qu'elle accentue plutôt la dureté de cette juxtaposition d'un réel. Pourtant, elle est pour [nous] d'autant plus grande que pour les membres de la première communauté chrétienne, que nous avons beaucoup plus d'entendement que ceux-ci, qui, pénétrés de l'esprit oriental, avaient moins accompli la séparation de l'esprit et du corps, et les avaient moins livrés à l'entendement comme des objets. Là où nous connaissons par l'entendement une réalité déterminée, une objectivité historique, l'esprit est souvent présent pour eux ; et là où nous ne posons que le pur esprit, il est encore incarné pour eux. Un exemple du dernier genre de perspective est la forme dans laquelle ils [saisissent] ce que nous nommons immortalité, et à dire vrai immortalité de l'âme ; elle leur apparaît comme une résurrection du corps ; les deux perspectives sont les extrêmes entre [lesquels se situe] l'esprit grec ; le premier est l'extrême de la raison qui oppose une âme, un négatif à tout entendement et à son objet, le corps mort ; le second est pour ainsi dire l'extrême d'une faculté positive de la raison qui pose le corps comme vivant, tandis qu'en même temps elle le prenait pour mort ; cependant que pour les Grecs, le corps et l'âme restent dans une seule figure vivante, dans les deux extrêmes au contraire, la mort est une séparation du corps et de l'âme : dans l'un le corps n'est plus rien pour l'âme, et dans l'autre le corps est quelque chose de permanent et sans vie. Dans l'autre, où nous ne connaissons que du réel, et qu'avec l'entendement ou – ce qui est pareil – avec un esprit quasiment étranger, les premiers chrétiens ajoutent leur esprit. – Dans les écrits des Juifs, nous rencontrons des histoires passées, des situations individuelles, et l'esprit passé des hommes ; et dans les actions religieuses juives, nous rencontrons un agir commandé, dont l'esprit, la fin et les pensées ne sont plus présents pour nous, n'ont pas de vérité ; pour eux, tout ceci avait encore de la vérité et de l'esprit, mais *leur* vérité, *leur* esprit, et ils ne laissaient pas tout cela devenir objectif. L'esprit qu'ils reconnaissent à des passages des *Prophètes* et à d'autres livres juifs n'est à leur sens ni, du côté des prophètes, l'opinion qu'on y trouve des prédictions de réalités ni, de leur côté, l'application à la réalité. – C'est une oscillation incertaine, sans figure, entre la réalité [*N.* 340] et l'esprit ; c'est d'une part dans la réalité l'esprit seul qui est considéré, d'autre part la réalité elle-même est présente comme telle, mais pas fixée. Pour donner un exemple, Jean (12, 14 *sq.*) réfère à l'entrée de Jésus à Jérusalem sur un âne une expression du prophète qui, dans l'enthousiasme, avait vu une telle procession, dont Jean veut trouver la vérité dans la procession de Jésus[1]. – Les preuves que des passages semblables des livres juifs, soit sont expliqués en soi de manière inexacte, en étant introduits contre le sens littéral du texte original, soit sont expliqués contrairement à leur sens qu'ils reçoivent de leur contexte, soit qu'ils se réfèrent à des réalités tout autres, à des situations et des hommes contemporains des prophètes, soit qu'ils ne soient que l'enthousiasme isolé des prophètes, – toutes ces preuves ne rencontrent que la réalité de la relation que les apôtres établissent entre eux et les circonstances de la

1. « [...] Jésus arrivait à Jérusalem [...]. Trouvant un ânon, Jésus s'assit dessus selon qu'il est écrit : *Ne crains pas, fille de Sion : voici ton roi qui vient, il est monté sur le petit d'une ânesse* » (Jn 12, 12-15). Jean interprète l'événement en citant librement Za 9, 9.

vie de Jésus, – mais ce n'est pas leur vérité et leur esprit, aussi peu qu'est visible leur vérité dans la stricte hypothèse objective selon laquelle les véritables mots et visions des prophètes seraient la première expression de réalités plus tardives. L'esprit de la relation que les amis du Christ trouvent entre les visions des prophètes et les situations concrètes de Jésus serait saisi trop faiblement si elle n'était posée que dans la comparaison de la ressemblance des situations, une comparaison semblable à notre façon d'ajouter souvent telle citation d'écrivains anciens à la présentation d'une situation [actuelle]. Dans le cas de l'exemple annoncé plus haut, Jean dit explicitement que les amis de Jésus ne connurent ces relations qu'après que Jésus eut été transfiguré, après que l'esprit fut venu sur eux; si Jean avait vu une simple fantaisie, une simple ressemblance entre choses diverses dans cette relation, cette remarque n'aurait pas été nécessaire, mais ainsi, en esprit, cette vision du prophète et cette situation dans le cas d'une action de Jésus [ne font] qu'un; et comme la relation n'est que dans l'esprit, la considération objective de celle-ci comme d'une rencontre du réel, de l'individuel, disparaît. Cet esprit, qui fixe si peu le réel, ou qui en fait un indéterminé, et qui n'y reconnaît rien d'individuel, mais bien du spirituel, est particulièrement visible également en Jn 11, 51 : Jean y rappelle, à propos de la maxime de Caïphe et de son application selon laquelle il vaut mieux qu'un seul meure pour le peuple plutôt que celui-ci soit tout entier en péril, que Caïphe n'a pas dit ceci pour lui-même en tant qu'individu, mais en tant que grand prêtre, dans un enthousiasme prophétique (*éprophèteusen*)[1]. Ce que nous aurions envisagé pour ainsi dire du point de vue d'un instrument de la providence divine, Jean y voit quelque chose de rempli par l'esprit, puisque le caractère de la conception de

1. « Il prophétisa ». « Ce n'est pas de lui-même [que Caïphe] prononça ces paroles, mais, comme il était grand prêtre en cette année-là, il fit cette prophétie qu'il fallait que Jésus meure pour la nation et non seulement pour elle, mais pour réunir dans l'unité les enfants de Dieu qui sont dispersés » (Jn 11, 51-52).

Jésus et de ses amis ne pouvait être opposé à rien autant qu'au point de vue qui consiste à prendre tout pour des machines, des outils ou des instruments, mais qu'il était plutôt la foi suprême en [*N.* 341] l'esprit; et là où l'on entrevoit l'unité de la rencontre d'actions auxquelles font défaut cette unité et l'intention du tout de l'effet pour elles prises singulièrement, et là où ces actions (comme celle de Caïphe) sont envisagées comme étant soumises à [cette intention], dominées, menées par elle sans conscience de leur relation à l'unité, considérées comme des réalités et des instruments, là Jean voit l'unité de l'esprit, et dans cette action même, l'esprit de tout l'effet à l'œuvre; il parle de Caïphe comme étant lui-même rempli de l'esprit dans lequel reposait la nécessité du destin de Jésus.

Ainsi, vus avec l'âme des apôtres, les miracles perdent aussi de la dureté que l'opposition de l'esprit et du corps en eux a pour nous, puisqu'il est évident que leur faisait défaut l'entendement européen qui retire tout esprit à ce qui vient à la conscience, et le fixe en objectivités absolues, en réalités simplement opposées à l'esprit, de sorte que pour cette connaissance est plutôt présente une oscillation indéterminée entre la réalité et l'esprit, [oscillation] qui séparait bien les deux, mais pas de façon si irréversible, et qui en tout cas ne se rassemblait pas dans la pure nature, mais donnait déjà la claire opposition elle-même qui, dans le cas d'un plus grand développement, devait devenir un appariement du vivant et du mort, du divin et du réel. À travers l'association du Jésus réel et du Jésus transfiguré, divinisé, [cette oscillation] indiquait la satisfaction de la plus profonde pulsion religieuse, mais ne la garantissait pas, et en faisait une nostalgie infinie, indéfectible et inassouvie; car face à la nostalgie dans son exaltation mystique la plus haute, dans les extases des âmes les plus finement organisées, respirant l'amour le plus haut, se tient toujours l'individu, un objectif, un personnel; et toutes les profondeurs de leurs beaux sentiments se consumaient de l'unification avec lui, mais cette unification, parce qu'il s'agit d'un individu, est éternellement impossible: il leur fait toujours face, il reste éternellement dans leur conscience et ne laisse jamais la religion devenir une vie accomplie.

Dans toutes les formes de la religion chrétienne qui se sont développées dans le destin progressif du temps repose ce caractère fondamental de l'opposition dans le divin, qui ne doit être présent que dans la conscience, mais jamais dans la vie – [cela va] des unifications extatiques de l'exalté mystique, qui renonce à toute multiplicité de la vie, même la plus pure, dans laquelle l'esprit jouit de soi-même, et qui n'est conscient que de Dieu, et donc ne pourrait éloigner que dans la mort l'opposition de la personnalité, jusqu'à la réalité de la conscience multiple, de l'unification avec le destin du monde – et de l'opposition de Dieu à ce destin; soit l'opposition sentie dans toutes les actions et [*N.* 342] extériorisations de la vie, qui achètent leur légitimité au prix de la sensation de la serviabilité et du néant de leur opposition – comme dans l'Église catholique; soit l'opposition de Dieu dans de simples pensées plus ou moins recueillies, comme dans l'Église protestante : opposition d'un dieu de haine à la vie considérée comme une infâmie et un crime, dans certaines sectes de cette Église, ou opposition d'un dieu bienveillant à la vie et à ses joies considérées comme ce qui est par dessus tout reçu, considérées comme des bienfaits et des présents venant de lui, comme la réalité par dessus tout dans laquelle alors la forme de l'esprit qui oscille par dessus eux dans l'idée d'un homme divin, des prophètes, etc., est rabaissée à une perspective objective historique. Entre ces extrêmes de la conscience multiple ou diminuée de l'amitié, de la haine ou de l'indifférence à l'égard du monde, entre ces extrêmes qui se trouvent à l'intérieur de l'opposition de Dieu et du monde, du divin et de la vie, l'Église chrétienne a parcouru le cercle en avant et en arrière, mais il est contraire à son caractère essentiel de trouver le répit dans une beauté vivante non personnelle; et c'est son destin que l'Église et l'État, le culte divin et la vie, la piété et la vertu, l'agir spirituel et l'agir mondain ne puissent jamais se fondre en un.

[G.S. 81]

## B. MORALE
## SERMON SUR LA MONTAGNE... *

*B. Morale*

Sermon sur la montagne, Mt 5. Jésus commence par des exclamations dans lesquelles il épanche son cœur devant la foule et expose son autre manière de juger de la valeur humaine. Avec enthousiasme, il annonce qu'il y a lieu de compter désormais avec une autre justice, une autre valeur de l'homme ; avec enthousiasme, il prend aussitôt ses distances de l'appréciation commune des vertus et annonce une autre région de la vie dans laquelle une des joies doit être de se faire persécuter par le monde auquel [les hommes] doivent montrer leur opposition. Cette vie nouvelle ne brise cependant pas la matière des lois, mais elle en est plutôt l'accomplissement, l'achèvement de ce qui jusqu'ici était présent comme loi sous la forme d'un opposé. Cette forme de commandement doit être supprimée par leur nouvelle vie et disparaître devant la plénitude de leur esprit, de leur être [1].

Vv. 21-26. La loi interdisant le meurtre est accomplie par le génie supérieur de la réconciliation, et en même temps supprimée pour lui ; pour lui, il n'existe pas un tel commandement.

* *B. Bergpredigt*, in *Nohl*, p. 398-402.

1. *Wesens*.

Vv. 27-30. La loi supérieure interdisant l'adultère est accomplie par la sainteté de l'amour et par la capacité, lorsqu'un des nombreux aspects de l'homme est en cause, de s'élever à la totalité de l'homme.

Vv. 31-32. Répudiation; suppression de l'amour, de l'amitié qu'on a pour une femme chez laquelle [ce sentiment] est encore présent : cela la pousse à devenir elle-même infidèle et à pécher; et l'observation des devoirs légaux et de la décence est un misérable expédient, une dureté nouvelle dans cette blessure de son amour.

Vv. 33-37. Si tu es honnête, tu n'as pas besoin d'associer à quelque chose d'étranger l'accord entre ton discours et tes actes ou tes pensées, [tu n'as pas besoin] de le déposer entre les mains d'un étranger, et de faire de celui-ci le maître de cet accord – tu es toi-même supérieur à toute puissance étrangère. Ne pas faire de faux serments; car faire de Dieu une puissance régnant sur sa propre parole, voilà ce qu'accomplit la sincérité, et en même temps, celle-ci y est supérieure.

Vv. 38-42. La justice. Élévation totale au-dessus de la sphère du droit ou de l'injustice par la suppression de toute propriété.

Vv. 43 *sq*. Résumé de l'ensemble.

6, 1-4. Faire l'aumône: ni devant les gens, ni devant toi-même.

Vv. 5-15. La prière; ici aussi, que la prière soit toute pure; n'y introduisez rien d'étranger comme le fait d'être vu; mais priez dans votre chambre, et cette prière solitaire et individuelle est le *Notre Père*. Ce n'est pas la prière d'un peuple à son dieu, mais la prière d'un être isolé, d'un être incertain, d'un être inquiet. Que ton règne vienne, que ton nom soit sanctifié : c'est le vœu d'un individu, mais un peuple ne peut pas faire de vœux; que ta volonté soit faite : un peuple qui a de l'honneur et de la fierté fait sa propre volonté et ne connaît d'autre volonté qu'hostile; – mais l'individu peut voir s'opposer l'une à l'autre la volonté de Dieu et la volonté générale. Donne-nous aujourd'hui notre [pain], etc. : une supplication de la douce naïveté qui ne pourrait sortir de la bouche d'un peuple conscient de sa maîtrise des produits alimentaires, ou qui en tout cas ne peut se contenter de ne songer qu'au repas d'un seul jour – mais qui peut bien prier plutôt pour la prospérité du tout, pour que la nature soit amicale; prier n'est pas supplier; pardonne-nous : voilà encore la prière d'un individu; les nations sont des [entités] séparées, isolées, il n'est pas pensable qu'elles doivent pardonner à une autre nation; cela ne pourrait se produire sous l'effet d'une unification, mais seulement à travers le sentiment de l'égalité ou de la supériorité de la force, à travers le sentiment de la crainte. – La conscience de ses propres péchés, voilà une réflexion qu'[une nation] ne peut se faire que dans la douleur; car elle ne peut reconnaître la soumission de sa volonté à une loi. Mais l'individu, quant à lui, peut prier de recevoir autant d'amour qu'il en a.

Vv. 16-18. Le jeûne; comme dans le cas de la prière et des aumônes, ne rien introduire d'étranger.

Vv. 20-34. Ne pas se dissiper et ne pas perdre le tout dans les soucis et les dépendances; de telles choses partielles, les besoins, la richesse, la nourriture, les vêtements introduisent en l'homme de la détermination, qui en fait un être objectif, incapable de la vie pure.

7, 1-5. Juger les autres, les soumettre à une règle dans le jugement; la tyrannie en pensée.

Vv. 7-12. L'unification des hommes dans la prière et le don.

Vv. 13 *sq.* Portrait d'ensemble de l'homme accompli.

Mt 12, 31 *sq.* Qui médit de l'homme médit de l'individu, du particulier; mais qui blasphème contre l'esprit saint médit de la nature, et celui-là est incapable de recevoir le pardon de ses péchés; car il est incapable de s'unifier au tout; il reste isolé et exclu; un tel péché provient de la plénitude du cœur et indique son délabrement, sa ruine; impie, il est incapable [d'accéder à] la sainteté contre laquelle il a blasphémé; et le sacré considéré selon la séparation et l'unification, c'est l'amour. Un signe pourrait bien vous émouvoir, – mais l'esprit chassé revient en compagnie de sept autres, et l'homme est plus ébranlé qu'auparavant.

À propos de *C. Religion*

Mt 18, 1-10. Le plus grand *en tè Basileia tôn ouranôn*[1] est celui qui est le plus proche des enfants. Leurs anges (v. 10) dans les cieux voient constamment le visage du père qui est aux cieux. Quand on dit « anges des enfants », on ne peut pas entendre des êtres objectifs, car des anges des autres hommes aussi (pour parler sur ce ton) il faudrait penser qu'ils intuitionnent Dieu. Leur unité non développée, l'inconscient, leur être et leur vie en Dieu sont représentés sous une figure; celle-ci est alors à son tour transformée en une substance, elle est isolée, sa relation à Dieu devient une éternelle intuition de celui-ci. Pour désigner l'esprit, le divin en dehors de la forme de cette limitation, et la communauté de ce vivant limité, Platon situe la vie pure et le limité dans des temps différents, il [affirme] que les purs esprits ont d'abord vécu intégralement dans l'intuition du divin et que ce sont les mêmes qui vivent dans la vie terrestre, à ceci près qu'ils ont une conscience assombrie de ce céleste. Jésus désigne d'une autre manière la nature, le [caractère] divin de l'esprit de l'enfant – comme des anges qui vivent toujours dans l'intuition de Dieu; même sous cette forme, ils ne sont pas présentés en tant que Dieu, mais en tant que fils de Dieu, comme particuliers. L'opposition de celui qui intuitionne et de l'intuitionné, le fait qu'ils sont opposés, un sujet et un objet, disparaît dans l'intuition même – leur distinction n'est que la possibilité de la séparation; un homme qui intuitionnerait toujours le soleil ne serait qu'un sentiment

1. « Dans le royaume des cieux ».

de la lumière, le sentiment comme être[1]. Celui qui vivrait tout à fait dans l'intuition d'un autre homme serait cet autre lui-même, avec seulement la possibilité d'un être-autre. Puisque *ho uhios anthrôpou èlthé sôsai to apolôlos*[2], on relie donc immédiatement à ceci le commandement de se réconcilier, de supprimer la division, et d'être unis; cette union est l'intuition de Dieu, devenir comme des enfants. Si le blasphémateur n'écoute pas la communauté, alors qu'il soit [traité] comme un païen et un publicain; celui qui s'isole, qui dédaigne l'unification recherchée, maintient au contraire[3]...

Plus loin (v. 19), Jésus présente cette union sous une autre forme: si deux [d'entre vous] s'entendent [pour demander] quelque chose, le père vous l'accordera.

*D. Histoire*. La forme sous laquelle il se situe comme individu vis-à-vis des individus et les individus vis-à-vis de lui. Propagation de sa doctrine.

Le début de sa prédication: Mt 4, 17. 19[4]. Recrutement de Simon et d'autres.

V. 22. Dans les deux cas, [il faut] renoncer au tissu des rapports et des besoins humains. Séparation d'avec leur vie. Mais pas d'exclusion des publicains et des pécheurs; Mt 9, 11[5].

1. *Wesen*.

2. « Le fils de l'homme est venu sauver ce qui était perdu ».

3. Le texte s'interrompt ici.

4. « À partir de ce moment, Jésus commença à proclamer: "Convertissez-vous: le Règne des cieux s'est approché" » (Mt 4, 17). « Comme il marchait le long de la mer de Galilée, il vit deux frères, Simon appelé Pierre et André, son frère, en train de jeter le filet dans la mer: c'étaient des pêcheurs. Il leur dit: "Venez à ma suite et je vous ferai pêcheurs d'hommes" » (Mt 4, 18-19).

5. « [...] Les pharisiens disaient à ses disciples: "Pourquoi votre maître mange-t-il avec les collecteurs d'impôts et les pécheurs ?" Mais Jésus, qui avait entendu, déclara: "Ce ne sont pas les bien-portants qui ont besoin de médecin, mais les malades" » (Mt 9, 11-12).

L'état du peuple juif est comme [celui] de brebis sans berger; 9, 36[1].

Aux pharisiens (16, 3): vous n'êtes pas capables d'interpréter les signes des temps[2].

Envoi des Douze en mission, Mt 10. Leur instruction. Prédication : *èggikèn è Basilei tôn ouranôn*[3] – tout le reste est négatif; ne vous souciez pas des besoins du voyage; voyez où vous trouverez de la dignité; si la maison est digne, que votre paix (*eirènè*[4], il avait d'abord ordonné de saluer une maison) vienne sur elle; là où ce n'est pas le cas, qu'elle revienne à vous – la paix est dans les deux cas la même chose : il dépend de la dignité de la maison que la paix tombe en elle en tant que parole ou que la même plénitude résonne dans les cœurs que celle avec laquelle elle est donnée; sinon, la paix leur revient; vous n'avez pas dilapidé la paix, elle s'entend en vous. Donc pas d'instructions, d'interventions et de dressage, pas de haine du monde ou de persécution; l'esprit parlera à partir de vous, ne vous souciez pas de ce que vous avez à dire. Intrépidité – d'une part en raison de leur propre passivité, d'autre part en raison de leur désarroi – que leur envoi apportera au monde.

V. 41. Celui qui accueille un prophète en tant que prophète, *eis onoma prophètou*[5], celui pour qui un prophète est un prophète – un juste en tant que juste, un disciple en tant que tel – celui-là a le mérite, la valeur d'un prophète; tel l'homme conçoit l'homme, tel il est lui-même.

1. « Voyant les foules, il fut pris de pitié pour elles, parce qu'elles étaient harassées et prostrées comme des brebis qui n'ont pas de berger » (Mt 9, 36).

2. « [...] Le soir venu, vous dites : « Il va faire beau temps, car le ciel est rouge feu »; et le matin : « Aujourd'hui, mauvais temps, car le ciel est rouge sombre ». Ainsi vous savez interpréter l'aspect du ciel, et les signes des temps, vous n'en êtes pas capables ! » (Mt 16, 2-3).

3. « Le Royaume des cieux est proche ».

4. « Paix ».

5. « Au nom du prophète »; « Qui accueille un prophète en sa qualité de prophète recevra une récompense de prophète [...] » (Mt 10, 41).

Dépit face au mode de réception de sa doctrine par son époque (Mt 11). Limitation de son efficacité aux *nèpious*[1], *kopiôntas*[2], *pephortismenous*[3]; à partir d'ici commencent ses expressions véhémentes à l'endroit des pharisiens; ses réponses aux questions et ses motifs ne visent qu'à les faire taire, ne sont que polémiques, il destine le vrai aux autres auditeurs.

Mt 12, 49. Jésus se sépare des relations de la vie[4].

Paraboles, Mt 13. Sur la façon de répandre sa doctrine, sur le destin de celle-ci, toutes sont totalement analogues aux mythes (le bon semeur, le bon grain et l'ivraie, le grain de moutarde, le levain, la découverte du trésor, etc.) – mais elles sont juives, [associées] à des réalités concrètes. Il n'y a pas en elles de « fabula docet », il n'en résulte aucune morale mais seulement l'historique, le devenir, le progrès de ce qui est[5], de l'éternel, du vivant; – le devenir de l'être est le mystère de la nature; et tout bavardage insipide sur la conviction intime du bien, etc. est infiniment plus dénué de sens que l'illumination surnaturelle, la nouvelle naissance, etc. La quantité des paraboles montre l'incapacité de présenter ce qu'elles doivent expliquer; [elles montrent] seulement que ce qui est cher est un grand bien désirable, mais que c'est un autre que ce qu'ils connaissent. V. 55 : vous ne voyez rien que la réalité concrète, vous ne voyez pas l'esprit, vous ne voyez rien d'autre que ce que vous êtes. De même en Mt 25. Ces paraboles ne sont ni des allégories orientales, ni des mythes grecs; ces deux derniers parlent de la chose même, de l'être, du beau; si leur développement, leur extériorisation hors de soi, leurs changements

1. « Faibles ».

2. « Harassés ».

3. « Ceux qui ploient sous le fardeau ».

4. « [...] Jésus répondit: "Qui est ma mère et qui sont mes frères?" Montrant de la main ses disciples, il dit: "Voici ma mère et mes frères; quiconque fait la volonté de mon Père qui est aux cieux, c'est lui mon frère, ma sœur, ma mère" » (Mt 12, 48-50).

5. *Seienden.*

deviennent chez les Orientaux la plupart du temps des naissances si monstrueuses et non naturelles, c'est parce qu'ils sont maintenus pour eux-mêmes par l'imagination, et qu'ils sont donc [maintenus] comme monstrueux; – chez les Grecs ils se présentent certes aussi comme substances, comme modifications dans un vivant, dans un réel, mais l'imagination les rattache toutefois à une action naturelle, à une forme humaine; ils ne perdent pas [leur caractère] idéal du fait de ce que les monstruosités orientales veulent conserver [dans ces mythes]; il n'y a cependant pas de vie individuelle (Cérès, Vénus, etc.); [le caractère] inhumain de ces figures divines n'est que la libération hors de ce qui leur est hétérogène, par exemple la peine, le travail, l'état de nécessité, etc. Ces paraboles du Christ sont de véritables comparaisons, des fables modernes, dans lesquelles il y a un « tertium comparationis », c'est-à-dire où l'on pense l'identique – dans les vieilles fables d'Ésope, c'étaient les pulsions mêmes, les instincts, la vie aux modifications identiques – dans les paraboles, [ce sont] des histoires réelles, c'est pourquoi on y trouve toujours un « de même que ».

# INDEX NOMINUM


AARON 54, 76, 86
ABIMÉLECH 49
ABRAHAM 38, 40-43, 45, 47, 49, 50, 51, 53, 59, 63, 64, 71-75, 141
APOLLON 177

BANQUO 148

CADMOS 71
CAÏPHE 239
CANANÉENS 51, 82
CÉRÈS 250
CHAM 37, 66
CHRIST 102, 103, 105, 115, 117, 120, 172, 211, 239, 250
CORÉ 40, 59, 86
CYBÈLE 78

DANAOS 71
DANIEL 52
DATÂN 59, 86
DAVID 123
DEUCALION 67

ÉGYPTIENS 51, 55, 75-77
EPHRÔN 50, 73
ESAÜ 51
ÉSOPE 250
ESQUIMAUX 84
EUMÉNIDES 148, 207
EUPOLÈME 38, 66
EUROPÉENS 84
EUSÈBE 38, 66

FURIES 207

GORGONE 75

GRECS 21, 40, 43, 58, 85, 102, 237, 250

HERCULE 231
HÉRODE 141

ISAAC 39, 42, 50, 51, 59, 70
ISRAÉLITES 54, 55, 56, 58, 76-78, 80, 82, 86

JACOB 39, 51, 59, 74, 75
JEAN 35, 98, 102, 138, 184-188, 191, 199, 200, 209, 238
JEAN-BAPTISTE, 140, 200, 208
JÉHOVAH 48, 103
JÉSUS 28, 30, 35, 95-98, 101, 105, 108, 110, 112-117, 119, 120, 122-124, 127, 129, 131, 133-135, 137-140, 142, 156, 160-162, 164, 165, 167, 169, 171-173, 177, 179, 181-184, 189, 191, 195-197, 199, 200, 204-207, 209-211, 213, 215, 217, 218, 223, 226, 227, 229, 230, 234, 237-240, 243, 246, 247, 249
JONAS 198, 199
JOSEPH 37, 51, 52, 75
JOSÈPHE 24, 37, 38, 40, 47, 65, 66
JUDAS 210

KANT 21, 23, 26-30, 53, 98, 100, 126, 128, 130, 170, 192

LABAN 51
LUC 102, 139, 140, 211
LYCURGUE 58, 84
MACBETH 93, 148
MARC 102, 211
MARIE 165
MARIE-MADELEINE, 108, 165, 171
MATTHIEU 102
MENDELSSOHN 22, 47, 83
MESSIE 92, 105, 115
MOÏSE 34, 39, 40, 47, 52-59, 65, 76, 78, 79, 81, 83, 86-88, 90, 133
MONTESQUIEU 19, 102

NABROD 37
NÉMÉSIS 213
NEMROD 37, 38, 63, 65, 66
NOÉ 37, 38, 53, 63, 64, 66

PERIZZITES 51
PIERRE 115, 164, 181, 198, 205, 220

PLATON 202, 246
POMPÉE 79
PYRRHA 67

ROMAINS 48, 93, 96, 220

SALOMON 91
SAMUEL 90
SARAH 50, 73
SATAN 210
SCHILLER 21, 192
SICHÉMITES 75
SIMON 110, 166, 171, 198, 247
SOLON 58, 84

VÉNUS 177, 250

ZÉBÉDÉE 115

# TABLE DES MATIÈRES

Avertissement .......... 7
Liste des abréviations utilisées .......... 13
Introduction .......... 15

## L'esprit du judaïsme

[G.S. 63] L'histoire des Juifs enseigne… .......... 33
[G.S. 64] Josèphe, *Antiquités juives*… .......... 37
[G.S. 65] Abraham, né en Chaldée… .......... 41
[G.S. 66] Abraham, né en Chaldée… .......... 45
[G.S. 70] À l'époque d'Abraham… .......... 49
[G.S. 71] Progression de la législation… .......... 53
[G.S. 77] Avec Abraham, le vrai patriarche… .......... 63
[G.S. 78] Les beaux rapports… .......... 69
[G.S. 79/82] Abraham, né en Chaldée… .......... 71

## L'esprit du christianisme et son destin

[G.S. 80] À l'époque où Jésus… .......... 95
[G.S. 83/89] Modification vivante…
Jésus apparut peu de temps… .......... 119
[G.S. 81] B. Morale. Sermon sur la montagne… .......... 243

Index nominum .......... 251
Table des matières .......... 255

ACHEVÉ D'IMPRIMER
EN JUILLET 2003
PAR L'IMPRIMERIE
DE LA MANUTENTION
A MAYENNE
FRANCE
N° 192-03

Dépôt légal : 3e trimestre 2003